JN021128

刑法
事例演習

メソッドから学ぶ

十河太朗

有斐閣

はしがき

　子どものころ読んだ将棋の本に，「居玉は避けよ」とか，「桂馬の高跳び歩のえじき」といった格言が載っていて，「なるほど」と思った記憶があります。それぞれ「王将は，最初の配置のときに居た場所のままだと危ないので，移動させて守りを固めたほうが良い」，「桂馬は，後ろに戻れないし，1つ前に進むこともできないので，安易に前に跳ぶと相手の歩で取られてしまう」という意味です。

　また，将棋には，「継ぎ歩」，「垂れ歩」，「頭金」などの名前の付いたテクニックが数多くあります。それらは，まとめて「手筋」と呼ばれています。どれも，うまい駒の活用方法で，言われてみれば「なるほど」と思うのですが，教えてもらわないとなかなか気づきづらい指し方のコツです。

　こうした格言や手筋を覚えて実戦で使うと，大いに効果を発揮します。格言や手筋を知っているのと知らないのとでは大きな違いです。

　刑法の事例問題も，格言や手筋があると解きやすくなるのではないか。そう思って書いたのが，本書です。

　皆さんは，刑法の事例問題を解いたときに，「基本書で勉強して知っている論点なのに事例問題では気づかなかった」，「検討の必要のない論点を詳しく検討してしまった」，「事実の整理の仕方を間違えた」といった経験はないでしょうか。

　事例問題を解くためには，一定のルールや手法を理解しておく必要があります。ただ，そうしたルールや手法の多くは，暗黙の了解のようなところがあって，必ずしも基本書には明確に書かれていません。そのため，基本書を読んでひととおり理解したはずなのに事例問題が解けないということが起きるのです。

　また，演習書の事例問題を解いて，解説を読んだときは理解したつもりでも，別の事例問題を解くと同じような間違いをしてしまうということも，よくあると思います。やはり事例問題を解くためのルールや手法を明確に意識していないことが，原因の1つです。

　そこで，本書は，刑法の事例問題を解く際にいろいろな場面で使えて応用の効くルールや手法を紹介しています。本書では，それを「Method」と呼んでいます。将棋の格言や手筋に当たるものです。

また，刑法の事例問題を解くときに，そもそもどこから手をつけたらいいか分からないという人もいると思います（学生時代の私が，そうでした）。

そこで，本書では，事例問題を解くための手順として，6つの「Step」を示すことにしました。将棋でも，戦法ごとに「初手からこういう順序で指すのが合理的」とされている「定跡」と呼ばれる手順があるのですが，Step は，この定跡のようなものです。

本書は，Chapter Ⅰ と Chapter Ⅱ で構成されています。まず，Chapter Ⅰ で，Method や Step の内容を説明します。次に，Chapter Ⅱ では，Method と Step を使いながら実際に事例問題を解いていきます。

本書は，普段，私が法科大学院で行っている授業の雰囲気をイメージしながら執筆しました。私の授業は板書が多く，特に図や表をよく書くのですが，本書でも図や表を多用しています。

ところで，将棋の実戦では，格言や手筋が通用しない場面も少なくありません。いつも定跡どおりに進むわけでもありません。最後は，自分の力で最善手を指す必要があります。

本書で取り上げた Method や Step も，唯一絶対のものではありません。Method や Step は，私が事例問題を解くときに無意識に使っている方法を言語化したものですので，言葉足らずのところもあると思います。また，刑法理論に関する立場の違いによって Method や Step の内容も変わります。本書をもとにぜひ自分の解き方を考えてみてください。

本書の刊行にあたっては，有斐閣の三宅亜紗美さんに大変お世話になりました。私の原稿を形式面から内容面に至るまで丁寧に確認し，誤りや不十分な点を的確に指摘してくださいました。また，本書はいろいろなアイデアや工夫を取り入れていますが，その多くは，三宅さんとの話合いの中から生まれたものです。三宅さんのお力がなければ，本書の内容は，全く違ったものになっていました。敬意を込めて感謝を申し上げます。

2021 年 2 月 11 日

十河 太朗

Chapter I　事例問題の考え方・解き方

Prologue　　　　　　　　　　　　　　　　　　　　　　　　2

▶ Method の解説に入る前に　　　　　　　　　　　　　　8

① 構成要件該当性判断の基本　　　　　　　　　　　　9

Method 1　**仮説を立てて，証明しよう**　　　　　　　　10

1-1　多くの罪名は，客体と行為・結果の組合せで決まる

1-2　構成要件該当性の判断の順序は，客体 → 行為・結果

Method 2　**事実と意思をもとに仮説を立てよう**　　　　16

2-1　できるだけ重い罪の成立可能性を探ろう

2-2　仮説のヒントは，事実と意思

2-3　故意が否定されたら，軽い故意犯，結果的加重犯，過失犯の可能性

2-4　客観的要件を満たさないときは，未遂犯の可能性

▶ Chapter II に向けて　　　　　　　　　　　　　　　20

2 　複数の行為　21

Method 3 　一連の行為かどうかを見極めよう　22

3-1 犯罪の成否は，行為ごとに，各行為の時点を基準に判断

3-2 異なる構成要件に該当する行為は，別個の行為

3-3 一連の行為の判断は，

　　⑦近接性，⑦行為態様，⑦犯意・動機などに着目

Method 4 　行為相互の関係に気をつけよう　26

4-1 複数の罪の検討順序は，時系列が基本

4-2 侵害法益・被害者に着目しよう

4-3 同じ被害者に同質の行為が行われたときは，各行為の関係に注意

4-4 検討の順序は，重い罪から軽い罪へ

4-5 検討の実益がないときは，検討を省略することも

▶ Chapter Ⅱに向けて　32

3 　財産犯　33

Method 5 　移転罪の罪名は，
　　　　　　　客体と行為・結果の組合せで決めよう　34

5-1 移転罪の客体は，⑦財物と，⑦財産上の利益

5-2 移転罪の行為・結果は，ⓐ窃取，ⓑ強取，ⓒ詐取，ⓓ喝取

5-3 移転罪の検討順序は，1 項犯罪 → 2 項犯罪

Method 6 　財産犯の検討順序を理解しよう　40

6-1 財産犯の検討順序は，1 項犯罪 → 2 項犯罪 → 非移転罪 → その他

| Method 7 | お金には気をつけよう | 46 |

7-1 客体が現金かどうかを確かめよう

7-2 横領罪では，不特定物としての金銭に要注意

7-3 横領罪の「物」は現金でなくてもいい

▶ Chapter Ⅱに向けて　52

4 共犯　53

| Method 8 | 共犯論では，問題の次元の違いを意識しよう | 54 |

8-1 「何罪か」と「どの関与形式か」を分けて検討しよう

8-2 共犯の因果性，故意，身分は，各関与形式に共通の問題

| Method 9 | 背後者の関与形式を判断しよう | 60 |

9-1 直接行為者は，原則として正犯

9-2 関与形式の検討順序は，間接正犯 → 共同正犯 → 教唆犯 → 幇助犯

9-3 関与形式の組合せを意識しよう

| Method 10 | 各関与形式の構成要件該当性を判断しよう | 64 |

10-1 間接正犯の被利用者の行為は，利用者の行為の一部

10-2 共同正犯では，関与者の行為を合わせて判断しよう

10-3 狭義の共犯では，正犯行為の構成要件該当性が基準

| Method 11 | 間接正犯では，典型例と限界事例を意識しよう | 68 |

11-1 間接正犯の着目点は，被利用者（直接行為者）の状態

11-2 間接正犯の典型例のポイントは，被利用者の
⑦是非弁識能力，⑦故意，⑦意思の抑圧

| Method 12 | ①共謀，②共謀に基づく実行行為を軸に 共同正犯を理解しよう | 72 |

12-1　共同正犯の正犯性は，正犯意思と重大な寄与で判断

12-2　正犯意思は，動機・意欲，積極性に着目

12-3　重大な寄与は，人的関係，謀議，準備行為等に着目

12-4　何罪について合意があったかを確認しよう

| Method 13 | 教唆犯・幇助犯は従属性の観点から検討しよう | 78 |

13-1　検討の順序は，正犯者 → 狭義の共犯者

| Method 14 | 「各関与者の要素の違い」と「予定の変更」に 着目しよう | 82 |

14-1　各関与者の要素に違いがないかを確認しよう

14-2　各関与者の要素の違いは，連帯性と個別性の問題

14-3　予定の変更がないかを確認しよう

14-4　予定の変更があれば，因果性を検討しよう

▶ Chapter Ⅱに向けて　　　　　　　88

5　過失犯　　　　　　　89

| Method 15 | 注意義務の内容は具体的に特定しよう | 90 |

15-1　どうすれば結果発生を防げたかを考えよう

15-2　注意義務の鍵は， 行為者の地位・権限・役割，法令，慣習，社会的有用性

▶ Chapter Ⅱに向けて　　　　　　　94

⑥ 時間 95

Method 16　時間の流れに注意しよう 96

16-1　実行行為は,「点」ではなく「線」で捉えよう
16-2　犯罪には始まりと終わりがある
16-3　急迫不正の侵害にも始まりと終わりがある

Method 17　行為者の意思の発生時期に注意しよう 100

17-1　故意がなければ,故意犯の実行行為は始まらない
17-2　意思連絡の後は,共犯の可能性を考えよう

▶ Chapter Ⅱ に向けて 104

⑦ 犯罪間の関係 105

Method 18　進化系の犯罪に気をつけよう 106

18-1　結果的加重犯には要注意
18-2　窃盗の後は,事後強盗罪を疑え
18-3　強盗の後は,240条の罪を疑え

Method 19　検討のシメに罪数関係を判断しよう 112

19-1　罪数の検討順序は,犯罪の個数 → 犯罪間の関係
19-2　「犯罪の個数は法益侵害の個数」が原則
19-3　包括一罪は,例外的に複数の法益侵害でも一罪
19-4　犯罪間の関係の検討順序は,科刑上一罪 → 併合罪

検討の手順を身につけよう──事例問題を解くための Step 118
Chapter Ⅰ の総仕上げ 122

Chapter II　演習

基礎編

第 1 問　　　　　　　　　　　　　　　　132
第 2 問　　　　　　　　　　　　　　　　139

初級編

第 3 問　　　　　　　　　　　　　　　　148
第 4 問　　　　　　　　　　　　　　　　158
第 5 問　　　　　　　　　　　　　　　　169

中級編

第 6 問　　　　　　　　　　　　　　　　179
第 7 問　　　　　　　　　　　　　　　　189
第 8 問　　　　　　　　　　　　　　　　198
第 9 問　　　　　　　　　　　　　　　　208
第 10 問　　　　　　　　　　　　　　　219

上級編

第 11 問　　　　　　　　　　　　　　　229
第 12 問　　　　　　　　　　　　　　　240
第 13 問　　　　　　　　　　　　　　　250

論点索引　　　　　　　　　　　　　　　261

Chapter I　事例問題の考え方・解き方

　Chapter Ⅰでは，刑法の事例問題を解くための基本的な技術を身につけます。Chapter Ⅰの具体的な内容は，以下のとおりです。

Prologue

　問題0を素材に，「刑法の事例問題では何を答えることが求められているのか」を確認します。

Method

　7つのテーマについて，事例問題を解くために必要となる19のMethodを取り上げます。具体的な事例（問題1〜19）をもとに，各Methodの内容と使い方を学びます。

　各テーマの最後には，「Chapter Ⅱに向けて」というコーナーを設けました。補足説明や，事例問題を解く上での注意点を述べています。

検討の手順を身につけよう——事例問題を解くためのStep

　事例問題を解くための検討手順（Step）を紹介します。また，どのStepで，どのMethodを使うのかも整理します。

Chapter Ⅰの総仕上げ

　実際にMethodを使いながらStepに沿って事例問題を解く練習をします。Prologueで取り上げた問題0を解いてみます。

　なお，刑法の条文を引用するときは，単に「○○条」というように，条文番号のみを記載します。また，自動車の運転により人を死傷させる行為等の処罰に関する法律は，「自動車運転処罰法」と略記します。

　判例については，以下のような略語を用います。

　　大判 ………… 大審院判決
　　最判（決）… 最高裁判所判決（決定）
　　刑録 ………… 大審院刑事判決録
　　刑集 ………… 大審院刑事判例集，最高裁判所刑事判例集

　たとえば，「最決平成16・3・22刑集58-3-187」は，最高裁判所で平成16年3月22日に出された決定で，最高裁判所刑事判例集58巻3号187頁に掲載されているという意味です。

問題０

以下の事例について，Ｘ，ＹおよびＺの罪責を論じなさい。

ある日の午後８時 30 分ころ（以下，時刻のみを示す），Ｘは，友人Ａと繁華街を歩いていたところ，前方から歩いてきた酩酊状態のＹとその後輩Ｚとすれ違った。その際，ＡとＹの肩がぶつかり，ＡとＹは口論を始めた。午後８時 40 分ころ，興奮したＡがＹの肩をつかんだところ，酩酊していたＹは，Ａに肩をつかまれたことはほとんど意識せず，とにかくＡを痛めつけてやろうという気持ちから，Ａの顔面を殴り（第１暴行），Ａは，転倒して地面に頭部を強打し，脳挫傷を負った。

周囲に見物人が集まってきたため，Ｙは，20 ｍほど離れた公園にＡを連れて行き，ＸとＺも，これを追った。午後８時 50 分ころ，ＹがＡを殴ろうとしたところ，Ａが逃走を図ったため，Ｙは，Ｚに対し，「逃がすな」と指示した。Ｚは，Ｙの指示に従い，Ａの前に立ちはだかり，両手を広げてＡの逃走を阻んだ。そこで，Ｙは，Ａの背中を蹴った（第２暴行）。その後，ＹとＺは，公園から逃走した。なお，ＹとＺは，Ａが怪我をしていることを認識していなかった。

午後９時ころ，Ｘは，近くで一人暮らしをしているＸ宅にＡを運んだ。Ａは，意識もうろうとなっていたが，Ｘは，「病院に連れて行くのも面倒だ。このままＡを放っておいても死ぬことはないだろう」と思い，Ａを放置した。

午後 11 時 30 分ころ，Ａは，第１暴行によって生じた脳挫傷により死亡した。第２暴行は，Ａの死因や死亡時期には全く影響しなかった。

午後 10 時ころまでは，Ａは，すぐに治療を受けさせれば確実に救命できる状態だったが，午後 10 時 30 分ころには，救命の可能性が五分五分になっていた。午後８時 30 分以降，Ｙは，事理弁識能力が著しく低下していた。

Ⅰ 刑法の事例問題では何を答えればいいのだろう？

具体的な Method について説明していく前に，そもそも刑法の事例問題では何を答えることが求められているのかを考えてみましょう。

本問もそうですが，刑法の事例問題は，普通，「……の罪責を論じなさい」といった問いになっています。「罪責」とは，文字どおり，犯罪の責任のこと。つまり，刑法の事例問題では，それぞれの行為者がどのような犯罪の責任を負

うかを示すことが求められているのです。具体的には，各行為者について，

　㋐犯罪の成否（どのような罪が成立するのか，成立しないのか）

　㋑刑の減免（刑の減軽，免除事由はあるか）

　㋒罪数（複数の罪が成立する場合，それらの関係はどうなるか）

という点に答える必要があります。順番に内容を見ていきましょう。

> ＊　逆に言うと，それ以上のことを論じることは，普通，求められていません。た
> とえば，「Xは拘禁刑３年に処すべきだ」とか，「Yには執行猶予を付けるべきだ」
> とか，そんなことまで論じなくてもかまいません（というか，普通，問題文の事実か
> らだけでは，論じたくても論じられません）。

Ⅱ　犯罪の成否を判断しよう

　事例問題の解答では，㋐犯罪の成否を詳しく検討した後に，必要に応じて㋑刑の減免と㋒罪数にも触れるというのが普通です。その意味では，検討の中心は，㋐犯罪の成否になります。たいていの基本書に書いてあるとおり，犯罪の成否は，①構成要件該当性 → ②違法性阻却 → ③責任阻却の順に検討します。

1　まず，構成要件該当性から

　構成要件とは何かについては，いろいろな考え方がありますが，ここでは，罪名のことだと思っておいてください。つまり，「殺人罪」，「傷害致死罪」，「窃盗罪」といった罪名を確定するのが，構成要件該当性の判断です。

　構成要件に該当するかどうかは，その犯罪の成立要件（構成要件要素）を充足するかどうかで判断します。すべての成立要件を充足すればその犯罪の構成要件該当性は肯定され，逆に，どれか１つでも成立要件が欠ければその犯罪の構成要件には該当しないということになります。

　一般に，犯罪の構成要件要素は，ⓐ主体，ⓑ客体，ⓒ行為・結果，ⓓ主観的要素に整理されます（ⓐからⓒは客観的要素です）。保護責任者遺棄罪（218条）でいうと，以下のとおりです。

ⓐ主　体	→	保護責任者
ⓑ客　体	→	要扶助者
ⓒ行為・結果	→	遺棄または不保護
ⓓ主観的要素	→	故　意

> *　どの犯罪でも@から@の要素がすべて要求されるというわけではありません。
> 　@主体が限定される犯罪（身分犯といいます）は，むしろ少数です。殺人罪（199
> 条）や窃盗罪（235条）など，多くの犯罪では@主体は限定されていません。
> 　また，偽証罪（169条）のように，⑥客体が想定されていない犯罪もあります。
> *　©については，行為と結果の間の因果関係も必要です。なお，特に結果の発生
> が成立要件とされていない犯罪（挙動犯といいます）の場合，©の内容は，「行為」
> だけになります。

　以下のように考えれば，問題0では，XがAを救助せずに放置した行為は
保護責任者遺棄罪（不保護罪）の構成要件に該当します。

> @ 主体 …Xは友人としてAと同行し，傷害を負ったAを一人暮らしのX
> 　　　　宅に引き入れているから，Xは保護責任者である。
> ⑥ 客体 …Aは傷害を負って意識もうろうとしており，疾病のために扶助
> 　　　　を必要としているから，要扶助者である。
> © 行為・結果 …XがAを放置した行為は，要扶助者の近くにいて生存に
> 　　　　　　　　必要な保護をせず，危険を生じさせたものであり，不保
> 　　　　　　　　護に当たる。
> @ 主観的要素 …Xは@から©の事実を認識，認容していたので，故意があ
> 　　　　　　　る。

> *　具体的な事例で，何が客体かが分かりづらいことがあるかもしれません。たと
> えば，「XがAの財布を盗んだとします。客体は何ですか？」と尋ねると，「A」と
> いう答えが返ってくることがあります。正解は「財布」です。「A」は，客体ではな
> くて，被害者です。
> 　「客体は何か」，「被害者は誰か」という視点は，事例問題を解く上で重要になるの
> で，両者を正確に特定できるようになることが必要です。何が客体か，ややこしく
> なったら，行為（動詞）の目的語は何かを考えてください。それが客体です。Xは
> 「Aを盗んだ」のではなくて，「財布を盗んだ」ので，客体は「財布」です。

　　　　　　　　Chapter Ⅰ

さらに，Xの不保護とAの死亡との間に因果関係があれば，保護責任者遺棄致死罪（219条）の構成要件該当性が認められます。

2 未遂や共犯も構成要件該当性の問題

未遂や共犯も，この構成要件該当性の問題です。多くの基本書では，未遂や共犯は責任阻却の後で扱われていますが，事例問題において，未遂や共犯の問題を責任阻却の後で検討するわけではありません。殺人既遂罪か殺人未遂罪か，あるいは，強盗罪の共同正犯か強盗罪の幇助犯かは，どの罪名に当たるかという構成要件該当性の問題です。つまり，未遂や共犯の問題は，構成要件該当性の段階で検討するのです。

Yの行為は，傷害致死罪（205条）の構成要件に該当します。Zとの共犯関係については，YとZを共同正犯（60条）とする見解もありえますが，Yが正犯，Zが幇助犯（62条1項）と考えるのが多数ではないかと思います。

ただ，Zは，Yの暴行の途中から関与しているため，承継的幇助犯が問題になります。結論だけ言っておくと，Zの行為とAの傷害や死亡とは因果関係がないため，判例の立場によれば，Zは傷害致死罪の幇助犯ではなく，暴行罪（208条）の幇助犯の構成要件に該当するにすぎないということになります。

3 次は，違法性阻却，責任阻却

構成要件該当性が認められれば，次は，違法性，責任（有責性）です。

違法とは，簡単に言うと，「悪い」とか「有害である」ということです。また，責任とは，非難可能性をいいます。「悪いことをしてはいけないじゃないか」というように，違法な行為をした人を非難することができるという意味です。

構成要件に該当する行為は，原則として違法であり，有責といえます。そのため，違法性や責任の判断は，違法であることや責任があることを積極的に示すのではなくて，逆に，例外的に違法性を否定する事情（違法性阻却事由）や，例外的に責任を否定する事情（責任阻却事由）がないかを判断するという方法をとります。主な違法性阻却事由，責任阻却事由として以下のものがあります。

違法性阻却事由	正当行為，正当防衛，緊急避難
責任阻却事由	心神喪失，違法性の意識の可能性の不存在，期待可能性の不存在

XとZには，明らかに違法性阻却事由も責任阻却事由もありません。

Yは，Aに肩をつかまれたのに対して反撃しているため，正当防衛の成立も考えられますが，Yは専ら攻撃の意思でAに暴行を加えていて，防衛の意思を認めることは難しいので，正当防衛は成立しないでしょう。また，Yは，心神耗弱でしたが，心神喪失ではありませんから，責任も阻却しません。

このようにして，「Xには保護責任者遺棄致死罪，Yには傷害致死罪，Zには暴行罪の幇助犯が成立する」というのが，1つの結論です。

Ⅲ 刑の減軽，免除事由を示そう

犯罪自体は成立するとしても，刑が減軽されたり免除されたりすることがあります。そのような刑の減軽，免除事由があれば，それを示します。主な刑の減軽，免除事由は，以下のとおりです。

	必要的（必ず適用されるもの）	任意的（裁判所の裁量によるもの）
減軽	心神耗弱（39条2項）	違法性の錯誤（38条3項ただし書） 自首・首服（42条）
減軽， 免除	中止犯（43条ただし書）	過剰防衛（36条2項） 過剰避難（37条1項ただし書）
免除	親族相盗例（244条1項） 親族等の間の盗品等関与罪 （257条1項）	親族による犯人蔵匿・証拠隠滅 （105条）

XとZには，特に刑の減軽，免除事由はありませんが，Yは，行為当時，心神耗弱だったので，39条2項によって刑が減軽されます。

Ⅳ 罪数処理をしよう

犯罪の成否を検討した結果，1人の行為者に複数の罪が成立するときは，それらの罪がどういう関係にあるのか（観念的競合か，牽連犯か，併合罪かなど）という罪数関係を示します。

X，Y，Zに成立する罪はそれぞれ1個ですから，罪数について検討する必要はありません。Yは，第1暴行と第2暴行を行っていますが，2個の暴行を1個の行為として扱い，傷害致死罪一罪が成立すると考えるのが，素直です。

⑦ 犯罪の成否	④ 刑の減免	⑨ 罪 数
① 構成要件該当性（罪名の確定） ② 違法性阻却（正当防衛 など） ③ 責任阻却（心神喪失 など）	心神耗弱 中止犯 など	観念的競合 牽連犯 併合罪 など

V 刑法の事例問題を適切に解くために……

　以上が問題0の結論の概略です。ただ，ここまで読んでも，皆さんにはさらにいろんな疑問が湧いてくると思います。

　「Zは第2暴行にしか関与していないんだから，第1暴行によって発生したAの傷害について責任を負わないのは当然。それなのに，その結論を出すために承継的共犯を論じる必要があるの？」

　「いや，Zが関与した後にAが死亡しているんだから，むしろ，ZもAの死亡について責任を負うんじゃないのかな？」

　「第1暴行と第2暴行は違う行為なのに，どうして1個の犯罪しか成立しないんだろう？」

　「承継的幇助犯って？　承継的共同正犯なら聞いたことあるけど」

　「Xに保護責任者遺棄致死罪が成立するんなら，YとZもAを放置したんだから，同じ罪が成立するんじゃないの？」

　そして，こんな不安をもった人もいるかもしれません。

　「こんなに疑問だらけなのに，刑法の事例問題なんて解けるようになるんだろうか？」

　大丈夫です。

　この後，Chapter Ⅰでは，事例問題を解くために必要なMethodを順番に紹介していきます。Methodを1つずつ学び，Chapter Ⅰを読み終わるころには，上の疑問は，すべて解消しているはずです。そのときにもう一度，問題0を検討してみましょう。皆さん，ちゃんと解けるようになっているはずです。

　それでは，これからMethodを学んでいきましょう。

1 Method は，どのようなときに使うのだろう？

事例問題の解き方は，人によって違うと思いますし，違っていいのですが，多くの人は，①事実を分析する，②答案の概要を決める，③答案を書く，という流れで解いているのではないかと思います（全部を同時にしている人もいるかもしれませんが）。

Chapter I では，いろいろな Method を紹介していきますが，後でも述べるように，それらの Method の多くは，答案を書き始める前に何をすればいいかを考えるためのものです。つまり，①や②の作業のときに使うものということになります。答案をどう書くかは，また別の問題です。

①と②は，③で実際にどのような答案を書くかという方針を決めるための重要な作業です。①と②で方針を誤ってしまうと，答案の内容も適切でないものになってしまいます。Method を使いこなして，的確に答案の方針を決められるようになってください。

2 問題文の読み方にも注意しよう

以下では，具体的な事例問題を解きながら Method について説明していきます。

問題文には，印をつけています。具体的には，行為者が主語になっているところを丸で囲み，その行為者が行った行為に実線の下線を引き，行為者の意思を示した部分に点線の下線を引いています（たとえば，「Ⓧは，殺意をもってAに向けて発砲した」）。Prologue で述べたように，事例問題では一般に，どの行為者がどのような罪責を負うのかが問われますが，それに答えるためには，誰がどのような意思でどのような行為をしたかを的確に把握することが必要になるからです。また，上記の点以外にも，必要に応じて問題文にはいろいろな印をつけています。

なお，上で「行為者」という言葉を使いましたが，これは，「犯罪行為を行う人」，つまり，「犯人」，「罪責の検討の対象となる人」のことです。本来の日本語としては，「行為者」という言葉には，単に「行為を行う人」という意味しかありませんから，被害者も第三者も，何らかの行為を行っているという点では「行為者」なのですが，刑法では，「行為者」という用語は，一般に「犯罪行為を行う人」という意味で使われれます。

構成要件該当性判断の基本

　まず，最初のステップとして，一番シンプルな事例から始めましょう。故意犯で，行為者が1人（単独犯），行為が1個という事例です。

　この場合に，構成要件該当性をどのような手順で判断していけばよいのかを見ていきます。

　テーマは，「仮説を立てて，証明する」です。

仮説を立てて，証明しよう

問題1

　以下の事例について，Xの罪責を論じなさい。

　Ⓧは，保険金をだまし取るため，<u>火災保険の掛けられ</u><u>ているX所有の空き家</u>を燃やそうと企て，その空き家に誰もいないことを確認し，<u>ライターで火をつけた</u>。その結果，空き家は半焼したが，周囲の建物に延焼する可能性は全く生じなかった。

客体
＝非現住建造物

↓

仮説⇒非現住建造物放火罪？

検討の対象となる行為

Ⅰ　刑法の事例問題の特徴は，どこにあるのだろう？

　刑法以外の分野の事例問題では，「Xは本件土地賃貸借契約を解除することができるか，検討しなさい」とか，「下線部①の捜査の適法性について論じなさい」というように，問いの内容が具体的であることが多いと思います。その場合は，問いの指示に沿って解答すればよいので，何を検討すればよいかは比較的明確です。

　それに対して，刑法の事例問題の多くは，「XおよびYの罪責を論じなさい」というシンプルな出題形式です。つまり，「XとYにどんな罪が成立するか，どうぞ自由に答えてください」というわけです。殺人罪を検討するか，傷害致死罪にすぎないか，それとも強盗殺人罪か。正当防衛について論じるのか，緊急避難にも触れるか……。何をどのように検討するかは，すべて解答者自身で決めなければなりません。そこに刑法の事例問題に特有の難しさがあります。

Ⅱ　刑法の事例問題の解き方は？

1　仮説を立てて，証明する

　この場合にどのように検討するかというと，「①仮説を立てて，②それを証明する」というイメージです。たとえば，①まず，「Xには殺人罪が成立する

のではないか」という仮説を自分で立てて，②次に，殺人罪が成立することを証明していくのです。

Prologue で述べたとおり，普通，刑法の事例問題で求められているのは，㋐犯罪の成否，㋑刑の減免，㋒罪数について解答することですが，このうち検討の中心となるのは，㋐犯罪の成否です。そのため，「仮説を立てて，証明する」という作業も，犯罪の成否についての判断が中心になります。

犯罪の成否は，構成要件該当性 → 違法性阻却 → 責任阻却の順に判断しますから，構成要件該当性は，必ず判断の出発点になります。また，判断の方法が最も複雑で難しいのも，構成要件該当性です。そこで，以下では，構成要件該当性の判断について，「仮説を立てて，証明する」とはどういうことかを考えることにしましょう。

2 犯罪の成立要件に当てはめる

Prologue で述べたように，構成要件に該当するかどうかは，その犯罪の成立要件（構成要件要素）を充足するかどうかで判断します。そのため，「仮説を立てて，証明する」という作業も，犯罪の成立要件を充足するかどうかという視点が軸になります。

つまり，仮説を立てるときは，「○○罪の成立要件を充足するんじゃないかな」という予測のもとに仮説を立て，さらに，その仮説が正しいことを証明するときも，実際にその罪の成立要件をすべて充足することを示すわけです。

Ⅲ 「仮説を立てる」って？

1 適切に仮説を立てることは，とても重要

その中でも注目したいのが，仮説を立てるという作業です。

仮説を立てるためには，「この事例では，○○罪と△△罪の検討は必要だが，□□罪の検討は必要ない」といった見極めをしなければいけません。これを間違うと，答案は全く的外れな内容になってしまいます。逆に言うと，その見極めが適切にできれば，事例問題は半分解けたようなものです。このように，事例問題を解く上で，仮説を立てるという作業は非常に重要な意味をもちます。

2 適切に仮説を立てるのは難しい

ただ，適切に仮説を立てるのが，なかなか難しいのです。事例問題を解いて

みて，「強盗致傷罪の検討が必要なのに，窃盗罪と傷害罪しか検討しなかった」とか，「不作為の殺人罪の検討は要らないのに検討してしまった」といった経験のある人は多いと思います。

　なぜこのようなことが起きるのでしょうか。適切に仮説を立てられるようになるためには，もちろん，刑法に関する知識や理解が必要ですが，それとともに，一定の視点や技術を身につけることが必要になります。ただ，そうした視点や技術は，多くの基本書には明確に書かれているわけではないので，基本書を読んだだけでは，仮説を立てるための視点や技術を身につけるのが難しいのです。実は，この本の Chapter I で学んでいく Method は，適切な仮説を立てるための視点や技術を集めたものともいえます。

> ＊　この本では，「仮説を立てて，証明する」という作業の過程を細かく説明していますが，その内容を全部，答案に書く必要があると言っているわけではありません（証明の部分は答案に書くのかもしれませんが）。「Method の解説に入る前に」のところで述べたように，この本で説明している「仮説を立てて，証明する」という作業は，答案を書き始める前に解答の方針を決めるための作業だと思ってください。

Ⅳ　どのように仮説を立てればいいのだろう？

　それでは，どのように仮説を立てればいいのでしょうか。仮説を立てる手順を考えてみましょう。手順は，以下のとおりです。

> **仮説を立てる手順**
> ① 検討の対象となる行為を拾い出す
> ② その行為について検討する罪を決める

1　検討の対象となる行為を拾い出す

　仮説を立てるために最初に行う作業は，検討の対象となる行為（特に実行行為）を拾い出すことです。私自身，事例問題を解くときは，いつも検討の対象となる行為を探して，そこに下線を引くという作業から始めています（そこで，Chapter I の問題文では，検討の対象となる行為に下線を引いています）。

　この段階で，「この行為が○○罪の実行行為である」と厳密に罪名を特定する必要はありません。具体的にどのような罪が成立するかは，この後に判断すればよいのです。この段階では，「A を殴った」とか，「B の財布を奪った」と

いうように，何かの犯罪行為になりそうな行為を拾い出すだけで十分です。

> ＊　なぜ最初に行為に着目するのかというと，それは，犯罪の構成要素の中核が行
> 為だからです。人は，思想や感情などの内心的事実によって処罰されるわけではな
> く，身体的活動という外部的事実があってはじめて処罰されます。その身体的活動
> こそが行為なのです。
> 　客観的要素のうち，主体や客体，結果が犯罪の成立要件となっていない場合はあ
> りますが，行為が成立要件でない犯罪はありません。犯罪が一般に「構成要件に該当
> する違法かつ有責な行為」と定義されているのも，そのことを表しています。

2　その行為について検討する罪を決める

　検討の対象となる行為を拾い出したら，次に，その行為についてどの犯罪の
成否を検討するかを決めます。「この行為には○○罪が成立するんじゃないか
な」と予測を立ててみるわけです。

　ただ，ひとくちに犯罪といっても，いろいろな種類のものがありますから，
その中から検討すべき犯罪を的確に選び出すのは簡単ではありません。それで
は，どうすればいいのでしょう。

> Method
> 1-1　　多くの罪名は，客体と行為・結果の組合せで決まる

　検討すべき犯罪を選び出すときの目のつけどころは，ずばり「客体」です。

　Prologue で述べたように，犯罪の成立要件は，ⓐ主体，ⓑ客体，ⓒ行為・
結果，ⓓ主観的要素に分類されます。このうち，ⓐからⓒが客観的要素ですが，
ⓐ主体が限定される犯罪（身分犯）は少ないので，多くの犯罪ではⓑ客体とⓒ
行為・結果が客観的要素となっています。つまり，多くの罪名は，客体と行
為・結果の組合せで決まるのです。

> Method
> 1-2　　構成要件該当性の判断の順序は，客体 → 行為・結果

　そのような犯罪では，①まず客体を見極め，②次にその客体に対してどのよ
うな行為が行われたかを検討すると，犯罪の成否を判断しやすくなります。

> ＊　実際には，そんな面倒くさい手順を意識する必要のない場合も多いと思います。
> たとえば，甲が乙を射殺したという事例で，わざわざ「客体が乙という『人』で，
> 乙に発砲する行為が『人』を『殺』す行為に当たって……」と順番に考えなくても，
> 多くの人は，客体と行為をほぼ同時に特定しているはずです。
> 　ただ，複雑な事例や難しい犯罪類型を検討するときには，「客体 → 行為・結果」

の順序を意識すると，判断がしやすくなります。

> * 偽証罪（169条）のように，特に客体が想定されていない犯罪もあります。その場合は，単純にどのような行為が行われたかを検討するだけでかまいません。

3 放火の罪を例に考えてみよう

放火の罪を例にとって考えてみましょう。

放火の罪の中で特に重要なのは，108条，109条1項・2項，110条1項・2項の各罪です。そのうち，客体が現住建造物等（①）と他人所有非現住建造物等（②）の場合は，「放火」という行為と「焼損」という結果があれば成立しますが，それに対して，客体がそれ以外の物の場合（③〜⑤）は，「放火」と「焼損」だけでは足りず，「公共の危険の発生」という結果も必要になります。

そこで，事例問題を検討するときには，最初に「①〜⑤のうちのどの客体が問題になるのか」を見定め，次に「その客体に対して放火行為が行われたか」，「焼損したといえるか」，「公共の危険の発生はどうか」を判断していきます。

罪名	客体	行為 ⇒ 結果
① 現住建造物等放火罪（108条）	現住または現在の建造物等	放火 ⇒ 焼損
② 他人所有非現住建造物等放火罪（109条1項）	他人所有の非現住かつ非現在の建造物等	
③ 自己所有非現住建造物等放火罪（109条2項）	自己所有の非現住かつ非現在の建造物等	放火 ⇒ 焼損 ↓ 公共の危険の発生
④ 他人所有建造物等以外放火罪（110条1項）	他人所有の建造物等以外の物	
⑤ 自己所有建造物等以外放火罪（110条2項）	自己所有の建造物等以外の物	

Ⅴ 問題1を検討しよう

これまで述べてきたことをもとに，問題1を検討しましょう。

1 仮説を立てよう

(1) 検討の対象となる行為を拾い出す

仮説を立ててみましょう。まず，検討の対象となる行為を拾い出します。もちろん，Xが空き家に火をつけた行為です。

（2） その行為について検討する罪を決める

　次に，検討する罪を決めます。Xは空き家に火をつけていますから，放火の罪を検討する必要があるということは分かります。それでは，放火の罪のうち，具体的にはどの罪を検討すればいいのでしょうか。

　ここで，ⓑ客体に着目します。客体は，空き家です。この空き家は，誰も住んでおらず，中に誰もいませんから，「非現住建造物」です。また，犯人であるXの所有する建造物なので，「自己所有」です。それでは，自己所有非現住建造物放火罪（上記③）が問題になるかというと，そうではありません。

　Xの空き家には火災保険が掛けられています。火災保険が掛けられている物は，犯人の所有物であっても，115条によって他人所有として扱われます。Xは，これに火をつけているので，他人所有非現住建造物放火罪（②）が成立するのではないかという仮説が立てられます。

2　仮説を証明しよう

　その仮説が正しいかどうかを確かめましょう。他人所有非現住建造物放火罪の成立要件を満たすかどうかを検討します。

　ⓑ客体は，先ほど述べたとおり，他人所有非現住建造物といえます。

　ⓒ行為・結果は，放火と焼損ですが，Xは，空き家に火をつけようとしたので，「放火して」の要件は満たします（実行の着手が認められます）。また，焼損の意義についてはいろいろな見解が主張されていますが，空き家は半焼していますから，どの見解からも「焼損した」の要件も満たします。

　なお，空き家の周囲の建物に延焼する可能性は全く生じなかったので，公共の危険は発生していません。ただ，自己所有非現住建造物等放火罪であれば「公共の危険の発生」の要件を満たすことが必要になるところですが，他人所有非現住建造物等放火罪では「公共の危険の発生」は成立要件とされていないので，問題1では，ⓒ行為・結果についても要件を充足するといえます。

　ⓓ故意（主観的要素）も明らかに認められます。

　このように，109条1項の罪の成立要件をすべて充足するので，Xには同罪が成立します。

1　構成要件該当性判断の基本　　15

事実と意思をもとに仮説を立てよう

問題 2

　以下の [1] の X，[2] の Y の罪責を論じなさい。

[1]　X は，妻 A の所有する A 宅で A と暮らしていた。

　Ⓧ は，A が 2 泊 3 日の旅行に行ったのを，「A は離婚の

　意思で家を出て行き，二度と戻ってこない」と誤信し，

　自暴自棄になって A 宅に火をつけ，全焼させた。

[2]　Ⓨ は，「B 宅に延焼してもかまわない」と思いなが

　ら，B 宅の玄関前に置いてあった B の荷物に火をつけた。

　火は燃え上がり，火の粉が B 宅に達したところで消えた。

> 非現住建造物
> 放火の意思
> ↓
> 仮説 2 ⇒非現住
> 建造物放火罪？
>
> 現住建造物の
> 焼損の事実
> ↓
> 仮説 1 ⇒現住建
> 造物放火罪？
>
> 現住建造物
> 放火の意思
> ↓
> 仮説⇒現住建造
> 物放火罪？

I　仮説の立て方を会得しよう

　Method 1 で，犯罪の成否を検討するときには「仮説を立てて，証明する」という手順を踏み，特に「仮説を立てる」という作業が重要になると言いました。ただ，仮説を立てるといっても簡単ではありません。それに，立てた仮説が証明できなかった（＝成立すると予測した犯罪が成立しなかった）ということも，もちろん，ありますから，そのときにどうするかも考えておく必要があります。そこで，仮説の立て方をもう少し詳しく見ていくことにします。

Method
2-1
　　できるだけ重い罪の成立可能性を探ろう

　ここで，ぜひ覚えてほしい原則があります。それは，「なるべく重い罪の成立可能性を探る」ということです。「殺人罪も成立するかもしれないけど，自信がないから，確実に答えられる傷害罪だけ検討しておこう。殺人罪は見なかったことにしよう……」というわけにはいきません。もちろん，明らかに成立しない罪を検討する必要はありませんが，考えられる中で最も重い罪の成否を

検討する必要があります。これは，刑法の事例問題を解くときの大原則です。

> Method
> 2-2　仮説のヒントは，事実と意思

　仮説の立て方には，㋐事実をもとに仮説を立てる方法と，㋑意思をもとに仮説を立てる方法とがあります。

　㋐は，実際に行われた行為や発生した結果など客観的事実をもとに，「〇〇罪の客観的要件を満たしそうだ。では，〇〇罪の主観的要件（故意）はどうだろうか」と考える方法です。

　㋑は，行為者の意思をもとに，「Xには〇〇罪の主観的要素（故意）はある。では，〇〇罪の客観的要件を満たすだろうか」と考える方法です。

　事例によって両者を使い分けるというよりは，むしろ，「この事実からだと〇〇罪が成立しそうだな。いや，Xの意思はこうだから△△罪の検討が必要か」というように，常に事実と意思の両方をにらみながら仮説を立てていくというイメージです。問題2を解きながら，この点を具体的に見ていきましょう。

Ⅱ　[1]のXの罪責を検討しよう

1　仮説と証明その1

　[1]で検討すべき行為は，もちろん，火をつけた行為です。放火の罪を検討する必要があるという想像がつきます。

（1）　仮説を立てよう

　まず，客観的な事実をもとに仮説を立ててみましょう（㋐の方法）。Method 1で述べたように，最初の手がかりは客体です。現実にA宅が燃えていますから，客体はA宅です。A宅は，Aの住む現住建造物です。Aは2泊3日の旅行に出ていますが，AがA宅に住んでいることに変わりはありません。

　そこで，「現住建造物放火罪（108条）が成立するのではないか」という仮説（その1）を立てます。現住建造物放火罪は放火の罪の中で最も重い罪ですから，まずは，その可能性を考えてみます（Method 2-1）。

（2）　仮説を証明しよう

　A宅が全焼しているので，「現住建造物」，「放火」，「焼損」という現住建造物放火罪の客観的要件を満たします。それでは，故意はあるでしょうか。

故意の有無を判断するためには，行為者の認識していた事実がどの構成要件に該当するかを考える必要があります（この点は，Chapter IIの第5問，第8問で説明します）。Xの認識していた事実は，「Aが二度と戻らないA宅を燃やす」というものです。この事実は，「犯人であるX以外の者は誰も住んでおらず，誰もいないA所有の家を燃やす」ということですから，他人所有非現住建造物放火罪（109条1項）に該当します。つまり，Xは現住建造物放火の事実を認識していなかったということになり，故意は否定されます（38条2項）。

　したがって，現住建造物放火罪は成立しません。

Method 2-3	故意が否定されたら， 軽い故意犯，結果的加重犯，過失犯の可能性

　仮説（その1）は証明できませんでした。ただ，すぐに「犯罪不成立」という結論を出すのではなく，別の可能性を探ってみましょう。故意が否定されたときは，軽い故意犯，結果的加重犯，過失犯の可能性を考えるのが，原則です。

2　仮説と証明その2

（1）　再び仮説を立てよう

　今度は，意思をもとに仮説を立ててみます（④の方法）。前述のように，Xの意思の内容は，他人所有非現住建造物放火罪です。そこで，「他人所有非現住建造物放火罪が成立するのではないか」という仮説（その2）を立てます。

（2）　仮説を証明しよう

　他人所有非現住建造物放火罪の客観的要件は満たすでしょうか。先ほど述べたとおり，現実には現住建造物が燃えていますから，他人所有非現住建造物放火罪の客観的要件（客体）は満たしません。

　しかし，ここで諦めてはいけません。軽い罪の意思で重い罪の事実を実現したときには，構成要件が重なり合う限度で軽い罪の客観的要件を満たすと考えてよいというのが，通説です。Xは，他人所有非現住建造物放火罪という軽い罪の意思で現住建造物放火罪という重い罪の事実を実現しました。両罪は重なり合いますから，軽い他人所有非現住建造物放火罪の客観的要件を満たすと評価されます。その故意もあり，これですべての要件を満たします。

　したがって，Xには他人所有非現住建造物放火罪が成立します。

Ⅲ ［2］のＹの罪責を検討しよう

［2］で検討すべき行為も，火をつけた行為です。放火の罪を検討します。

1 仮説を立てよう

まず，客観的な事実に着目すると（⑦の方法），実際に燃えたのはＢの荷物です。これは，他人所有の建造物以外の物です。そこで，「客体は他人所有の建造物以外の物だから，他人所有建造物以外放火罪（110 条 1 項）を検討しよう」──これも 1 つの可能性なのですが，もっと重い罪が成立する可能性はないでしょうか。

今度は，Ｙの意思をもとに別の仮説が立てられないかを考えてみます（⑦の方法）。Ｙの意思の中で着目するのは，やはり客体です。つまり，「Ｙは何を燃やそうと思ったのか」を考えてみるのです。Ｙは，Ｂ宅に延焼してもかまわないと思っていました。Ｂ宅は，Ｂが住居に使用している現住建造物です。このように，Ｙは，現住建造物放火罪を実行する意思を有していました。

そこで，「現住建造物放火罪が成立するのではないか」という仮説を立てます。他人所有建造物以外放火罪より現住建造物放火罪のほうが重い罪ですから，現住建造物放火罪の成立可能性を考える必要があるわけです（Method 2-1）。

2 仮説を証明しよう

> Method
> 2-4　客観的要件を満たさないときは，未遂犯の可能性

成立要件に当てはめてみます。Ｂ宅は燃えていないので，「焼損」の結果は発生していません。したがって，現住建造物放火罪の客観的要件を満たさないということになります。しかし，ここで検討を終えてはいけません。客観的要件を満たさないときは，未遂犯が成立しないかを考えてみる必要があります。

火は燃え上がってＢ宅に火の粉が達しています。したがって，Ｂ宅が焼損する現実的危険が発生したといえ，現住建造物放火罪の実行の着手が認められます。そこで，現住建造物放火未遂罪（112 条，108 条）が成立します。

> ＊　Ｂの荷物の焼損という客観的事実だけを見ていたのでは，現住建造物放火未遂罪が問題となることに気づかないおそれがあります。未遂犯の成否を検討しなければいけないと気づくきっかけになるのは，Ｂ宅を燃やすというＹの意思です。行為者の意思に着目することの重要性は，ここにあります。

　構成要件該当性判断と違法性阻却・責任阻却判断の違いに触れておきます。

（1）　構成要件該当性の判断は，単に「該当するか，しないか」でなく，「どの程度か，どの範囲か」を問題とするところに特徴があります。たとえば，他人を死亡させた場合，単に「構成要件該当性あり」ではなく，重い殺人罪の構成要件に該当するか，より軽い傷害致死罪や過失致死罪の構成要件に該当するにすぎないのかというように，（当然のことですが）どの構成要件に該当するのかが重要になります。さらに，構成要件自体は変わらなくても，「窃盗の被害額は 200 万円か，300 万円か」，「傷害罪の共同正犯の成立範囲は顔面の打撲だけか，手首の骨折も含まれるのか」など，客体の範囲まで特定する必要があります。

　それに対して，違法性阻却と責任阻却の判断は，「するか，しないか」のどちらかしかありません。もちろん，漠然と阻却事由の有無を判断するわけではなく，どの阻却事由に当たるかを具体的に判断するのですが，結論は，「阻却する」と「阻却しない」の二者択一です。「少し阻却する」とか，「一部だけ阻却する」ということは，本来ありません。つまり，○○罪の構成要件該当性が認められた事実について，そのまま○○罪の成立を認めるか，○○罪の成立を完全に否定するかを決めるのが，違法性阻却と責任阻却の判断なのです（この点は，Chapter II 第 4 問，第 5 問，第 12 問で問題になります）。

（2）　たとえば，X が，飲酒すれば暴れることが予見できたのに飲酒して酩酊し，心神喪失状態で傷害の意思を抱き，A に傷害を加えたとします。この場合，「原因において自由な行為の法理が適用されないので，39 条 1 項によって傷害罪ではなく過失傷害罪が成立する」という答えが返ってくることがあります。

　これだと，39 条 1 項の適用によって罪名が傷害罪から過失傷害罪に変化したように聞こえます。しかし，そうではありません。39 条 1 項は責任阻却を定めた規定ですから，39 条 1 項の適用によって導かれる結論は，「傷害罪の成立が否定される」ということだけです。過失傷害罪が成立するかどうかは，振出しに戻って，構成要件該当性から順に検討して決める必要があります。

　このことを「仮説を立てて，証明する」という流れに沿って説明すると，以下のようになります。

　　　　仮説 1：傷害罪が成立する？
　　　　証明 1：構成要件該当性あり　→　違法性阻却なし　→　責任阻却（39 条 1 項）
　　　　　　　　　　　　　　　　　　　　　　　　　　　　　⇒　傷害罪不成立

　　　　仮説 2：過失傷害罪が成立する？
　　　　証明 2：構成要件該当性あり　→　違法性阻却なし　→　責任阻却なし
　　　　　　　　　　　　　　　　　　　　　　　　　　　　　⇒　過失傷害罪成立

複数の行為

　事例問題では，行為者が連続して複数の行為を行うことがよくあります。

　この場合も，前の項で学習した「行為が1個の場合の検討方法」が基本になります。ただ，複数の行為が行われた場合に特有の特別ルールもいくつかあり，それを理解しておかなければいけません。

　そこで，この項では，行為者が複数の行為を行った場合に，構成要件該当性をどのような手順で判断するのかを見ていきます。

一連の行為かどうかを見極めよう

問題3

　以下の事例について，X，Yの罪責を論じなさい。

　Ⓧは，AがXとその友人のYを中傷したことから，制裁としてAに大怪我を負わせてやろうと思い，Aを公園に呼び出し，Aの顔面を殴り，Aの頭部を殴った。Ⓧは，さらに地面に倒れたAの腹部を蹴った。Xは，ぐったりしているAを自動車に乗せて，約3km離れた港に連れて行った。その移動の途中でYに電話で事情を説明し，港で一緒にAに制裁を加えるよう求めた。Xが公園でAに暴行を加えてから約1時間後にYが港に到着し，ⓍとⓎは，多数回にわたりAの頭部を殴ったり腹部を蹴ったりした。Aは，骨折等の傷害を負ったが，上記のいずれの暴行からいずれの傷害の結果が発生したかは不明だった。

　その後，Aが悪態をついたため，ⓍとⓎは，Aに殺意を抱き，力任せにAの顔面や腹部を殴る蹴るなどした。そのとき，通行人に発見されたため，XとYは，その場から逃走した。

I　一連の行為かどうかは重要な問題

　Method 1で述べたように，犯罪の成否を検討するときには，行為を特定することが重要になります。ただ，事例問題では行為者が複数の行為を行うことがよくあります。その場合に，複数の行為全体を1個の行為（一連の行為）と見たほうがよいのか，それぞれ別個の行為と捉えるべきかで迷った経験のある人は多いのではないでしょうか。

　複数の行為が連続して行われた場合に，それらの行為を1個の行為と見るかどうかは，重要な問題です。犯罪の成否は，行為ごとに判断されるからです。複数の行為を一連の行為とすると，全体についてまとめて，構成要件該当性，違法性阻却，責任阻却を判断するのに対して，複数の行為を別個の行為と考えると，行為ごとにそれぞれ，構成要件該当性，違法性阻却，責任阻却の判断をすることになります。どちらとするかによって，結論が大きく変わることがあります。

　その1つが，因果関係の有無による結論の違いです。本問では，行為❶と行為❷のうちどちらから傷害の結果が発生したかが不明です。そのため，仮に2つの行為が別々の行為であると考えると，どちらの行為も，傷害結果との間の因果関係が不明である以上，Xには単に暴行罪（208条）の構成要件該当性しか認められません（【図1】）。それに対して，2つの行為を一連の行為と捉えると，その一連の行為が傷害の結果を惹き起こしたことは分かっているので，Xに傷害罪（204条）の構成要件該当性が認められます（【図2】）。

　また，承継的共犯のように，一連の行為が存在することが前提となって生じる論点もあります。承継的共犯というのは，先行者の1個の犯行が継続している間に途中から後行者が合流したときに犯罪全体について共犯が成立するかという問題です。したがって，承継的共犯の問題は，後行者の加担前の行為と加担後の行為とが1個の犯罪，つまり一連の行為であることが前提となっているのです。

　本問で，Yは，途中からAへの暴行に加わっています。もし行為❶と行為❷が別個の行為だとすると，行為❶がXの単独犯（暴行罪），行為❷がXとYの共同正犯（暴行罪）であることは明らかです。そもそも承継的共犯の問題を論じる必要はありません（【図3】）。それに対して，行為❶と行為❷が一連の行為だとすると，その途中から関与したYに傷害罪の共同正犯が成立するかどうかを確定するために，承継的共犯の検討が必要になります（【図4】）。

【図3】	単独犯	共同正犯	【図4】	共同正犯？	
X	行為❶	行為❷	X	行為❶	行為❷
Y		行為❷	Y		行為❷

Ⅱ 一連の行為かどうかの判断基準は？

　それでは，一連の行為かどうかはどのような基準で判断すればよいのでしょうか。これについては，これまで明確な基準が示されてきたわけではなく，規範的な観点から一連の行為と見るのが適切かどうかを事案に応じて実質的に判断してきたというのが，実際のところだと思います。ただ，「規範的な観点」とか「事案に応じて」といわれても，そんな曖昧な基準では事例問題を解けないと思うかもしれません。そこで，可能な範囲で具体的な基準を示してみたいと思います。

　最初に考えるのは，複数の行為が異なる構成要件に該当する行為か，それとも，同じ構成要件に該当する行為かということです。

> Method
> 3-2
>
> 異なる構成要件に該当する行為は，別個の行為

　第1に，複数の行為がそれぞれ異なる構成要件に該当するときは，いくらそれぞれの行為が時間的・場所的に近接していても，別個の行為と評価されます。たとえば，AとBを続けざまに段ったというように，複数の行為が異なる被害者に向けられた場合には，それらは別個の行為です。

　また，同じ被害者に対する行為であっても，それぞれの行為が異なる構成要件に該当する場合は，別個の行為です。行為❶❷❸は，すべてAという同じ被害者に対して行われた行為であり，行為態様も同じです。しかし，行為❶❷は暴行（傷害）罪の実行行為であるのに対して，その後，X（とY）は殺意を抱いていて（Method 2-2　仮説のヒントは，事実と意思），行為❸は殺人罪の実行行為です。したがって，行為❶❷と行為❸とは別個の行為となります。

> Method
> 3-3
>
> 一連の行為の判断は，
> ⑦近接性，④行為態様，⑤犯意・動機などに着目

第2に，複数の行為が同一の構成要件に該当するときは，全体を1個の行為と見ることのできる場合と，そうでない場合があります。ただ，両者の間に絶対的な境界線があるわけではありません。㋐各行為の時間的・場所的近接性，㋑行為態様の類似性，㋒犯意・動機の単一性等を考慮して，一連の行為と見るのが適切かを事例ごとに判断するしかありません。

ただ，そのときに1つ気をつけてほしいことがあります。それは，問題文を文字だけで追うのではなく，その場面を動画で見ているような感覚で解くということです。行為❶は，文字にすると，①顔面を殴る，②頭部を殴る，③腹部を蹴るという3つの行為を含んでいますが，もしこの場面を動画で見れば，一瞬の出来事でしょう。この3つの行為は一連の行為と捉えるのが，自然です。

行為❶と行為❷は，約1時間の間隔があり，場所も約3km離れていますが，時間的，場所的に近接していると見てよいでしょう。また，その2つの行為は，行為態様も同じである上に，制裁を加えるという動機にも変化がありません。したがって，行為❶と行為❷は一連の行為と捉えられ，Xには傷害罪が成立します。そうすると，Yに傷害罪の共同正犯が成立するかを判断するためには，承継的共犯の検討が必要であるということになります（承継的共犯については，Method 8やChapter Ⅱ 第13問で取り上げます）。

　＊　「1時間，3kmって結構離れてるけど，『近接』しているの？」と疑問に思った人もいると思います。もしかしたら，皆さんが思っているより，「近接」の意味は広いかもしれません。ただ，何分以内とか何m以内という基準があるわけではありません。論点や事案に応じて個別に判断するしかありませんが，「何のために近接性を判断しているのか」を意識しながら検討するとよいと思います。

　なお，時間的・場所的近接性という基準は，早すぎた結果の実現，量的過剰防衛，自招侵害，移転罪における占有（事実上の支配，死者の占有），事後強盗罪における窃盗の機会の継続中，240条の罪における強盗の機会などの場面で登場します。

行為相互の関係に気をつけよう

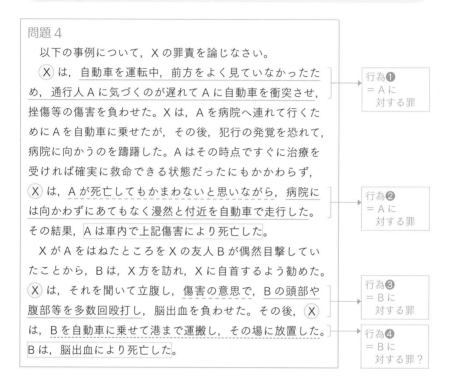

問題 4

　以下の事例について，X の罪責を論じなさい。

　Ⓧ は，自動車を運転中，前方をよく見ていなかったた
め，通行人 A に気づくのが遅れて A に自動車を衝突させ，
挫傷等の傷害を負わせた。X は，A を病院へ連れて行くた
めに A を自動車に乗せたが，その後，犯行の発覚を恐れて，
病院に向かうのを躊躇した。A はその時点ですぐに治療を
受ければ確実に救命できる状態だったにもかかわらず，
Ⓧ は，A が死亡してもかまわないと思いながら，病院に
は向かわずにあてもなく漫然と付近を自動車で走行した。
その結果，A は車内で上記傷害により死亡した。

　X が A をはねたところを X の友人 B が偶然目撃してい
たことから，B は，X 方を訪れ，X に自首するよう勧めた。
Ⓧ は，それを聞いて立腹し，傷害の意思で，B の頭部や
腹部等を多数回殴打し，脳出血を負わせた。その後，Ⓧ
は，B を自動車に乗せて港まで運搬し，その場に放置した。
B は，脳出血により死亡した。

行為❶
＝ A に
　対する罪

行為❷
＝ A に
　対する罪

行為❸
＝ B に
　対する罪

行為❹
＝ B に
　対する罪？

Ⅰ 複数の罪の検討方法を学ぼう

1 複数の罪を検討するときの基本ルール

　事例問題では，複数の行為について複数の犯罪の成否を検討しなければなら
ないのが普通です。ここでは，そのときのルールについて考えてみます。

> Method
> 4-1　複数の罪の検討順序は，時系列が基本

　Method 1 で述べたように，犯罪の成否を検討するときに基本になるのは，
行為（正犯の場合は実行行為）です。したがって，検討の対象となる行為が複

数あるとき，複数の犯罪の成否が問題となり，拾い出した複数の行為それぞれについてその罪の成立要件を満たすかどうかを検討していくということになります。そして，複数の行為について犯罪の成否を検討するときには，行為が行われた順に時系列に沿って検討するのが，原則です。

Method 4-2	侵害法益・被害者に着目しよう

その際に着目してほしいのは，侵害法益，被害者です。それぞれの行為によって侵害された法益は何か，被害者は誰かという点が，複数の行為の関係を考えるときに重要になります。

> * 侵害法益は何か，被害者は誰かという視点は，いろいろな場面で事例を分析するためのヒントになります。実は，Method 3 にも登場していました（Method 3-2 異なる構成要件に該当する行為は，別個の行為）。また，財産犯（Method 5 〜 7）や罪数（Method 19）のところでも言及します。

2　複数の行為が異質な行為のとき

複数の行為が異質であるときは，あまり難しい問題は生じません。複数の行為が，それぞれ全く異なる法益を侵害する行為であるとか，それぞれ異なる被害者に対して行われた行為であるといった場合です。この場合には，それぞれの行為が相互にどのような関係にあるかは，あまり気にせず，時系列に沿って順番に検討していけばいいだけです。たとえば，X が①A を殴って傷害を負わせ，②B に無理やりわいせつ行為を行い，③C を脅して財布を奪ったという事例では，①A に対する傷害罪，②B に対する強制わいせつ罪，③C に対する恐喝罪というふうに順番に検討していくことになります（ただし，最後に罪数関係を確定する必要があります〔罪数については，Method 19 で検討します〕）。

3　複数の行為が同質の行為のとき

Method 4-3	同じ被害者に同質の行為が行われたときは，各行為の関係に注意

これに対して，同じ被害者に対して同質の法益を侵害する行為が続けて行われたときには，それらの行為がお互いにどのような関係に立つのかを考えながら犯罪の成否を検討する必要があります。ここが少し難しいところです。

問題４が，まさにそのような場合です。問題４において実行行為となる可能性のある行為は，以下の４つです。

> 行為❶…Ａに自動車を衝突させた行為
> 行為❷…Ａを救助せず自動車を漫然と走行させた行為
> 行為❸…Ｂを殴打した行為
> 行為❹…Ｂを港まで運搬して放置した行為

　このうち，行為❶と行為❷は，どちらもＡの生命や身体の安全を侵害する行為です。また，行為❸と行為❹は，どちらもＢの生命や身体の安全を侵害する行為です。このように，行為❶と行為❷，行為❸と行為❹は，それぞれ同じ被害者に対して同質の法益を侵害する行為です。ただ，同質とはいっても，後で述べるように，それぞれ異なる構成要件に該当する行為ですから，行為❶と行為❷，行為❸と行為❹をそれぞれ一連の実行行為と捉えるわけにもいきません（Method 3-2　異なる構成要件に該当する行為は，別個の行為）。そこで，行為❶と行為❷がどのような関係に立つか，行為❸と行為❹がどのような関係に立つかを考えてみることにしましょう。

Ⅱ　Ａに対する罪を検討しよう

　時系列に沿って，まず，行為❶から考えましょう。過失運転致死罪（自動車運転処罰法５条）の成否が問題となります。Ｘに過失があったことは明らかです（過失については，Method 15 参照）。また，行為❶は，Ａの死因を形成しており，行為の危険が現実化したといえるので，行為❶とＡの死亡との間の因果関係を認めることは可能です（因果関係について詳しくは，Chapter Ⅱ 第７問で解説します）。そうすると，行為❶については過失運転致死罪が成立します。

Method 4-4	検討の順序は，重い罪から軽い罪へ

　次は，行為❷です。Ｘは，自分の行為によって傷害を負ったＡを救助すべきだったのに放置して死亡させたという点で保護責任者遺棄致死罪（219 条）の成立も考えられます。しかし，Ｘに殺人の意思があった以上，殺人罪（199条）が成立する可能性もあります（Method 2-2　仮説のヒントは，事実と意思）。

　このように，１個の行為について，成立する可能性のある罪が複数あるとき

には，①まず重い罪の成否を検討し，②それが成立しないときに軽い罪の成否を検討する，という順序で検討します。殺人罪のほうが保護責任者遺棄致死罪より重いので，本問では，まず殺人罪の成否を検討し，もし殺人罪の成立が肯定されたら，そこで検討を終える。もし殺人罪の成立が否定されたら，保護責任者遺棄致死罪の成否を検討する，ということになります。

　ここでは結論だけにとどめますが，行為❷については不作為による殺人罪が成立します（不作為犯については，Chapter II 第9問で解説します）。したがって，保護責任者遺棄致死罪について検討する必要はありません。

　念のために言っておくと，このルールは，複数の罪が択一的な関係にある（＝両立しえない関係にある）とき限定のルールです。放火と殺人を同時に行ったとか，偽造文書を見せて他人の名誉を毀損したというように，2つの罪が択一的な関係にない（＝両立しうる関係にある）ときには，無理して重い罪から検討する必要はありませんし，仮に両方とも犯罪の成立要件を充足するのであれば，2個の犯罪の成立を認めることになります。

　それに対して，殺人罪と保護責任者遺棄致死罪は，同一の行為について，一方が成立すると他方は成立しないという択一的な関係にあります。このようなときに，「重い罪から軽い罪へ」という順序で検討するのです。

　　＊　そもそもなぜ殺人罪と保護責任者遺棄致死罪が択一的な関係にあるのかというと，両罪の保護法益が共通していて，実質的に法益侵害が1個だからです。それに対して，放火罪と殺人罪，偽造文書行使罪と名誉毀損罪は，それぞれ異なる法益に対する罪ですから，択一的な関係にはなく，同時に成立しうるのです。

Ⅲ　Bに対する罪を検討しよう

Method 4-5　検討の実益がないときは，検討を省略することも

1　行為❸と行為❹の関係について

（1）　1つの結論

　Bに対する罪については，次のように考えた人が多いのではないでしょうか。「まず，XはBを殴って傷害を負わせたので，行為❸については傷害罪（204条）が成立する。次に，XがBを港に運搬して放置したためにBは死

亡したのだから，行為❹について保護責任者遺棄致死罪が成立する。」

このような答えが間違いかと言われれば，間違いとまでは言えません。しかし，普通は，そのようには考えません。普通の答えは，「行為❸について傷害致死罪（205 条）が成立する」です。

「あれ，行為❹は？　むしろ行為❹のほうが重要なんじゃないの？」と疑問に思うかもしれません。ここで重要になるのが，上記の Method です。

（2）　行為❸について

行為❹より行為❸のほうが先に行われているので，行為❸のほうから犯罪の成否を検討します（Method 4-1　複数の罪の検討順序は，時系列が基本）。行為❸によって B は傷害を負っていますから，少なくとも行為❸が傷害罪に当たることは確定です。

ただ，もっと重い罪に問えないだろうかと考えてみる必要があります（Method 2-1　できるだけ重い罪の成立可能性を探ろう）。そこで，事例をもう少し先まで読んでみると，B は最終的に死亡しています。「だったら，行為❸について B を死亡させたことの責任は問えないか，つまり，行為❸に傷害致死罪は成立しないだろうか」と考えてみる必要があります。そうすると，行為❸は，B の死因を形成しており，行為の危険が現実化したといえるので，行為❸と B の死亡との間の因果関係が認められます。したがって，行為❸について傷害致死罪が成立することになるのです。

（3）　行為❹について

では，行為❹はどうなるのでしょうか。保護責任者遺棄致死罪が成立するようにも思えます。しかし，その点は検討しないのが一般的です。ただ，その理由は，「犯罪が成立しないから」というよりは，「検討する必要がないから」なのです。

行為❹が保護責任者遺棄致死罪の成立要件を満たすことは否定できないともいえます。X は，自らが傷害を負わせた B を救助すべきだったのに放置して死亡させたからです。しかし，B を死亡させた点は，行為❸の傷害致死罪によって既に評価されています。そして，B の死亡の原因を作り出したのは行為❸であり，行為❹は，B の死亡の原因を作り出したとはいえません。そうだとすると，保護責任者遺棄致死罪の成立を重ねて認める実益は，あまりないという

ことになります。そのため，あえてこの点は検討しないのです。このように，形式的には犯罪が成立するように見えても，検討を省略する場合もあることに注意しましょう。

2　あらためて行為❶と行為❷の関係について

ただ，このように言うと，「それなら，Ａに対する罪も，Ａを死亡させた点は行為❶で既に評価されているのだから，その後に行われた行為❷は検討しなくていいんじゃないの？」という疑問が湧くかもしれません。

確かに，Ａに対する行為❶と行為❷，Ｂに対する行為❸と行為❹は，どちらも，作為の後に不作為が行われている点や，被害者を死亡させたことは最初の作為のところで評価されている点で共通しています。しかし，行為❷について殺人罪の成否の検討を省略することはできません。その理由は，罪の重さにあります。

法定刑の点から見ると，行為❶の過失運転致死罪より行為❷の殺人罪のほうが重い罪です。そこで，〔Method 2-1　できるだけ重い罪の成立可能性を探ろう〕というルールから，行為❷について殺人罪の成否を検討する必要があるのです。

それに対して，傷害致死罪と保護責任者遺棄致死罪は法定刑が同じです。だから，行為❸について傷害致死罪が成立する以上，あえて行為❹について保護責任者遺棄致死罪の成否を検討する必要性があまりないのです。

> ＊　行為❶について過失運転致死罪，行為❷について殺人罪の成立を認めると，Ａの死亡という１つの結果について２回処罰すること（二重処罰）になるのではないかが気になります。これについては，①二重処罰の点は気にせず，両罪の成立を認めて併合罪とする見解，②同じ被害者に対して時間的に連続して行われているから，過失運転致死罪は殺人罪に吸収される（包括一罪）として，二重処罰の問題を解決する見解，③二重処罰を避けるために，行為❶を過失運転致傷罪にとどめる見解などがあります。

　この項で述べたことを整理すると，以下のようになります。

（1）　１つの行為について複数の罪が成立する可能性がある場合の検討方法
　　㋐ その複数の罪が択一的な関係にある（両立しえない関係にある）とき
　　　→ 重い罪から検討し，その成立が否定されたら軽い罪を検討する
　　㋑ その複数の罪が択一的な関係にない（両立しうる関係にある）とき
　　　→ 順序を気にせず，それぞれの罪の成否を検討する
　　　→ 複数の罪が成立するときは，罪数処理をする

（2）　複数の行為について犯罪の成否を検討する場合の検討方法
　　ⓐ 複数の行為が一連の行為といえるとき
　　　→ 一連の行為について犯罪の成否を検討する
　　　→ 複数の犯罪の成立可能性があるときは，上記(1)の検討をする
　　ⓑ 複数の行為が一連の行為といえないとき
　　　→ 時系列に沿って個々の行為について順に犯罪の成否を検討する
　　　→ 個々の行為について複数の犯罪の成立可能性があるときは，
　　　　上記(1)の検討をする
　　　→ 複数の行為が同じ被害者の同質の法益を侵害する行為であるときは，
　　　　検討の実益があるかどうかも考慮する
　　　→ 複数の罪が成立するときは，罪数処理をする（Method 19 参照）
たとえば，以下のようになります。

第１行為と第２行為が一連の行為といえない場合（ⓑ）

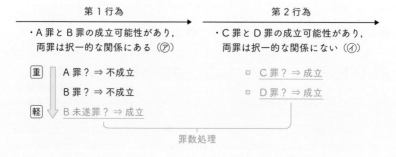

財産犯

「財産犯の事例問題ではどうも間違った犯罪を検討してしまう」,「そもそも何罪を検討すればいいのかすら分からない」。そんな経験はないでしょうか。

　確かに,財産犯には様々な犯罪が規定されていて,論点も多いので,事例問題で何をどう検討すればいいのか迷うことが多いと思います。まるで,うっそうとした広いジャングルのようです。やみくもに歩き回ったのでは道に迷ってしまい,なかなかジャングルから脱出できません。

　しかし,出口のないように思えるジャングルでも,地図をもって一定の道順に沿って進んでいけば,出口にたどりつけます。

　この項では,財産犯全体の「地図」と,適切な結論にたどりつくための「道順」を示しながら,財産犯の事例の分析方法を検討していくことにします。

移転罪の罪名は，
客体と行為・結果の組合せで決めよう

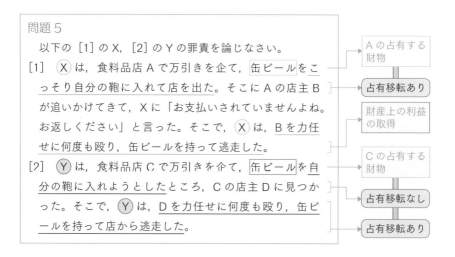

問題5

　以下の［1］のX，［2］のYの罪責を論じなさい。

［1］　Ⓧは，食料品店Aで万引きを企て，缶ビールをこっそり自分の鞄に入れて店を出た。そこにAの店主Bが追いかけてきて，Xに「お支払いされていませんよね。お返しください」と言った。そこで，Ⓧは，Bを力任せに何度も殴り，缶ビールを持って逃走した。

［2］　Ⓨは，食料品店Cで万引きを企て，缶ビールを自分の鞄に入れようとしたところ，Cの店主Dに見つかった。そこで，Ⓨは，Dを力任せに何度も殴り，缶ビールを持って店から逃走した。

（図中）
Aの占有する財物
占有移転あり
財産上の利益の取得
Cの占有する財物
占有移転なし
占有移転あり

Ⅰ　財産犯の事例問題を解くコツ

　刑法各論の中で，財産犯は，最も重要な分野の1つですが，同時に，最も難しい分野の1つでもあります。でも，大丈夫です。コツさえ身につければ，財産犯の事例は解きやすくなります。

　1つめのコツは，犯罪の相互の関係を理解することです。窃盗罪とか横領罪といった個々の罪をばらばらに勉強するのではなくて，財産犯の全体像を頭に入れ，それぞれの犯罪がどのような関係にあるかを理解しましょう。

　2つめのコツは，検討の順序を意識することです。「まず○○罪を検討して，次に△△罪を検討する」という順序を意識することが重要になります。

　ここでは，まず手始めに，財産犯の中で最もポピュラーな「移転罪」という類型を取り上げることにしましょう。

II　移転罪ってどんな罪？

1　移転罪は，窃盗，強盗，詐欺，恐喝

　移転罪の特徴は，その名のとおり，財物や利益が移転するところにあります。具体的には，窃盗罪（235条），強盗罪（236条），詐欺罪（246条），恐喝罪（249条）の4つの罪が，移転罪に属します。

　「移転」というときには，財物や利益が被害者側から行為者側に移動するというイメージをもってください。たとえば，Aの家に置いてあった宝石をXが自分の鞄に入れて持ち出すという場合が典型です。宝石がAのところからXのところに移動しています。

　　＊　「Aのところ」と言いましたが，厳密には，「占有」です。ここで，占有とは，物を事実上支配していることをいいます。もともと宝石はAの家に置いてあり，Aが宝石を支配し，占有していましたが，Xが宝石を自分の鞄に入れることによって，今度は，Xが宝石を支配し，占有することになりました。これが物の移転です。このように，移転罪では，占有の概念が大きな意味をもちます。

2　移転罪の罪名の確定方法を覚えよう

　それでは，移転罪の具体的な罪名は，どのように決まるのでしょうか。まず，上記のコツの1つめ，「犯罪の相互の関係を理解すること」から始めましょう。

　Method 1で述べたように，多くの犯罪は，客体と行為・結果の組合せによって罪名が決まります（Method 1-1）。移転罪も同じです。

> Method
> 5-1　　　移転罪の客体は，㋐財物と，㋑財産上の利益

　移転罪の客体は，㋐財物と，㋑財産上の利益の2種類です。

　㋐財物とは，原則として固体，気体，液体という有体物です（ただし，熱気や冷気など物理的に管理可能なエネルギーも財物に含める見解が有力です）。

　㋑財産上の利益とは，財物以外の財産的利益の一切をいうとされています。ただ，財産上の利益は，財物と違って形がないので，内容が理解しづらいところがあります。そんなときは，典型例を覚えましょう。以下のとおりです。

財産上の利益の類型

・積極的利益（本当なら得られないメリットを得ること）
　例：労務（サービス）を提供させる，所有権移転の意思表示をさせる

・消極的利益（本当ならしなければいけないのにしなくて済むこと）

　例：債務を免れる，支払いを猶予させる，財物の返還を阻止する

> **Method 5-2**　移転罪の行為・結果は，ⓐ窃取，ⓑ強取，ⓒ詐取，ⓓ喝取

　移転罪の行為・結果は，ⓐ窃取，ⓑ強取，ⓒ詐取，ⓓ喝取の４種類です。この４つは，どれも財物や財産上の利益を移転させるものですが，その手段が違います。ⓐ窃取は，典型的にはこっそりと被害者の意思に反して財物の占有を移転させる，ⓑ強取は，相手方の反抗を抑圧するに足りる程度の暴行・脅迫を手段とする，ⓒ詐取は，人を欺くことを手段とする，ⓓ喝取は，相手方の反抗を抑圧するに至らない程度の暴行・脅迫を手段とするものです。

　そうすると，次の表のように，客体と行為・結果を組み合わせることによって移転罪の罪名が決まってきます。たとえば，㋐財物をⓐ窃取した場合は窃盗罪，㋑財産上の利益をⓑ強取した場合は２項強盗罪，といった感じです。

行為・結果 ＼ 客体	㋐ 財物（１項犯罪）	㋑ 財産上の利益（２項犯罪）
ⓐ 窃取	窃盗罪（235 条）	不可罰〔利益窃盗〕
ⓑ 強取	１項強盗罪（236 条１項）	２項強盗罪（236 条２項）
ⓒ 詐取	１項詐欺罪（246 条１項）	２項詐欺罪（246 条２項）
ⓓ 喝取	１項恐喝罪（249 条１項）	２項恐喝罪（249 条２項）

　財物を客体とする罪（上の表の㋐列）は，原則として１項に規定されているので，「１項犯罪」と呼ばれています。また，財産上の利益を客体とする罪（上の表の㋑列）は，２項に規定されているので，「２項犯罪」といわれます。

> 　＊　１つ注目してほしいのは，㋑財産上の利益をⓐ窃取した場合が不可罰とされていることです（この場合を「利益窃盗」と呼んでいます）。235 条には，財物を客体とする場合の規定しか置かれておらず，財産上の利益を客体とする場合の２項がないのです。この利益窃盗が不可罰とされていることがいろいろな場面で問題になってきます。

3　移転罪の成否の検討手順を理解しよう

> **Method 5-3**　移転罪の検討順序は，１項犯罪 → ２項犯罪

こうした移転罪の構造を踏まえて，具体的な事例において移転罪のうちどの罪が成立するかの判断方法を考えてみましょう。

上記のコツの2つめ，「検討の順序を意識すること」が重要です。財産犯の客体の典型は，財物です。そこで，まず財物を客体とする1項犯罪の成否から検討し，それが成立しないときに2項犯罪の成否を検討します。

（1）財物を客体とする移転罪（1項犯罪）

Method 1で述べたように，罪名を決めるときには，まず客体を見極め，次にその客体に対してどのような行為が行われたかを検討するのが有効です（Method 1-2　構成要件該当性の判断の順序は，客体 → 行為・結果）。移転罪は，その典型です。

1項犯罪の客体は，他人が占有する財物です。そこで，事例の中で，①他人が占有している財物がないかを探すのが，最初の作業です。

> ＊　「他人が占有する」というところを忘れないようにしてください。先ほど述べたように，「移転」というのは，他人が占有している財物を行為者の占有の下に移動させることです。つまり，誰かが財物を占有していることが話の出発点なのです。誰も占有していない財物の占有を取得しても，それは，遺失物横領罪（254条）であって，移転罪ではありません。

他人が占有する財物があったら，次は，行為・結果に着目します。②その財物が行為者の占有の下に移動していないか，つまり，占有移転がないかを確認します。もし占有移転があったら，③その移転がどのような手段で行われたか，つまり，ⓐ窃取，ⓑ強取，ⓒ詐取，ⓓ喝取のどれかを確認します。それによって，罪名が決まります。

［ア］財物を客体とする移転罪（1項犯罪）の成否の検討手順
① 他人が占有する財物はあるか
② その財物が行為者の占有の下に移転したか
③ その占有移転はどのような手段で行われたか

①や②がないときは，財物を客体とする罪は成立しません。そのときは，財産上の利益を客体とする罪の成否を検討します。

> ＊　ただし，①や②がないときには，未遂犯の成立する可能性はあります（Method 2-4　客観的要件を満たさないときは，未遂犯の可能性）。この点の確認は忘れないよ

うにしましょう。

（2）財産上の利益を客体とする移転罪（2項犯罪）

　財産上の利益は，財物と違って，客体として単独で存在しているというよりは，行為者がそれを取得してはじめて明確になるものですので，「財産上の利益」と「取得」を一緒に考えたほうが分かりやすいと思います。そこで，最初に，①被害者から行為者に財産上の利益が移転したといえるか，行為者が被害者から財産上の利益を取得したといえるかを確認します。

　利益の取得があったら，次に，②その利益の取得のためにどのような手段が用いられたのか，つまり，ⓑ強取，ⓒ詐取，ⓓ喝取のどれかを確認します。これによって罪名が確定します。

> ［イ］財産上の利益を客体とする移転罪（2項犯罪）の成否の検討手順
> ① 財産上の利益の取得があるか
> ② その財産上の利益の取得はどのような手段で行われたか

　　＊　ここでも，①がないときに未遂犯が成立する可能性はあります。

Ⅲ　問題5を検討しよう

1　［1］のＸの罪責を検討しよう

　「［1］のＸは，店主を殴って缶ビールという財物を奪ったから1項強盗罪が成立する」と考えた人もいるかもしれません。そうでしょうか。上記の検討手順に沿って，［1］を検討してみましょう。

（1）缶ビールを持ち出した行為

　財物を客体とする移転罪（1項犯罪）が成立するか，から検討します。

　まず，他人の占有する財物はあるか（上記［ア］の検討手順①）というと，あります。缶ビールです。缶ビールは，食料品店Ａの店舗内で管理されていた有体物ですから，Ａの占有する財物です。

　次に，その缶ビールがＸの占有の下に移転したか（［ア］②）というと，Ｘが缶ビールを鞄に入れた時点か，遅くとも缶ビールを持って店を出た時点で，缶ビールがＡの占有からＸの占有の下に移転したといえます。

　では，その占有移転は，どのような方法で行われたのでしょうか（［ア］③）。

Xは，人を殴ったり脅したりせず，だましてもいません。占有の移転は，Xが缶ビールをこっそり鞄に入れて店の外に持ち出したことによって行われたので，方法は窃取です。したがって，Xには窃盗罪が成立します。

（2）　Bを殴った行為

それでは，XがBを殴った行為はどうでしょうか。XがBを殴ったのは窃盗罪が既遂に達した後，つまりXが缶ビールの占有を取得した後ですから，この暴行によって缶ビールの占有がAからXに移転したわけではありません（［ア］①・②）。したがって，1項犯罪には当たりません。そこで，財産上の利益を客体とする移転罪（2項犯罪）が成立するかを検討してみましょう。

財産上の利益の取得があるか（上記［イ］の検討手順①）というと，Xは，Bを殴って逃走したことによって，既に占有を取得した缶ビールを返還せずに済み，代金の支払いを免れたので，財物の返還阻止や支払免脱という財産上の利益を取得しています。そして，その利益をどのような手段で取得したか（［イ］②）というと，Bが抵抗できない程度の暴行という手段を使っており，強取に当たります。したがって，2項強盗罪が成立します（事後強盗罪も可能です）。

2　［2］のYの罪責を検討しよう

［2］についても，やはり財物を客体とする移転罪の成否から検討します。

［1］と同じく，缶ビールは，Cが占有している財物です（［ア］①）。次に，占有移転の有無を確認すると（［ア］②），Yが缶ビールを鞄に入れようとしていますが，それだけでは移転したとはいえません。つまり，窃盗罪は未遂にとどまるということになります。

ただ，その後，Yが店を出た時点では，缶ビールの占有がYに移転したといえます（［ア］②）。それはどのような手段だったかというと，YがDを殴るという強取でした（［ア］③）。したがって，1項強盗罪が成立します。

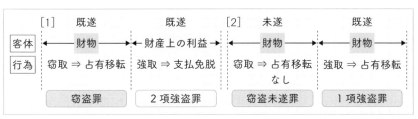

財産犯の検討順序を理解しよう

問題6

　以下の事例について，X，Yの罪責を論じなさい。

　ゲームソフトの開発を手がけるA社の営業部の Ⓧ は，ライバル会社のB社のCから，報酬と引換えに機密資料の持出しを依頼され，A社の開発部の管理するゲームソフトに関する機密資料のファイルを持ち出した。　　　　→ 行為❶

　A社の開発部の Ⓨ も，Cから同様の依頼を受け，自己の管理するA社の機密資料のファイルを持ち出した。　→ 行為❷

　さらに， Ⓨ は，A社が開発中のゲームソフトのプログラムを自分のメモリに保存して持ち出し，Cに渡した。　→ 行為❸

Ⅰ　移転罪以外の財産犯について学ぼう

1　非移転罪（横領罪）

　ここでは，移転罪以外の財産犯について検討します。

　財産犯の中で移転罪と並んで重要なのが，「非移転罪」というグループです。委託物横領罪（252条），業務上横領罪（253条），遺失物等横領罪（254条）が，非移転罪に属します。どれも「〇〇横領罪」なので，非移転罪は，（広義の）横領罪と呼ばれることもあります。その中で重要なのは，委託物横領罪と，その加重類型である業務上横領罪です。

　　＊　委託物横領罪は，単に横領罪（狭義の横領罪）ともいいます。

　非移転罪の特徴は，移転罪と違って，財物の占有侵害がないことです。たとえば，XがAから預かった時計を無断でBに売却した場合，Xに委託物横領罪が成立します。この場合，委託物横領罪の実行行為は，Aの時計をBに売却した行為ですが，これは，もともとXの手元にあった（＝占有していた）時計を処分する行為です。他人が占有していた財物を移転させたわけではありま

せん。この点が移転罪と違うところです。

　非移転罪の客体は物に限られ，財産上の利益は客体に含まれません。

| 占有 | 占有 | | 占有 | 占有 | | 占有 | 占有 |

移転罪　　　　　　委託物横領罪　　　　　遺失物等横領罪

2　毀棄罪

　移転罪，非移転罪以外に，「毀棄罪」というグループがあります。具体的には，建造物損壊罪（260条）や器物損壊罪（261条）などが，このグループに属します。毀棄罪が移転罪や非移転罪と大きく違うところは，不法領得の意思が成立要件でないという点です。

　不法領得の意思（中でも，経済的用法に従って利用処分する意思）とは，経済的に自分が得をしたいという気持ちのことです。移転罪と非移転罪は，どちらも不法領得の意思が成立要件になっていて，これらは，まとめて「領得罪」と呼ばれています。

　これに対して，経済的に得をしたいという気持ちをもたずに他人の財産を侵害するのが，毀棄罪です。「その時計が欲しいわけじゃないけど，あいつを困らせてやろう」と思って，他人の時計を持ち去るような場合です。

3　背任罪，盗品等関与罪

　それ以外には，背任罪や盗品等関与罪があります。

　背任罪（247条）は，他人から事務処理を委託されたのにその信頼を裏切って他人の財産を侵害するという点では委託物横領罪と共通します。しかし，客体が物に限られない点，不法領得の意思が成立要件でない点で，委託物横領罪と違っています。

　盗品等関与罪（256条）は，上記の各種財産犯罪（「本犯」といいます）によって領得された財物（盗品等）を受け取ったり，運搬したり，保管したりする罪です。

4　財産犯の被害者

　Method 4で述べたように，侵害法益や被害者に着目することは重要ですが

(Method 4-2)，財産犯の場合は，特にそうです。そこで，財産犯の保護法益と被害者を確認しておきましょう。多数説を前提にすると，以下のとおりです。被害者とは，法益の主体を指すということに注意してください。

犯　罪	保護法益	被害者
1項犯罪	占有	財物の占有者
2項犯罪	財産上の利益	財産上の利益の主体
非移転罪	所有権（委託信任関係）	物の所有者，委託者
背任罪	財産，委託信任関係	委託者
毀棄罪	物の効用	物の所有者等
盗品等関与罪	追求権	本犯の被害者

II　財産犯の成否の検討手順を理解しよう

1　財産犯の学習のコツ

　このように，財産犯にはいろいろな種類の罪があるので，複雑です。財産犯の事例を読んでいて，「横領罪が成立するとは思うけど，窃盗罪のような気もしてきた。いや，背任罪かな？」……あれこれ考えているうちに，だんだんよく分からなくなってくることがあります。

　そんなときは，Method 5 で述べた学習のコツを思い出してください。それは，①財産犯の全体像を頭に入れ，犯罪の相互の関係を理解すること，②検討の順序を意識することです。

2　財産犯の全体像と犯罪相互の関係

　まず，ここまでで説明した財産犯の全体像を図にすると，以下のようになります。財産犯全体の「地図」だと思ってください。

　財産犯は，普通，経済的に得をしたいという動機，つまり不法領得の意思をもって行われるので，そのような事例を重点的に防止する必要があります。そのため，領得罪は毀棄罪に比べて法定刑が高くなっています。具体的事例においても，領得罪の検討が中心になります。

　その領得罪には移転罪と非移転罪がありますが，移転罪のほうが非移転罪より法定刑が全体的に高くなっています。上述のように，移転罪と非移転罪の違いは占有侵害の有無にありますが，占有を侵害する移転罪が，そうでない非移

転罪に比べて違法性や責任の程度が類型的に高いからです。

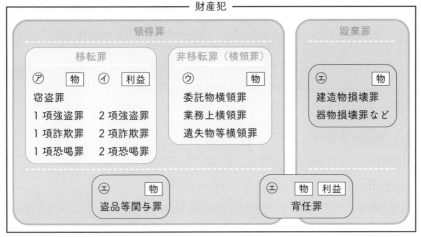

※ 物 ， 利益 は，それぞれ財物，財産上の利益が客体となるという意味です。

3 財産犯の検討順序

> Method
> 6-1
>
> 財産犯の検討順序は，
> 1項犯罪 → 2項犯罪 → 非移転罪 → その他

　次に，検討の順序を考えます。具体的な事例を解決するときには，いろいろな罪を手当たり次第に検討するのではなくて，検討の順序を意識することが重要です。検討順序は，①1項犯罪（上の図の㋐）→ ②2項犯罪（上の図の㋑）→ ③非移転罪（上の図の㋒）→ ④その他の財産犯（上の図の㋓）が基本です。まず，1項犯罪の成否から検討し，それが成立しないときは2項犯罪を検討します。2項犯罪も成立しなければ非移転罪を検討し，それも成立しなければ，その他の財産犯のうち，どれかが成立するかを検討することになります。これが，財産犯の事例において適切な結論にたどりつくための「道順」です。

> ＊　なぜこのような検討順序になるのでしょうか。ここで思い出してほしいのが，
> ［Method 4-4　検討の順序は，重い罪から軽い罪へ］という原則です。
> 　先ほど述べたように，領得罪は毀棄罪より法定刑が高く，財産犯の中心は領得罪です。したがって，領得罪から検討します。毀棄罪などその他の財産犯は，領得罪の後に検討します。
> 　領得罪の中では，移転罪のほうが非移転罪より法定刑が高いので，移転罪 → 非移

転罪という順序で検討します。さらに，移転罪の中の検討順序は，Method 5 で学んだように，1項犯罪→2項犯罪の順です（Method 5-3　移転罪の検討順序は，1項犯罪→2項犯罪）。なお，盗品等関与罪は，法定刑が比較的高いのですが，他人の財産犯罪を前提として成立する罪ですから，盗品等関与罪の検討は後回しです。

　そこで，上述のような検討順序になるわけです。なお，これは，1つの行為について財産犯の成否を判断するときのルールです。問題5のように複数の行為が問題になるときには，行為ごとに別個に判断することになります。

Ⅲ　問題 6 を検討しよう──機密情報の漏えい

　問題6において検討すべき行為は，次の3つです。

行為❶…X が A 社のファイルを持ち出した行為

行為❷…Y が A 社のファイルを持ち出した行為

行為❸…Y が A 社のプログラムを自分のメモリに保存して持ち出した行為

　どの行為も，企業の機密情報を漏えいするものです。しかし，刑法上どのような犯罪が成立するかというと，それぞれ違う結論になります。

1　行為❶について検討しよう

　行為❶から検討しましょう。上で述べたとおり，まずは，1項犯罪の成否です。A 社のファイルは，他人の占有する他人の財物に当たり，X は，これを社外に持ち出すことによって，ファイルの占有を A 社開発部から X に移転させています。その占有移転の方法は，窃取です。したがって，X には窃盗罪（235 条）が成立します。

2　行為❷について検討しよう

（1）　移転罪（1項犯罪）は成立するだろうか？

　行為❷について，1項犯罪の成否から考えます。Y は，X と同様に，A 社のファイルを社外に持ち出しています。しかし，Y は，X と違い，そのファイルを管理し，占有していました。ファイルは，Y にとって他人の占有する財物ではありません。したがって，1項犯罪は成立しません。

（2）　移転罪（2項犯罪）は成立するだろうか？

　2項犯罪は成立するでしょうか。ファイルを社外に持ち出したことは財産上の利益の取得とはいいがたいですし，仮に情報の取得を財産上の利益であると評価したとしても，その取得の方法は窃取に当たるので，利益窃盗にすぎませ

ん。したがって，2項犯罪も成立しません。

（3） 非移転罪は成立するだろうか？

非移転罪はどうでしょうか。ファイルという財物は，A社から委託を受けてYが管理しているA社の所有物ですから，横領罪の客体である「自己の占有する他人の物」に当たります。これを報酬目当てに無断で持ち出していますので，「横領した」といえ，Yの行為は委託物横領罪に該当します。さらに，Yは，普段からA社の物を管理している業務上の占有者であるため，Yには委託物横領罪の加重類型である業務上横領罪が成立します。

3　行為❸について検討しよう

（1）　移転罪（1項犯罪，2項犯罪）は成立するだろうか？

行為❸について検討しましょう。Yは，メモリを持ち出していますが，このメモリは，行為❷のファイルと違って，Yの所有物ですから，他人の財物に当たりません。したがって，1項犯罪は成立しません。2項犯罪が成立しないのも，行為❷の場合と同じです。

（2）　非移転罪は成立するだろうか？

それでは，業務上横領罪は成立するでしょうか。先ほど述べたように，メモリはYの所有物なので，横領罪の客体である「自己の占有する他人の物」に当たりません。したがって，メモリを客体とする横領罪の成立を認めることはできず，Yに業務上横領罪は成立しません。

> ＊　「だったら，『プログラムの情報を横領した』と考えればいいじゃないか」と思うかもしれません。確かに，当事者にとって重要なのは，メモリという媒体ではなく，その中に保存されている情報です。しかし，「物」という文言をどんなに広げて解釈しても，情報まで含めることには無理があります。

（3）　その他の財産犯は成立するだろうか？

そこで，他の犯罪の成立可能性を探ってみると，背任罪の成立が考えられます。Yは，A社のためにゲームソフトの開発という事務処理を担当していたのにA社の信頼を裏切って情報を漏えいし，A社に財産上の損害を与えたからです。上記のように，背任罪の客体は物でなくてもよいのです。

問題7

〔設問1〕 以下の［1〕～〔3〕のＸの罪責を論じなさい。

　Ｘは，路上でＡの落とし物の鞄を拾った。その鞄には，Ｂ銀行Ｃ支店のＡ名義の口座の通帳，キャッシュカード，暗証番号の書かれたメモ，印鑑が入っていた。Ｘは，その口座の金を使おうと思い，その鞄を持ち去った。

［1］　Ｘは，Ｂ銀行Ｃ支店の窓口で前記通帳と印鑑を使い，係員ＤにＡ名義の口座からの払戻しを請求し，現金10万円をＤから受け取った。

［2］　Ｘは，Ｂ銀行Ｃ支店のＡＴＭで前記キャッシュカードを使い，現金10万円をＡ名義の口座から引き出した。

［3］　Ｘは，Ｂ銀行Ｃ支店のＡＴＭを使って，10万円をＡ名義の口座からＥ銀行Ｆ支店のＸ名義の口座に送金した。

〔設問2〕 以下の事例について，Ｙの罪責を論じなさい。

　Ｙは，Ｇの代わりに株取引をするための資金としてＧから預かって手元で保管していた現金100万円を自己の買い物の支払いに使った。

〔設問3〕 以下の事例について，Ｚの罪責を論じなさい。

　Ｚは，Ｈの代わりに株取引をするための資金としてＨから預かってＢ銀行Ｃ支店のＺ名義の口座に預金していた100万円を自己の買い物の代金としてＥ銀行Ｆ支店のＩ名義の口座に送金した。

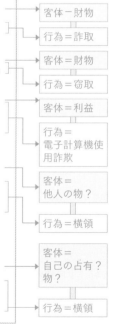

客体＝財物

行為＝詐取

客体＝財物

行為＝窃取

客体＝利益

行為＝
電子計算機使用詐欺

客体＝
他人の物？

行為＝横領

客体＝
自己の占有？
物？

行為＝横領

　財産犯の事例問題では，お金が客体になることがよくあります。その場合，お金以外の客体の事例（宝石を盗んだとか，他人から預かっている絵画を売ってしまったなど）と違う考慮が必要になります。そのため，お金が客体となってい

る事例問題は要注意です。

I 移転罪の場合──〔設問 1〕を検討しよう

最初に，移転罪の場合について検討しましょう。

〔設問 1〕の [1] から [3] の X の行為は，日常用語としては，どれも「10 万円をとった」と表現するかもしれません。しかし，犯罪の成否を考えるときには，もう少し厳密に分析する必要があります。

> Method 7-1　客体が現金かどうかを確かめよう

1 〔1〕の X の行為を検討しよう

[1] の X の行為について 1 項犯罪が成立しないかというところから考えます（Method 6-1　財産犯の検討順序は，1 項犯罪 → 2 項犯罪 → 非移転罪 → その他）。Method 5 で示した手順に沿って検討します。

①まず，他人が占有している財物があるかというと，あります。現金 10 万円です。現金 10 万円は，1 万円札 10 枚といった固体ですから，財物です。そして，この現金は，銀行に置いてあったものですから，銀行（C 支店長）が占有していた財物といえます。

②次に，その現金 10 万円が係員 D から X に渡され，銀行（C 支店長）から X に占有が移転しています。

③そして，その占有移転の手段は何だったかというと，X は D をだまして錯誤に陥れ，現金 10 万円を交付させているので，詐取です。

したがって，1 項詐欺罪（246 条 1 項）が成立するということになります。

2 〔2〕の X の行為を検討しよう

[2] の X の行為についても，1 項犯罪の可能性から考えましょう。

①まず，他人が占有している財物は，やはりあります。現金 10 万円です。この現金 10 万円は，B 銀行 C 支店の ATM の中に入っていた紙幣ですから，銀行（C 支店長）が占有していた財物です。

②次に，その現金 10 万円が ATM の中から X の手元に渡りましたから，銀行（C 支店長）から X へと占有が移転しました。

③そして，その占有移転の手段ですが，X は，ATM を使用したのであって，

3　財産犯　47

窓口で人をだましたわけではないので，［1］と違って詐取ではありません。銀行（C支店長）の意思に反して現金の占有が移転したといえるので，Xのとった手段は，窃取です。拾った他人のカードを勝手に使って現金を引き出すことは，銀行の意思に反しています。

したがって，［2］のXには窃盗罪（235条）が成立します。

3 ［3］のXの行為を検討しよう

これに対して，［3］では，口座から口座に10万円が送金されていますが，これは，A名義の口座の残高が10万円減り，その代わりにX名義の口座の残高が10万円増えるというだけであって，紙幣という財物が移動しているわけではありません。したがって，［3］では，銀行の占有する財物が移転したとはいえないので，1項犯罪は成立しません。

そこで，Method 5で示した手順に沿って2項犯罪が成立するかを検討すると，①Xの口座の残高が10万円増えたので，Xは財産上の利益を取得したとはいえます。

ただ，②手段に着目すると，2項詐欺罪（246条2項）は成立しません。Xは，ATMを操作しただけであって，窓口で人をだましたわけではないからです。また，［2］と同じようにATMを操作しているので，窃取に当たるとはいえるかもしれませんが，Method 5で述べたように，財産上の利益を窃取する「利益窃盗」は不可罰です。

そんなときに成立するのが，電子計算機使用詐欺罪（246条の2）です。Xは，Aを装ってATMを操作して送金することによって，「人の事務処理に使用する電子計算機に虚偽の情報……を与えて財産権の得喪若しくは変更に係る不実の電磁的記録を作り」，その結果，「財産上不法の利益」を得たといえます。

4 「金銭」か「金額」か

［1］や［2］では，問題文に書いてある「10万円」は，紙幣や硬貨など財物である現金10万円（金銭）です。これに対して，［3］の「10万円」は，現金ではなく，10万円という価値（金額）を意味しています。このように，事例問題で同じように「○○円」と書いてあったとしても，それが現金（金銭）を意味する場合もあれば，価値（金額）を意味している場合もあり，どちらなのかで犯罪の成否の判断が変わります。そこで，事例問題を解くときには，「○○円」

がどういう意味で使われているのかを見極める必要があるのです。

> * ただし，移転罪の場合にも，例外的に，財物の移転がないのに１項犯罪の成立が認められることがあります。これについては，Chapter II 第13問で扱います。

5 被害者は誰だろう？

これに併せて，被害者が誰かという点にも気をつける必要があります（Method 4-2　侵害法益・被害者に着目しよう）。この点は，罪数処理（Method 19参照）のときなどに問題になります。

［1］から［3］の被害者はＡであると考えた人もいるかもしれません。確かに，Ａから見れば，知らないうちに自分の口座の残高が減っているわけですから，Ａは被害者といえるかもしれません。しかし，［1］と［2］では，Ｂ銀行Ｃ支店からＸに現金10万円の占有が移転し，移転罪が成立しています。したがって，被害者は，占有者である銀行（支店長）です（Method 6参照）。同様に，［3］でも，銀行（支店長）が被害者です。

> * なお，ＸがＡの鞄を持ち去った行為は，Ａの占有を離れたＡの所有物を領得するものですから，Ａを被害者とする占有離脱物横領罪（254条）です。

II　横領罪の場合その１ ── 〔設問２〕を検討しよう

次に，横領罪の場合について考えてみましょう。

Method 7-2　横領罪では，不特定物としての金銭に要注意

〔設問２〕では，財物の移転や利益の取得はありませんから，移転罪は成立しません。むしろ，Ｙは，Ｇから預かって保管していた現金100万円を使い込んだわけですから，横領罪の典型例です。ただ，Ｙの行為に横領罪の要件を当てはめるときに，少し気になる要件があります。「他人の」の要件です。

金銭は，普通，取引上の交換の手段として使われ，流通性や代替性をもって

いる（不特定物）ことから，取引の安全を保護するため，民法上，金銭の占有
と所有は原則として一致するとされています。これに従うと，〔設問2〕で現
金100万円を占有しているのはYですから，その所有者もYということにな
ります。そうだとすると，現金100万円は，Yにとって「自己の」物であって，
「他人の」物に当たらないのではないかという疑問が生じるのです。

この場合，通説は，横領罪の場面では「使途を定めて委託された金銭の所有
権は委託者にある」と説明することによって，「他人の」の要件を満たすとい
う結論を導いています。Gは，株取引の使用に使い道を決めて現金100万円
をYに預けたので，その現金100万円の所有権はGにあるというのです。こ
こでは，民法上の所有権と刑法上の所有権とが違うということになります。

また，他人から頼まれてどこかから集金してきた現金をその他人に渡さず使
い込んだ場合や，他人から預かった現金を後で補てんするつもりで一時的に流
用する場合などでも，客体が金銭であるために特別な考慮が必要になります。

このように，横領罪の客体が不特定物としての金銭であるときには，注意が
必要です。なお，金銭が特定物のときもあります。有名人が触った1万円札
なので，その1万円札であることに意味があるというような場合です。この
場合は，通常の財物の場合と同じように考えることになります。

Ⅲ 横領罪の場合その2 ──〔設問3〕を検討しよう

1 預金も「物」といえるだろうか？

Method
7-3　　横領罪の「物」は現金でなくてもいい

〔設問3〕のZも，Yと同じく他人から預かったお金を使い込んでおり，一般
に横領罪の成立が認められています。ただ，やはり疑問が生じます。横領罪の
客体は「物」に限られますが，〔設問3〕において「物」の要件を満たすのかと

いう疑問です。

　もし銀行の貸金庫に現金100万円（1万円札100枚）が預けられているのであれば，客体は財物であるといえます。しかし，〔設問3〕の客体は，銀行の口座に預けられている100万円です。この「100万円」は，特定の紙幣や硬貨といった「財物」ではなく，口座から100万円を引き出せる権利，すなわち「預金債権」です。それでも「物」の要件を満たすのでしょうか。

　通説は，預金という形態をとる場合も，一定の金員を管理しているという点では現金を保管している場合と同視してよいという理由で，預金相当額の金銭が「物」に当たると解しています（ただし，反対説も有力です）。先ほど，移転罪について現金こそが財物であると言いましたが，横領罪の場合には，移転罪に比べて，物の概念が緩やかに捉えられているということになります。

2　移転罪における占有と横領罪における占有とは意味が違う

　これに併せて，横領罪においては占有の概念も広げられていることに注意しましょう。移転罪において「財物の占有が移転する」というときの「占有」は，事実上の支配を意味しています。財物を手に持つとか自宅に置いてあるといった状態のことです。これに対して，「横領罪の客体は自己の占有する他人の物である」というときの「占有」は，事実上の支配だけでなく，法律上の支配も含むとされています。法律上の支配とは，処分が可能な状態という意味です。上述した預金は，実際には財物ではありませんから，事実上支配することはできません。預金の場合の占有は，払戻権限に基づいていつでも預金を払い戻せるため処分が可能な状態であるという法律上の支配を意味しているのです。

　このように，〔設問2〕と〔設問3〕は，どちらも「他人から預かったお金」が客体になっていますが，それが現金か預金かによって，横領罪における「物」や「占有」の要件に関する説明の仕方が変わってきます。そのため，事例問題では，客体がどちらなのかという点に注意を払う必要があります。

1 検討の順序の微調整

　財産犯の検討順序は，「1項犯罪 → 2項犯罪 → 非移転罪 → その他」と言いました。実は，これには微調整が必要です。特に問題になるのは，同じ被害者に対して複数の犯罪の成立要件を同時に満たす場合です。

　たとえば，他人から物を借りていた者が返却を求められた際に嘘をついて返却を免れた場合，欺罔行為によって財物返還免脱という財産上の利益を得たという点で2項詐欺罪に当たると同時に，自己の占有する他人の物を手元に置き続けたという点で横領罪の成立要件も満たします。この場合，先ほどの検討順序からすると，横領罪の成否を検討する前に，2項詐欺罪が成立するという結論で確定となるはずです。しかし，学説の多くは，2項詐欺罪は成立せず，横領罪が成立すると考えています。「横領罪は，他人の物が手元にあるという誘惑につい負けてしまったという特徴があるために詐欺罪などに比べて刑が軽くなっている。それなのに，重い2項詐欺罪の成立を認めてしまったら，横領罪の刑を軽くした意味がなくなってしまう」というわけです。

　これは，先ほどの検討順序の例外を認めているということになります。同じような問題は，詐欺罪と背任罪が競合する場合，窃盗罪と委託物横領罪が競合する場合（占有の帰属）などに生じます。検討順序について微調整が必要なのはどのような場合か，それはなぜかが課題になりますが，これは個別に判断することになります。

2 各グループ，各犯罪の区別

　財産犯の各犯罪は，相互に関連し合っているので，事例問題では各犯罪の区別がよく論点になります。Method 6で財産犯全体の「地図」を示しましたが，その中のグループ間，犯罪間の境界線をどこに引くが問題になるわけです。

　主なものは，以下のとおりです。参考にしてください。

区別が問題になる犯罪	区別のポイント
領得罪と毀棄罪	利用処分意思の有無
1項犯罪と2項犯罪	財物性
窃盗罪と強盗罪	反抗を抑圧するに足りる程度の暴行・脅迫の有無
窃盗罪と詐欺罪	処分行為に向けられた欺罔行為の有無
窃盗罪と委託物横領罪	被害者の占有，委託に基づく行為者の占有の有無
窃盗罪と遺失物横領罪	被害者の占有の有無
強盗罪と恐喝罪	反抗を抑圧するに足りる程度の暴行・脅迫の有無
詐欺罪と恐喝罪	主たる手段（欺罔か恐喝か）
委託物横領罪と背任罪	委託物横領罪の成立範囲
本犯の共犯と盗品等関与罪	本犯の既遂時期・終了時期

共犯

「共犯論は複雑で難しい」と思っている人は多いと思います。

ただ，多くの事例問題では，複数の行為者が登場するので，どうしても共犯論上の論点が多かれ少なかれ関係してきます。そのため，刑法の事例問題を検討する上で，共犯論は避けて通れません。

確かに，共犯論は複雑で難しいです。しかし，共犯論を形成している経糸と緯糸を見極めれば，共犯の事例問題は解きやすくなります。その経糸と緯糸とは，「各則上の罪名」と「関与形式」です。

この点に注目しながら，共犯の事例の分析方法を検討してみましょう。

なお，「共犯」という用語は，以下のようにいろいろな意味で使われるので，注意してください。

最広義の「共犯」…複数の者が犯罪に
　　　　　　　　関与した場合すべて
広義の「共犯」……共同正犯，教唆犯，
　　　　　　　　幇助犯
狭義の「共犯」……教唆犯，幇助犯

共犯論では，問題の次元の違いを意識しよう

問題 8

　以下の事例について，X，Y の罪責を論じなさい。

　X は，A を殺害して現金を強奪しようと決意し，夜遅く家を出た。X の様子を不審に思い，X の妻 Y が X の後をついて行った。Ⓧ は，A 宅に入り，包丁で A を刺殺した。なかなか X が出てこないので，Y が A 宅に入ると，X が包丁を持って立っていた。Ⓧ は，Y に対し，「金を盗むために A を殺した。今から金を探すから，お前は見張りをしろ」と命じた。Ⓨ は，躊躇したものの，X から強く命じられたことと，家計の助けになるかもしれないという思いから，X の指示に従い，A 宅の前で見張りをした。その間に，Ⓧ は，現金 50 万円を見つけ，これを持って Y と逃走した。

> 強盗殺人罪
> の実行行為

> 意思の連絡
> → 共謀？

Ⅰ　共犯論が得意になるために

1　なぜ共犯論は難しいのだろう？

　この項のテーマは，「共犯（広義）」です。共犯論には苦手意識をもっている人が多いと思います。共犯論が難しく感じられる原因は，どこにあるのでしょうか。

　その原因の 1 つは，不確定要素が複数あることです。

　単独犯の場合，実行行為，因果関係，故意などの検討を通じて，「傷害致死罪」，「殺人未遂罪」，「窃盗罪」といった各則上の罪名を確定します（Ⓐ各則上の罪名の確定）。それは，共犯の場合も同じです。

　ただ，それだけでも難しいのに，共犯の場合は，それに加えて，どのような関与の仕方でその罪を実現したのか，つまり，共同正犯か教唆犯か幇助犯かという点も確定しなければなりません（Ⓑ関与形式の確定）。共犯の罪名としては，

「傷害致死罪の共同正犯」、「殺人未遂罪の教唆犯」、「窃盗罪の幇助犯」というように、共同正犯（60条）、教唆犯（61条1項）、幇助犯（62条1項）という関与形式も特定する必要があるからです。

傷害致死罪	の	共同正犯
殺人未遂罪	の	教唆犯
窃盗罪	の	幇助犯

Ⓐ各則上の罪名　　　Ⓑ関与形式

　Ⓐ各則上の罪名とⒷ関与形式とは次元の違う問題です。次元の違う不確定要素が複数あると、それだけ検討の内容が複雑になります。そこに共犯論特有の難しさがあるのです。

2　共犯の事例問題を解くコツ

> Method 8-1 「何罪か」と「どの関与形式か」を分けて検討しよう

　ただ、逆に言うと、Ⓐの問題とⒷの問題を混同しないように気をつければ、共犯の事例問題は解きやすくなります。Ⓐ各則上の罪名の問題とⒷ関与形式の問題とを区別して検討することが、共犯の事例問題を解くコツです。

　以下で、このことを具体的に考えてみましょう。

> ＊　ⒶとⒷのうち、必ずこちらから検討するといった順番が決まっていれば楽なのですが、残念ながら、どちらから検討すればよいかは事案や論点によって異なるので、一概には言えません。両者を同時並行的に検討しなければならないときもあります。

Ⅱ　共犯論上の論点を分類してみよう

1　承継的共犯をもとに考えてみよう

　共犯論には、いろいろな論点があります（刑法総論の基本書の「共犯」の章で取り上げられている論点です）。共犯論上の論点というと、全部、Ⓑ関与形式の問題と思うかもしれませんが、実は、そうではありません。

（1）　承継的共犯はⒶ各則上の罪名の問題

　問題8を解いてみましょう。問題8は、承継的共犯の典型事例です。X（先

行者）の行為は，強盗殺人罪（240条）に当たりますが，その途中から関与したY（後行者）にどのような罪が成立するかが問題になります。

　Chapter Ⅱ（第13問）でも検討しますが，承継的共犯については，肯定説，中間説，否定説が対立しています。肯定説によると，後行者には常に先行者と同じ罪が成立しますから，Yには強盗殺人罪が成立します。一部だけ承継的共犯を肯定する中間説からは，Yには強盗罪（236条1項）が成立します。否定説からは，承継的共犯が一切否定されるので，Yは，殺人とは無関係であり，死亡したAから現金を奪ったにすぎないとして，単に占有離脱物横領罪（254条）が成立することになります。このように，どの説を採るかによって「○○罪」という各則上の罪名が変わります。つまり，承継的共犯は，Ⓐの問題に関する論点であるということが分かります。

(2)　承継的共犯はⒷ関与形式の問題と無関係

　一方，Yが共同正犯か幇助犯かは，承継的共犯についてどの説を採るかによって決まるわけではありません。承継的共犯の問題とは別に，Yがどのような関与の仕方をしたのかを検討して，共同正犯か幇助犯かを決める必要があります。Yが利得を動機として犯行に加担したことや，見張りが重大な寄与であることから，Yについて正犯意思や重大な寄与といった共同正犯の要件を満たすと考えれば共同正犯となりますし，Yは主体的，積極的に関与したわけではなく，見張りも重大な寄与ではないと考えるのであれば幇助犯になります。つまり，承継的共犯は，Ⓑの問題とは関係がないのです（反対説もあります）。

　このように，Yの罪責については，Ⓐの問題とⒷの問題を別個に検討する必要があります。そうすると，それぞれについてどのような考え方を採るかによって，以下のように，いろいろな結論がありうるということになります。

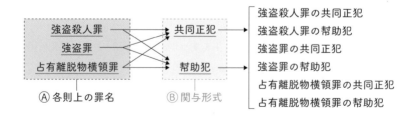

2 他の論点も見てみよう

　承継的共犯以外にも，共犯関係の解消，共犯と錯誤，共犯と身分などの論点は，Ⓐ各則上の罪名の問題です（実は，違う見解もありうるのですが，ここでは，さしあたり多数説の理解を前提とします）。具体例を示すと，以下のとおりです。どれも，「○○罪」という各則上の罪名が問題になっています。したがって，共同正犯か教唆犯か幇助犯かといったⒷ関与形式は，別に検討する必要があります。

共犯関係の解消　（例：ＸとＹが共同してＡに傷害を加えた後，Ｘが離脱したが，
　　　　　　　　　　　　さらにＹがＡに暴行を加えて死亡させた場合）

共犯関係の解消を肯定すると，Ｘは傷害罪
共犯関係の解消を否定すると，Ｘは傷害致死罪

共犯と錯誤　（例：ＸがＹに窃盗を教唆したところ，Ｙが強盗を行った場合）

38条２項により，Ｘには強盗罪不成立
構成要件の重なり合いが認められれば，Ｘには窃盗罪成立

共犯と身分　（例：保護責任者でないＸが保護責任者Ｙの遺棄に関与した場合）

65条１項を適用すると，Ｘは保護責任者遺棄罪
65条２項を適用すると，Ｘは単純遺棄罪

　これに対して，間接正犯，共謀共同正犯，共同正犯と狭義の共犯との区別などの論点は，間接正犯か教唆犯か，共同正犯か教唆犯・幇助犯かという問題ですから，文字どおり，Ⓑ関与形式の問題です。

　このように，共犯論上の論点は，その内容に応じて，Ⓐ各則上の罪名に関するものと，Ⓑ関与形式に関するものに分けられます。多数説を前提にすると，以下のように整理できます。

Ⓐ 各則上の罪名 に関する論点	承継的共犯，共犯関係の解消，共犯と錯誤， 共犯と身分，結果的加重犯の共犯　など
Ⓑ 関与形式 に関する論点	間接正犯，共謀共同正犯， 共同正犯と狭義の共犯との区別　など

Ⅲ 各則上の罪名の問題と関与形式の問題は，何が違うのだろう？

1 なぜ承継的共犯は各則上の罪名の問題なのだろう？

それでは，Ⓐ各則上の罪名に関する論点とⒷ関与形式に関する論点はどのように違うのでしょうか。承継的共犯を例にとって考えてみます。

> Method
> 8-2　　共犯の因果性，故意，身分は，各関与形式に共通の問題

承継的共犯は，後行者の行為と因果性のない結果についてまで後行者に責任を負わせてよいのかという問題であり，多数説は，承継的共犯の問題を共犯の因果性の観点から解決しています。

この共犯の因果性は，共同正犯，教唆犯，幇助犯といったすべての関与形式に共通する問題であるというのが，一般的な理解です。「共犯の場合も，単独犯の場合と同じく，自分の行為が結果に対して因果性を有するからこそ犯罪の成立が認められる。そのことは，共犯のどの関与形式でも変わらない。したがって，結果への因果性がなければ，共同正犯，教唆犯，幇助犯のどれも成立しない」というわけです。

このように，共犯の因果性がすべての関与形式に共通の問題であるとすると，共犯の因果性の観点からは関与形式を区別できないということになります。むしろ，共犯の因果性は，関与者の行為が構成要件要素のうちどの部分にまで因果性を有するかという問題なので，Ⓐ各則上の罪名に影響を及ぼします。そのため，承継的共犯は，Ⓐ各則上の罪名の問題なのです。

通説によれば，共犯関係の解消の根拠は因果性の遮断に求められますから，共犯関係の解消についても承継的共犯と同じことがいえます。また，故意や身分も，どのような構成要件を実現したといえるかを問題とするので，共犯と錯誤や共犯と身分も，Ⓐ各則上の罪名の問題になるのです。

2 関与形式はどのように決まるのだろう？

一方，共同正犯か教唆犯か幇助犯かを決めるのは，それぞれの関与形式に固有の要素です。共同正犯では共同性または相互利用補充関係，教唆犯では他人に犯行を決意させること，幇助犯では正犯の行為を促進し容易にすることが，それぞれの関与形式に固有の要素に当たります。これらの要素のうちのどれが認められるかによって，Ⓑ関与形式が決まるのです。

3 共犯の構造を意識しよう

上で述べたことをもとにすると，共犯の因果性，故意などは，すべての関与形式に共通する土台であり，それに，それぞれの関与形式に固有の特徴が加わることによって，共犯が完成するということになります。以下の図のようなイメージです。共犯の事例を検討するときには，こうした共犯の構造を思い浮かべて，その中のどこが問題になっているのかを意識するとよいと思います。

共同正犯	教唆犯	幇助犯	
共同性・相互利用補充関係	犯行決意の喚起	犯行の促進	← Ⓑ関与形式の問題
因果性，故意，身分　など			← Ⓐ各則上の罪名の問題

> ＊　少し細かい話をすると，Ⓐ各則上の罪名に関する論点には，ⅰ関与形式によって解決方法が異なるものと，ⅱどの関与形式の場合でも解決方法が同じものとがあります。たとえば，共犯と錯誤，共犯と違法性阻却などは，一般に共同正犯と狭義の共犯とで解決方法が異なると理解されているので，ⅰの論点です。これに対し，承継的共犯，共犯関係の解消，共犯と身分などは，どの関与形式でも解決方法は異ならず，ⅱの論点であるというのが，多数説の理解です。ⅰの論点を検討するときには，その前提として，どの関与形式に当たるのかを確定しておく（少なくとも暫定的に決めておく）必要があります。
>
> 　もっとも，ⅱの論点に関しても，関与形式によって解決方法が異なるという見解も有力に主張されています。

この後，Method 10，14でⒶ各則上の罪名の問題，Method 9，11〜13でⒷ関与形式の問題を扱います。

背後者の関与形式を判断しよう

問題 9

　以下の事例について，X，Y の罪責を論じなさい。

　X（男性，45 歳）は，普段から娘 Y（12 歳）に暴力を振るい，Y を意のままに従わせていた。Ⓧ は，「ビールを万引きしてこい」と Y に強い口調で命じた。Ⓨ は，これを拒むと X から暴力を振るわれると思い，恐怖心から X の命令に従い，酒店 A で缶ビールを盗んだ。

X：背後者
…間接正犯？
　　共同正犯？
　　教唆犯？
↓
Y：直接行為者

I　関与形式が問題になるのは，どのような場合だろう？

　Method 8 で，「Ⓐ各則上の罪名の問題とⒷ関与形式の問題を分けて検討する」と言いましたが，ここでは，Ⓑ関与形式をどのように決めるかを考えてみます。

　関与形式は，主役である正犯と，脇役である（狭義の）共犯に大別されます。正犯が 1 人の場合は単独正犯と呼ばれ，2 人以上の者が共同して犯罪を実行した場合は共同正犯です。共犯には，教唆犯と幇助犯の 2 種類があります。

Method
9-1　直接行為者は，原則として正犯

　複数の者が犯罪に関与した場合，犯罪の結果に一番近い人が正犯，その背後にいる人が共犯（教唆犯，幇助犯）というのが，原則です。結果に一番近い人は，普通，自分で実行行為を行って犯罪事実を直接実現したといえる（そのため，「直接行為者」と呼ばれます）のに対して，その背後の人（「背後者」といいます）は，そうではないからです。X が Y から頼まれて Y に鉄パイプを渡し，Y がその鉄パイプで A を殴って怪我させた場合が典型です。鉄パイプで A を殴った Y は直接行為者，その Y に鉄パイプを渡した X は背後者ですが，直接行為者である Y は傷害罪の正犯，背後者の X は傷害罪の幇助犯です。

$$\begin{array}{ccccc} & \xrightarrow{\text{鉄パイプを渡す}} & & \xrightarrow{\text{殴打（実行行為）}} & \\ X & & Y & & A \quad \text{傷害（結果）} \\ \text{幇助犯（背後者）} & & \text{正犯（直接行為者）} & & \end{array}$$

ただ，背後者も正犯になる場合があります。そこが関与形式の問題の難しいところです。背後者が正犯になるのは，以下の2つの場合です。

① 間接正犯（直接行為者を道具のように一方的に利用することによって背後者が自ら実行行為を行ったと評価される）
② 共謀共同正犯（実行行為を行っていない背後者も共同正犯となる）

つまり，背後者の関与形式としては，①間接正犯，②共同正犯，③教唆犯，④幇助犯という4つの選択肢が考えられるということになります。このように選択肢がいろいろあるため，背後者の関与形式が特に問題になるのです。

Ⅱ　背後者の関与形式は，どのように判断するのだろう？

　問題9を検討しましょう。Yは，窃盗罪（235条）の実行行為を自ら行っており，直接行為者です（ただし，Yは刑事未成年者なので，責任が阻却されます）。それに対して，背後者のXは，Yに窃盗を行うよう指示しただけで，実行行為を直接担当したわけではありません。Xの関与形式については，次のような解答が考えられます。正解はどれでしょうか。

　　解答1：Xは，Yを唆して窃盗を行わせたから，窃盗罪の教唆犯が成立する。
　　解答2：Xは，Yと共謀し，それに基づいてYが窃盗を行ったから，窃盗罪の共同正犯が成立する。
　　解答3：Xは，Yを一方的に利用して窃盗を行わせたから，窃盗罪の間接正犯が成立する。

　正解は，3です。問題9は，刑事未成年者を利用した間接正犯を認めた最決昭和58・9・21刑集37-7-1070の事案とよく似ているので，解答3を選んだ人は多いと思います。

　ただ，「解答1や解答2が間違いだって言い切れるのかなぁ……」と思った人は，いませんか。その疑問は当然です。教唆とは，他人の犯行を決意させて実行させることをいいますが，Xは，まさにYに犯行を決意させていますから，

4　共犯　　　　　　　　　　　　　　　　　　　　　　　61

Xの行為は教唆犯の成立要件を満たしています。また，共同正犯は，2人以上の者が共同して犯罪を実行したときに成立しますが，XとYは意思を通じて窃盗を行っていますから，共同正犯の成立要件も満たしているといえます（共謀共同正犯です）。

それなのにXに教唆犯や共同正犯は成立せず，間接正犯が成立するのは，なぜでしょうか。その答えは，関与形式の検討順序に隠されています。

Method
9-2

関与形式の検討順序は，
間接正犯 → 共同正犯 → 教唆犯 → 幇助犯

背後者の関与形式は，①間接正犯，②共同正犯，③教唆犯，④幇助犯の順に検討します。①間接正犯の成立が認められれば，②以降は検討しない。①間接正犯の成立が否定されたときに，②共同正犯の成否を検討し，それも否定されたら，③教唆犯……というように判断するのです。

問題9でも，最初に「Xは間接正犯か？」という点から検討します。すると，Xの行為は，間接正犯の成立要件を満たしていて，Xには窃盗罪の間接正犯の成立が認められる（間接正犯の成立要件については Method 11 で検討します）ので，検討順序が後になる共同正犯や教唆犯は成立しないのです。

> ＊ なぜこの順序で検討するのかというと，それは，重い罪から順に検討するという原則があるからです（Method 2-1 できるだけ重い罪の成立可能性を探ろう）。正犯のほうが狭義の共犯より相対的に刑が重いので，まず正犯の可能性から考え，それが否定されたときに狭義の共犯の可能性を検討します。
>
> 正犯の中でも，①他人を一方的に道具のように利用し，自ら構成要件該当行為をすべて行ったと評価される間接正犯のほうが重いので，まず間接正犯，次は，②構成要件該当行為をすべて自ら行う必要のない共同正犯（構成要件該当行為の一部しか行っていない場合や謀議だけ参加した場合も共同正犯となりえます）という順序です。
>
> 狭義の共犯についても，やはり重いほうから，③正犯と法定刑が同じである教唆犯，④正犯に比べて刑が減軽される幇助犯という順番で検討します。
>
> ＊ 不作為犯や過失犯の場合は，背後者のように見えて，実は自ら実行行為を行ったと評価されるという場合もあるので，注意が必要です。この場合は，複数の直接行為者（正犯者）がいるということになります。

Ⅲ 関与形式の組合せ

少し補足です。上で述べたように，関与形式が特に問題になるのは，背後者

です。ただし，背後者の行為だけを見ていたのでは関与形式は決められないということに注意してください。関与形式を確定するためには，直接行為者と背後者がお互いにどのような関係にあるかという点に着目する必要があります。

　たとえば，問題9で，仮にXに共同正犯が成立するとしても，X1人だけが共同正犯ということはありえません。共同正犯は，2人以上の者が共同して犯罪を実行するものですから，Xが共同正犯ということは，Yも共同正犯であるということです。つまり，Xだけでなくについても共同正犯の成立要件を満たすかを検討する必要があるということになります（共同正犯の成立要件については Method 12 で検討します）。

　また，狭義の共犯は第2次的な関与形式ですから，正犯が存在してはじめて教唆犯や幇助犯の成立が認められます（これを「共犯従属性」といいます。この点は Method 13 で扱います）。したがって，問題9で，仮にXを教唆犯とするのであれば，Yは正犯でなければなりません。つまり，Xに教唆犯の成立を認める前提として，Yが正犯の要件を満たすことを確認する必要があるのです。

Method
9-3　　　関与形式の組合せを意識しよう

　したがって，関与形式を検討するときには，直接行為者と背後者がどのような関係にあるかを考えなければなりません。先ほど，「関与形式は，①間接正犯，②共同正犯，③教唆犯，④幇助犯の順に検討する」と言いましたが，もう少し丁寧に言えば，以下の図の①から④の関与形式の組合せが成り立つかを順に検討するということになります。

	関与		実行行為	
X	────→	Y	────→	A
背後者		直接行為者		
① X：間接正犯		Y：正犯，幇助犯（道具）		
② X：共同正犯		Y：共同正犯		
③ X：教唆犯		Y：単独正犯		
④ X：幇助犯		Y：単独正犯		

各関与形式の構成要件該当性を判断しよう

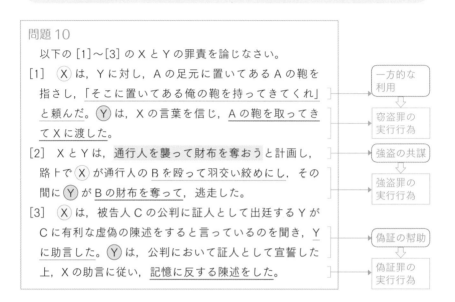

> 問題 10
>
> 　以下の [1]〜[3] の X と Y の罪責を論じなさい。
>
> [1] 　Ⓧ は，Y に対し，A の足元に置いてある A の鞄を指さし，「そこに置いてある俺の鞄を持ってきてくれ」と頼んだ。Ⓨ は，X の言葉を信じ，A の鞄を取ってきて X に渡した。
>
> [2] 　X と Y は，通行人を襲って財布を奪おうと計画し，路上で Ⓧ が通行人の B を殴って羽交い絞めにし，その間に Ⓨ が B の財布を奪って，逃走した。
>
> [3] 　Ⓧ は，被告人 C の公判に証人として出廷する Y が C に有利な虚偽の陳述をすると言っているのを聞き，Y に助言した。Ⓨ は，公判において証人として宣誓した上，X の助言に従い，記憶に反する陳述をした。

（右側の図注）

- 一方的な利用 → 窃盗罪の実行行為
- 強盗の共謀 → 強盗罪の実行行為
- 偽証の幇助 → 偽証罪の実行行為

　Method 8 で説明したⒶ各則上の罪名の問題とⒷ関与形式の問題のうち，ここでは，Ⓐ各則上の罪名をどのように確定するのかを考えてみます。

　各則上の罪名を確定するためには，当然，殺人罪や強盗罪といった構成要件該当性（個々の犯罪の成立要件）を判断する必要があります。ただ，この構成要件該当性の判断方法は，間接正犯の場合，共同正犯の場合，狭義の共犯（教唆犯，幇助犯）の場合でそれぞれ少しずつ違うので，注意が必要です。

Ⅰ　構成要件該当性の判断方法その 1 ──間接正犯の場合

　まず，[1] の検討です。

1　関与形式

　客観的に見れば，Y は，A の意思に反して A の鞄を奪っており，窃盗罪（235 条）に当たる行為をしています。しかし，Y は，それが X の鞄であると

思い込んでいますので，故意がなく，Yに窃盗罪は成立しません。

問題は，Xの罪責です。Xには，Aの鞄を奪う意思がありました。しかし，Xは，物理的には自分でAの鞄を取ったわけではないので，窃盗罪の実行行為を行っていないように見えます。そこで，Ⓑどの関与形式に当たるかが問題になりますが，間接正犯の可能性から考えると（Method 9-2　関与形式の検討順序は，間接正犯 → 共同正犯 → 教唆犯 → 幇助犯），先ほど述べたように，Yには故意がなく，XはYを一方的に利用したといえるので，間接正犯に当たります。

2　各則上の罪名

それでは，Ⓐ各則上の罪名は，どうでしょうか。Xの行為は窃盗罪の構成要件に該当するといえるでしょうか。Xに窃盗罪の成立を認めるためには，X自身の行為が窃盗罪の構成要件に該当するといえなければなりません。

> Method
> 10-1　　間接正犯の被利用者の行為は，利用者の行為の一部

間接正犯は，他人を道具のように利用するものです。そのため，道具である被利用者の行為を利用者の行為の一部と見て構成要件該当性を判断します。

［1］でいうと，物理的にAの鞄を取ってきたのはYです。しかし，このYの行為をXの行為そのものと見て，X自身がAの鞄を取ってきたのと同じように考えるわけです。そうすると，Xは，Aの鞄という「他人の財物」を「窃取した」といえます。Xには故意と不法領得の意思もあります。このように，Xの行為は窃盗罪の要件をすべて満たすので，窃盗罪が成立します。

II　構成要件該当性の判断方法その2──共同正犯の場合

［2］を検討します。

1　関与形式

Ⓑ関与形式を考えてみると，XがYを一方的に利用したとか，逆に，Yが

Xを一方的に利用したというわけではないので，間接正犯ではありません。

　XとYは，協力して他人から財布を奪うことに合意しており，強盗の共謀が成立したといえます。そのため，XとYは共同正犯であると考えられます。

2　各則上の罪名

> Method
> 10-2
> 共同正犯では，関与者の行為を合わせて判断しよう

　実行共同正犯の場合，2人以上の者が共同して犯罪を実行するので，各関与者の行為を合体させて全体について構成要件該当性を判断します。

　[2]では，XはBを殴って羽交い絞めにしただけですから，単独で見れば，Xの行為は暴行罪（208条）にすぎません。また，YはBの財布を奪っただけですから，Yの行為は，単独ではせいぜい窃盗罪です。しかし，XとYは共同正犯の関係にあるので，2人の行為を合体させて構成要件該当性を判断します。

　強盗罪（236条1項）の成立要件のうち，Xは，被害者の反抗を抑圧するに足りる程度の有形力を行使して「暴行」を加え，Yは，Bの財布という「他人の財物」を「強取した」といえます。そして，XとYは，それぞれ故意と不法領得の意思を有しています。2人の行為は，強盗罪の構成要件に該当します。

　ただし，[2]と異なり，共謀共同正犯の場合は，一部の者だけが実行行為を行うので，その者の行為で構成要件該当性を判断します。

Ⅲ　構成要件該当性の判断方法その3──狭義の共犯の場合

　[3]を検討しましょう。

1　関与形式

　⑧関与形式を考えてみると，Xは，Yを一方的に道具のように利用したわけではないので，間接正犯ではありません。XとYがお互いに協力して犯罪を

実現するという共同犯行の意識が形成されたともいえませんから，共同正犯も成立しません。Ｘは，Ｙに犯行を決意させたわけでもないので，教唆犯でもありません。Ｘは，Ｙに助言することによりＹの犯行を容易にしましたから，Ｘの行為は幇助犯に当たります。

2　各則上の罪名

> Method
> 10-3
>
> 狭義の共犯では，正犯行為の構成要件該当性が基準

　狭義の共犯（教唆犯，幇助犯）は，第２次的な関与形式ですから，少なくとも構成要件に該当する正犯行為が存在してはじめて教唆犯や幇助犯も成立します。したがって，狭義の共犯の場合は，正犯者の行為の構成要件該当性が基準になります（ただし，違う考え方もあります）。

　[3] では，偽証罪（169条）の成否が問われています。偽証罪は，主体が「法律により宣誓した証人」に限られている身分犯です。Ｘ自身は，「法律により宣誓した証人」ではなく，身分者ではありません。しかし，その点は重要ではありません。

　重要なのは，正犯者であるＹの行為が偽証罪の構成要件に該当するかどうかです。Ｙは，法律により宣誓した証人という身分を有する者であり，虚偽の陳述をし，故意もありますから，Ｙの行為は偽証罪の構成要件に該当します。

　そして，前述のように，ＸはＹの偽証を容易にし，故意も認められるので，Ｘには偽証罪の幇助犯が成立します（なお，Ｘは身分者ではないので，65条１項の適用が必要です）。

　＊　Ⅱ とⅢで述べたところから分かるように，共同正犯の場合も，狭義の共犯の場合も，各関与者の罪名は同じというのが原則です。しかし，判例・通説は，これに例外を認めています。共犯と身分（特に不真正身分犯）の場合や，共犯と錯誤の場合です。これらは，Method 14 で取り上げる「各関与者の要素の違い」という場面です。

間接正犯では，典型例と限界事例を意識しよう

問題 11

　以下の事例について，X，Y の罪責を論じなさい。

　A 社社長の X は，株主総会で使用するため B 名義の委任状を無断で作成しようと企てた。X は，その委任状の下書きを作成して秘書の Y に渡し，事情を話した上で，清書するよう指示した。Y は，これを承諾し，パソコンで B 名義の委任状を作成した。

一方的な利用？

⇩

有印私文書偽造罪の実行行為？

Ⅰ　間接正犯の成否を判断するときの注意点

　Ⓑ関与形式のうち，間接正犯の成否の判断方法について考えてみましょう。

　まず意識してほしいのは，①間接正犯が成立することにほぼ争いがない場合（典型例）と，②間接正犯の成否について争いがある場合（限界事例）があるということです。そこで，間接正犯の成否を判断するときには，以下の手順を踏むと，分かりやすいと思います。

---

① まず典型例に当たらないかを考えてみる
② それに当たらない限界事例であれば，肯定説と否定説のどちらに立つかを検討する

Method
11-1
　間接正犯の着目点は，被利用者（直接行為者）の状態

　間接正犯は，利用者（背後者）が被利用者（直接行為者）を道具のように一方的に利用，支配したときに成立します。その判断の際に着目してほしいのは，被利用者の状態です。もちろん，利用者がどのような行為を行ったかも重要なのですが，間接正犯の成否の判断において，まずポイントになるのは，被利用者が道具といえる状態になっているかどうかです。それを出発点にして，その

ような被利用者を利用する行為があったかを見ていきましょう。

II 間接正犯が成立することにほぼ争いがない場合

> Method
> 11-2
>
> 間接正犯の典型例のポイントは，被利用者の
> ㋐是非弁識能力，㋑故意，㋒意思の抑圧

　間接正犯が成立することにほぼ争いがないのは，以下の3つの場合です（㋑については反対説もあります）。

> ㋐ 是非弁識能力を欠く者を利用する場合
> ㋑ 故意のない者を利用する場合
> ㋒ 意思を抑圧された者を利用する場合

　㋐は，重度の精神病者や幼児等を利用する場合です。また，㋑は，事情を知らない配達業者に毒物を配達させるような場合です。㋐と㋑の場合は，悪い行為をしているという意識が被利用者にないため，利用者が被利用者を一方的に利用したといえます。また，㋒の場合は，被利用者が他の行為を選択できない心理状態にあるため，利用者が被利用者を一方的に利用したといえるのです。Method 9 で扱った問題9は，㋒の類型に当たります。

> X ────────→ Y ────────→ A
> 利用者（背後者）　　被利用者（直接行為者）
> 　　　　　　　　　⇒ ㋐是非弁識能力の欠如，㋑故意の欠如，㋒意思の抑圧

III 間接正犯の成否について争いがある場合

　一方，間接正犯の成否に争いがあるのは，以下の5つの場合です。

> ㋓ 故意はあるが目的のない者（目的なき故意ある道具）を利用する場合
> ㋔ 故意はあるが身分のない者（身分なき故意ある道具）を利用する場合
> ㋕ 違法性を阻却する行為を行う者を利用する場合
> ㋖ 故意ある幇助的道具を利用する場合
> ㋗ 軽い罪の故意のある者を利用する場合

4　共犯　　　　69

㋑から㋕の事例の特徴は，㋐から㋒の事例と違って，被利用者が是非弁識能力と故意を有する上に，意思も抑圧されていないというところにあります。これらの場合に間接正犯の成立を否定する見解は，その点を重視するのです。

　ただ，これらの事例の被利用者の行為は，目的や身分がないとか，違法性を阻却するなど，犯罪の成立要件を欠いています。そのことを理由に間接正犯の成立を認める見解も主張されていて，見解が対立しているのです。

　ここでは，問題11を素材に，㋖故意ある幇助的道具について検討してみましょう（㋔は Chapter II 第2問で取り上げます）。

Ⅳ　問題11を検討しよう

1　各則上の罪名

　Yの行為は，有印私文書偽造罪（159条1項）に当たります。委任状は私文書です。そして，Yは，Bに無断でB名義の委任状を作成しており，これは，名義人（B）と作成者（XとY）の人格の同一性を偽る有形偽造です（文書偽造罪の議論は難しいですが，Chapter II 第6問で詳しく説明します）。

2　関与形式

（1）　なぜ関与形式が問題になるのだろうか？

　問題は，関与形式です。物理的にはYが偽造文書を作成していて，有印私文書偽造罪の実行行為をYが担当しているように見えます。一方，Xは，それを指示しただけで，実行行為を直接担当していません。つまり，Yが直接行為者，Xが背後者です。そこで，Xの関与形式が問題になります（Method 9 背後者の関与形式を判断しよう）。

　Xに間接正犯は成立するでしょうか。この点については，肯定説と否定説が対立しています。

（2）　間接正犯否定説

　Yの状態に着目してみると（Method 11-1），Yには是非弁識能力と故意があります。また，Xによって意思を抑圧されているというわけでもありません。こうした点を重視して間接正犯の成立を否定するのが，間接正犯否定説です（Method 11-2）。

　間接正犯が成立しないとすると，ⓐXとYに有印私文書偽造罪の共同正犯の成立を認めるか，ⓑYを有印私文書偽造罪の単独正犯，Xをその教唆犯とするといった結論になります。

（3）　間接正犯肯定説

　しかし，Yは，Xに指示されたとおりに下書きを清書するという機械的な単純作業をしているにすぎません。そのように機械的な単純作業しかしていないのであれば，文字どおりYを道具と見て，これを利用したXには有印私文書偽造罪の間接正犯の成立を認めてもよいのではないか。これが間接正犯肯定説の主張です。

　このように，被利用者には故意はあるけれども機械的な作業しかしていないという場合を「故意ある幇助的道具」と呼んでいます。「幇助的道具」という言葉からも分かるように，この場合，Yを幇助犯とするのが，一般的です。そうすると，Yは，有印私文書偽造罪の実行行為を自分で行っているのに正犯ではなく幇助犯であるということになりますから，〔Method 9-1　直接行為者は，原則として正犯〕の例外を認めるということになります。

		X ──指示──→ Y 偽造文書の作成	
		背後者	直接行為者
間接正犯否定説	ⓐ	X：共同正犯	Y：共同正犯
	ⓑ	X：教唆犯	Y：単独正犯
間接正犯肯定説		X：間接正犯	Y：幇助犯（道具）

①共謀，②共謀に基づく実行行為を軸に
共同正犯を理解しよう

問題 12

　以下の事例について，X，Y および Z の罪責を論じなさい。

　X は，同級生の Y，後輩の Z と雑談中，Y が「A は現金 50 万円を自宅に置いている」と述べたため，「俺が A の家に入ってその 50 万円を盗んでくる。その間，見張りをしてくれ。20 万円がお前の取り分だ」と Y に持ちかけた。Y は，生活費に窮していたことから金が欲しいと思い，「分かった。A は一人暮らしで，毎朝 8 時から 30 分間，散歩に出かけるから，その間に盗みに入れ。玄関ドアの鍵を開ける道具は俺が用意する」と応じた。X は，「じゃあ，明日やろう」と言い，Z に「A の家は遠いから，自動車で俺たちを A の家に送ってくれ。報酬は 1 万円だ」と頼んだ。Z は，気が進まなかったが，先輩の X の頼みだったため断れず，渋々承諾した。

　翌日午前 8 時ころ，Z は，自動車で X と Y を A 宅に送り届け，すぐにその場を離れた。Y は，開錠に使う道具を X に渡した。A が A 宅を出た後，Y が見張りをしている間に，X は，Y の用意した道具で A 宅の玄関ドアをこじ開けて A 宅に入り，書斎で現金を探した。そのとき，A が A 宅に戻ってきたため，X と Y は逃走した。

　1 か月後，X は，どうしても金が欲しかったため，再度 A 宅に空き巣に入ろうと決意し，Y や Z には告げずに留守中に A 宅に立ち入り，現金 20 万円を持ち去った。

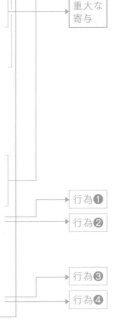

共謀

重大な寄与

行為❶

行為❷

行為❸

行為❹

Ⅰ　共同正犯の成立要件と考慮要素

　⑧関与形式の問題のうち，共同正犯の成否の判断方法について検討します。

　共同正犯の成立要件については，以下のように様々な見解があります（なお，共謀共同正犯と実行共同正犯で成立要件が違うという見解も有力です）。

（ⅰ）説…①共謀，②共謀に基づく実行行為
（ⅱ）説…①共謀，②重大な寄与，③共謀に基づく実行行為
（ⅲ）説…①共謀，②正犯性，③共謀に基づく実行行為
（ⅳ）説…①共同性，②重要な因果的寄与
（ⅴ）説…①共同実行の意思，②共同実行の事実

　ただ，どの見解も，共同正犯の成否を判断する際に考慮する要素は，だいたい共通しています。それは，ⓐ意思の連絡，ⓑ正犯意思，ⓒ重大な寄与，ⓓ実行行為という4つの要素です。上に挙げた見解の違いは，これらの4つの要素をどの成立要件に位置づけるかという点にあるといってもいいぐらいです。どの見解を採るとしても，どの要素をどの成立要件のところで検討するかをきちんと理解することが重要です。

　以下では，最もシンプルな（ⅰ）説を前提に説明することにします。①共謀が成立し，②その共謀に基づいて実行行為が行われることが共同正犯の中核であるという点には，異論が少ないと考えられるからです。共謀共同正犯の場合について上記のⓐからⓓの要素との関係を図示すると，以下のようになります。

　後でも述べるように，実行行為を自分で行った者は，当然，重大な寄与をしたといえるので，実行共同正犯の場合は，以下のようなイメージになります。

Ⅱ　共同正犯の成立要件(1)——共謀

　共同正犯の第1の成立要件は，共謀です。共謀とは，犯罪を共同して遂行しようという合意（犯罪共同遂行の合意）のことです。この中で特に注意してほしいのは，「共同して」という部分と，「合意」という部分です。

1　「共同して」

> Method
> 12-1　　　　共同正犯の正犯性は，正犯意思と重大な寄与で判断

(1)　共同正犯には正犯性が必要

　共同正犯は，教唆犯や幇助犯と違って正犯として扱われるので，正犯としての実体，つまり正犯性が必要です。この正犯性を基礎づけるのが，「共同して」という要素です。この言葉には，「正犯というためには，他の関与者と協力し合い，他人事ではなく自分のこととして主体的に犯罪にかかわることが必要である」という意味が込められています。

　正犯性は，正犯意思と重大な寄与から判断します。

(2)　正犯性を基礎づける要素その1——正犯意思

> Method
> 12-2　　　　正犯意思は，動機・意欲，積極性に着目

　共謀を認めるためには，主観的には正犯意思（上記ⓑの要素）が必要です。正犯意思（「共同犯行の意識」ということもあります）というのは，単に「他人の犯罪にかかわろう」という意思ではなくて，「他の行為者と協力して自分たちの犯罪を遂行しよう」という意思のことです。

　実行行為を自分で行った人（本問ではX）には正犯意思があるのが普通ですから，正犯意思があるかが特に問題になるのは，実行行為を担当していない人（本問ではYとZ）についてです（Method 9　背後者の関与形式を判断しよう）。

　正犯意思の有無は，自分の利益や欲求を満たすことが犯行の動機となっていたか，犯罪を実現したいという強い意欲があったか，主体的・積極的に犯行に関与したかといった点から判断します。「自分の恨みを晴らすためにAを殺したい」とか，「借金を返せないから強盗をしよう」という気持ちがあるときには，他人のためではなく自分のために犯罪を行う意思があるといえるわけです。

　本問のYは，20万円の分け前が動機になり，現金を取得したいという意欲

をもって積極的に犯行に関与していますので，Ｙにも正犯意思があったといえます。これに対して，Ｚは，報酬のためでもなく，先輩のＸから依頼されて渋々犯行に加担しただけですので，正犯意思があったとはいえません。

（3）　正犯性を基礎づける要素その２──重大な寄与

> **Method**
> **12-3**　重大な寄与は，人的関係，謀議，準備行為等に着目

　客観的には，重大な寄与をすること（上記ⓒの要素）が必要です。これは，構成要件を実現する上で重要な役割を果たしたということです。自分で実行行為を行った人は，当然，重大な寄与をしたといえます。重大な寄与があったかどうかが問題となるのは，やはり実行行為を担当していない人についてです。

　重大な寄与をしたといえるかどうかは，関与者どうしがどのような関係にあるか，謀議の場でどのような発言をしたのか，犯罪を実現するための準備行為をしたか，実行行為にどのように関与したかといった点から判断されます。

　Ｙは，Ｘと同級生で，密な関係にあったこと，謀議の場でＡの外出時間など重要な情報を提供したこと，具体的な犯行の方法を提案したりしたこと，侵入の道具を用意したこと，Ｘの実行行為の間に見張りを担当したことなどから，重大な寄与をしたといえます。これに対して，Ｚは，自動車でＸとＹをＡ宅まで連れて行っていますが，それ以外には犯行の準備行為はしておらず，謀議の場でも特に発言もしていないので，重大な寄与をしたとはいえません。

> ＊　（ⅰ）説は，重大な寄与を正犯意思と一緒に共謀の要件の中で検討していますが，これは，重大な寄与は正犯意思の存在を推認させる事実であると理解しているということです。「この行為者がこんなに重大な寄与をしたということは，内心には，きっと正犯意思があったに違いない。だから，共謀が認められる」というわけです。
>
> 　ただ，共謀とは関与者間の合意ですから，本来，主観的要件です。重大な寄与という客観的な要素を共謀という主観的要件の内容とすることには無理があるともいえます。また，主観的要素である正犯意思を中心に共同正犯の成否を検討すると，判断が不明確になるという問題点も指摘されています。そこで，重大な寄与を，共謀とは別の独立した成立要件と位置づけるのが，上記の（ⅱ）説です。
>
> （ⅰ）説 … ①共謀（意思の連絡，正犯意思，重大な寄与）
> 　　　　　　②共謀に基づく実行行為
> （ⅱ）説 … ①共謀（意思の連絡，正犯意思）
> 　　　　　　②重大な寄与

③ 共謀に基づく実行行為

伝統的な判例の立場は（ⅰ）説であるとされていますが，（ⅱ）説を基礎としていると考えられる裁判例も見られます。

2 「合意」

Method
12-4
何罪について合意があったかを確認しよう

　共謀の中核的な要素は，「合意」です。合意があったといえるためには，犯行の重要部分について意思の連絡（上記ⓐの要素）があったことが必要です。

　特に意識してほしいのは，何罪について合意があったかということです。この点は，関与者の一部が合意の内容と違う犯罪を行った場合に重要になります（Chapter Ⅱ 第3問）。本問でいうと，ＸとＹのやり取り（網かけの部分）から，2人の間には「住居侵入罪（130条）と窃盗罪（235条）を一緒に実行しよう」という合意が形成されたことが分かります。このようにして，ＸとＹの間には住居侵入罪と窃盗罪の共謀が成立したといえます。

　これに対して，Ｚとの間には共謀の成立は認められず，Ｚには共同正犯は成立しません。他の関与形式の可能性を考えてみると（Method 9-2　関与形式の検討順序は，間接正犯 → 共同正犯 → 教唆犯 → 幇助犯），Ｚは，実行行為を行っていないので，住居侵入罪や窃盗未遂罪の単独正犯ではありません。また，Ｚは，他人に犯行を決意させたわけでもないので，教唆犯でもありません。ただ，ＺはＸらの犯行を容易にしたとして，住居侵入罪の幇助犯と窃盗未遂罪の幇助犯が成立することになります。

Ⅲ　共同正犯の成立要件（2）──共謀に基づく実行行為

　共同正犯の第2の成立要件は，共謀に基づいて実行行為が行われたことです。この中で注意してほしいのは，「実行行為」という部分と，「に基づいて」という部分です。

1 「実行行為」

　60条は，2人以上の者が共同して犯罪を「実行した」ときに共同正犯が成立すると規定していますから，共同正犯が成立するためには，実行行為が行われることが必要です（上記ⓓの要素）。つまり，少なくとも関与者の1人の行為

が実行の着手に至ったことが必要となるのです。謀議は行われたけれども，結局，誰も実行行為を行わなかったという場合は，共同正犯は成立しません。

　本問では，行為❶は，住居侵入罪の実行行為に当たります。行為❷については，現金を物色した時点で財物奪取の現実的危険が発生したといえますから，窃盗罪の実行の着手が認められます。また，行為❸は住居侵入罪の実行行為，行為❹は窃盗罪の実行行為に当たります。

2 「に基づいて」

　ただ，実行行為が行われたとしても，それが共謀と全く無関係に行われたのであれば，その行為やそこから発生した結果について他の関与者は一切責任を負いません。つまり，共同正犯が成立するためには，共謀が実行行為に対して因果性を有することが必要となるのです（Method 8-2　共犯の因果性，故意，身分は，各関与形式に共通の問題）。このことを表したのが，共謀「に基づいて」実行行為が行われたという部分です。共謀「に基づかずに」実行行為が行われたときには，共同正犯は成立しません。

　この因果性の内容について，詳しくは Chapter II 第3問で検討します。ここでは，「共謀と実行行為の間に一定の関連性が必要である」というぐらいに理解しておけば十分です。

　本問では，行為❶と行為❷は，共謀の内容どおりに行われていますから，共謀の因果性は明らかに認められます。X と Y には，住居侵入罪の共同正犯と窃盗未遂罪の共同正犯が成立します。

　これに対して，行為❸と行為❹は，行為❶や行為❷とは全く別の意思で1か月も後になって行われたものですから，共謀の因果性は否定されると考えるのが自然です。したがって，行為❸と行為❹については，X にそれぞれ住居侵入罪と窃盗罪の単独犯が成立し，Y や Z は全くその責任を負いません。

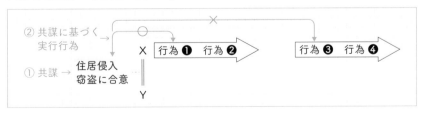

教唆犯・帮助犯は従属性の観点から検討しよう

問題 13

以下の [1]，[2] の X と Y の罪責を論じなさい。

[1] X は，突然 A にナイフで切りかかられて防戦していたところ，Y が通りかかったため，A の攻撃から逃れたい一心で Y に「助けてくれ」と言った。Y は，X が A を一方的に攻撃していると思い込み，X に加勢する意思で「分かった」と答え，(X) と (Y) は，ともに A を殴り，傷害を負わせた。 → 共同正犯

[2] X は，護身用に木刀を持っておきたいと思い，Y に「木刀を貸してくれ」と頼んだ。(Y) は，「X が B を襲撃するために木刀を使うに違いない」と思い，木刀を X に渡した。(X) は，突然 B にナイフで切りかかられ，自分の身を守るため，その木刀で B を殴打し，傷害を負わせた。 → 帮助犯 → 正犯

I まず，共同正犯の場合

今回のテーマは，教唆犯と帮助犯（狭義の共犯）です。狭義の共犯の特徴を理解するために，共同正犯と比較してみましょう。

[1] は，共同正犯の事例です。X と Y の行為は，傷害罪（204 条）の共同正犯の構成要件に該当します。違法性阻却については，X の行為は，正当防衛の要件をすべて満たしています。他方，Y は A による急迫不正の侵害を認識していないので，Y には防衛の意思がなく，正当防衛の要件を満たしません。そこで，X については正当防衛による違法性阻却が認められて犯罪不成立，Y については正当防衛が成立せず，傷害罪の共同正犯が成立するという理解が有力です。

犯罪不成立	X	防衛の意思あり	
傷害罪の共同正犯	Y	防衛の意思なし	→ A

* 本文では，さらっと結論だけ述べましたが，実は，これについてはいろいろ議論があります。以前から，「違法は連帯的に，責任は個別的に」が原則であるといわれてきました。「共犯関係にある各行為者の違法性の有無は同じであるが，責任の有無は行為者によって違うことがある」という意味です。たとえば，13 歳の Z と 18 歳の W が共同して A に傷害を加えたが，それは過剰防衛だったという場合，2 人の行為は，いずれも正当防衛の要件を満たさず，違法ですが，Z だけ刑事未成年者のため責任が阻却されます。

	Z（共同正犯者）	W（共同正犯者）	
構成要件該当性	傷害罪の共同正犯	傷害罪の共同正犯	← 違法の連帯性
違法性阻却	しない	しない	
責任阻却	する	しない	← 責任の個別性
犯罪の成否	犯罪不成立	傷害罪の共同正犯	

ただ，積極的加害意思や防衛の意思といった主観的要素が違法性の評価に関係する場合は，例外的に「違法は個別的に」と考えてよい（「違法の相対性」といいます）という見解が有力です。「主観的要素は人によってあったりなかったりするので，それに応じて違法性の評価も違っていいのではないか」というわけです。そこで，[1] のような結論となります。

[1]

	X（共同正犯者）	Y（共同正犯者）	
構成要件該当性	傷害罪の共同正犯	傷害罪の共同正犯	
違法性阻却	する	しない	← 違法の相対性
責任阻却	―	しない	
犯罪の成否	犯罪不成立	傷害罪の共同正犯	

Ⅱ 次は，狭義の共犯の場合

もし [1] と同じことが幇助犯で起きたら，というのが，[2] です。Y は木刀を渡しただけですから，関与形式は幇助犯です。

そこで，まず，正犯である X の犯罪の成否を考えてみると，X の行為は傷害罪の構成要件に該当しますが，防衛の意思を含め正当防衛の要件をすべて満たすため，違法性が阻却されて，犯罪不成立となります。

一方，Y は，[1] の Y と同じように，急迫不正の侵害を認識していないので，

防衛の意思がありません。それでは，[1] の Y に傷害罪の共同正犯が成立したのと同じように，[2] の Y に傷害罪の幇助犯が成立するのかというと，そうではありません。少なくとも通説を前提とする限り，Y は犯罪不成立となります。

　通説である制限従属性説は，「構成要件に該当する違法な正犯行為が存在してはじめて狭義の共犯が成立する」と考えています。[2] では，正犯である X の行為は，傷害罪の構成要件に該当しますが，違法ではありませんから，これに関与した Y に幇助犯は成立しないということになります。

　＊　理論的に説明すると，以下に示した幇助犯の構成要件要素のうち②が欠けるために構成要件該当性が否定されるということになります。

教唆犯，幇助犯の構成要件　（制限従属性説を前提とした場合）
① 教唆行為，幇助行為
② 正犯行為（構成要件に該当して違法な行為），因果関係
③ 故意

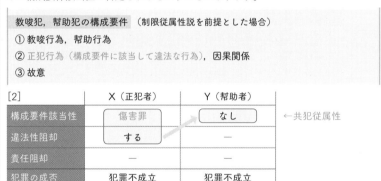

Ⅲ　共犯従属性

　このように，防衛の意思のない行為者（Y）が防衛の意思のある行為者（X）の行為に関与したという点では，[1] と [2] は同じですが，結論が違うということになります。なぜでしょうか。

　共同正犯の各関与者は，どちらかがどちらかに従属するという関係にはなく，対等な関係にあります。そのため，共同正犯の場合は，関与者ごとにそれぞれ独立して違法性の有無を判断することは可能です。

　それに対して，狭義の共犯は，第 2 次的な関与形式ですから，正犯が存在

してはじめて教唆犯や幇助犯も成立する（つまり，正犯が存在しなければ教唆犯や幇助犯も成立しない）という関係にあります。このような性質を共犯従属性と呼んでいます。このように，正犯と狭義の共犯は主従関係にあるため，「主」である正犯が違法でない以上，「従」である共犯も成立しないのです。

> * 「構成要件に該当する正犯行為があれば狭義の共犯の成立が認められる」とする反対説も有力です。最小従属性説といいます。これによれば，[2] の Y に傷害罪の幇助犯の成立を認めることも可能です。

Method
13-1　検討の順序は，正犯者 → 狭義の共犯者

それと，注意してほしいのは，[1] と [2] は，違法性阻却に関する事情が各関与者の罪責にどう影響するかについて，結論が違うだけではなくて，それを検討する場所も違うということです。[1] の共同正犯では，違法性阻却の判断が X と Y で同じかどうかが問題になりました。それに対して，[2] の幇助犯では，幇助犯の構成要件該当性が問題になっています。

この点を踏まえると，（答案をどの順序で書くかはともかくとして）仮説を立てるときの検討の順序としては，共同正犯の場合は，行為者ごとではなく，全員（[1] では X と Y）の構成要件該当性，違法性阻却，責任阻却を並行して検討するのが分かりやすいと思います。それに対して，狭義の共犯の場合は，まず正犯者（[2] では X）の犯罪の成否を確定させた後，教唆者・幇助者（[2] では Y）の犯罪の成否を検討する必要があります。

共同正犯における検討の順序
① 共同正犯者全員の構成要件該当性
② 共同正犯者全員の違法性阻却
③ 共同正犯者全員の責任阻却

狭義の共犯における検討の順序
① 正犯者の構成要件該当性，違法性阻却，責任阻却
② 教唆者・幇助者の構成要件該当性，違法性阻却，責任阻却

「各関与者の要素の違い」と「予定の変更」に
着目しよう

> 問題14
>
> 　以下の事例について，X，Yの罪責を論じなさい。
>
> 　Ⓧは，路上においてAから突然鉄パイプで殴打されそ
> うになり，自分の身を守るために応戦していた。そのとき，
> Xの友人Yが通りかかったため，Xは，Yに「助けてくれ」
> と言った。Ⓨは，XがAに突然殴りかかられたのではな
> く，単にXとAが喧嘩していると思い込み，Xに加勢す
> ることにした。
>
> 　Ⓨは，近くにあった木の棒をXに渡し，「一緒にAを
> やっつけよう」と言い，ⓍとⓎは，協力してAを殴打
> した上，逃げ場のない路地にAを追い詰めた。しかし，A
> が「この野郎」などと叫び，依然として攻撃の意思が旺盛
> だったことから，Ⓨは，これ以上喧嘩に巻き込まれたく
> ないと思い，Xに「俺は帰るぞ」と言って，その場を立ち
> 去った。
>
> 　再度Aが鉄パイプでXを殴打しようとしたので，Ⓧは，
> 自分の身を守るため，Yから渡された木の棒でAを殴打
> した。Aは，逃げ場がなかったことから，これを避けるこ
> とができず，全治2週間の打撲傷を負い，逃走した。

X：
防衛の意思あり

要素の違い

Y：
防衛の意思なし

合意の内容：
XとYが協力し
てAに暴行

予定の変更

実行行為：
Yは立ち去り，
Xが1人で暴行

Ⅰ　各則上の罪名を確定するためには

1　各則上の罪名を確定するための2つの作業

　Method 8で，共犯の事例問題を解くときには，Ⓐ各則上の罪名の確定とⒷ
関与形式の確定とを区別すると分かりやすいと言いました。このうち，Ⓐ各則
上の罪名を確定するための作業は，さらに次の2つに分けられます。

> ⓐ 各則上の罪名に関する共犯論上の論点について検討する
> ⓑ その犯罪の成立要件を充足するかどうかを判断する

　Ⓐ各則上の罪名を確定するためには，当然ながら，個々の犯罪の成立要件（たとえば，窃盗罪なら，「他人の財物」，「窃取した」，故意，不法領得の意思）を充足するかどうかを判断する必要があります。これがⓑの作業です。

　しかし，それだけではありません。Method 8 で説明したように，Ⓐ各則上の罪名を確定するためには，共犯論上の論点（刑法総論の基本書の「共犯」の章で取り上げられている論点）について検討しなければならない場合があります。これがⓐの作業です。

　ⓑについては Method 10 で扱いました。ここでは，ⓐについて説明します。

> 　＊　Method 8 から，共犯の事例問題の検討内容についていろいろ解説してきましたが，そのアウトラインを確認しておきましょう。以下のとおりです。

> 共犯事例の検討内容
> Ⓐ 各則上の罪名の確定
> ⓐ 共犯論上の論点の検討 ─────────────── （Method 14）
> ⓑ 犯罪の成立要件の充足の判断 ───────── （Method 10）
> Ⓑ 関与形式の確定 ─────────────── （Method 9，11〜13）
> 間接正犯 ⇒ 共同正犯 ⇒ 教唆犯 ⇒ 幇助犯

2　どのような場面で問題になるのだろう？

　各則上の罪名の確定に関係する共犯論上の論点としては，共犯と身分，共犯と違法性阻却，承継的共犯，共犯関係の解消，共犯と錯誤などがあります。

> 　＊　共犯と違法性阻却という論点は，文字どおり違法性阻却の問題なので，厳密に言うと「罪名」には影響しないのですが，後で述べるように，共犯と身分などの論点と同じ性質をもっているので，Ⓐに関係する論点に分類しています。

　これらの論点は，どの事例問題でも必ず検討しなければならないというわけではなく，事例問題の内容に応じて検討したり検討しなかったりということになります。それだけに，これらの論点がどのような場面で問題になるのかを知っておく必要があります。

　これらの論点が問題となるのは，以下のような場面です。

	論点	問題となる場面
㋐	共犯と身分	関与者の一部に身分がない場合
㋐	共犯と違法性阻却	関与者の一部に違法性阻却事由がある場合
㋑	承継的共犯	実行行為の開始後に関与した場合
㋑	共犯関係の解消	① 関与者の一部が途中から犯行に関与しなくなった場合 ② 関与者の一部が他の関与者を排除して犯行を行った場合 ③ 合意が自然消滅した場合
㋐ ㋑	共犯と錯誤	① 合意の際に各関与者の意思に不一致があった場合 ② 関与者の一部が合意の内容と異なる行為を行った場合

　これを見ると，これらの論点が問題になる場面には 2 つの特徴があること に気づきます。1 つは，各関与者の要素に違いがあること（㋐），もう 1 つは， 予定に変更が生じたこと（㋑）です。順番に見ていきましょう。

Ⅱ　各関与者の要素に違いがあるとき

> Method
> 14-1　各関与者の要素に違いがないかを確認しよう

　㋐「各関与者の要素に違いがある」というのは，たとえば，「X は公務員で あるが，Y は公務員でない」とか，「X には殺人の意思があるが，Y には傷害 の意思しかない」というように，関与者の中に，身分や意思といった要素を有 する者と，有しない者とがいる場合です。共犯と身分，共犯と錯誤，共犯と違 法性阻却などの論点が問題になるのは，このような場面です。

　そこで，共犯の事例問題では，各関与者の要素に違いがないかを確認してみ る必要があります。特に気をつける必要があるのは，各関与者の身分の有無や 意思（故意）の内容に違いはないかという点です。

> Method
> 14-2　各関与者の要素の違いは，連帯性と個別性の問題

　ここでの問題の解決のポイントは，「連帯性か，個別性か」という点です。

　連帯性とは，要素のない人が要素のある人と同じように扱われることをいい ます。たとえば，関与者全員に同じ罪名の犯罪が成立するとか，関与者全員の 行為が違法と評価されるということです。

これに対して，要素の有無に応じて各人が違う扱いを受けることを個別性と呼んでいます。たとえば，関与者ごとに違う罪名の犯罪が成立するとか，関与者の一部の者の行為は違法で，他の者の行為は適法であるということです。

共犯と身分，共犯と錯誤などの論点については，いろいろな見解が主張され，難しい議論が展開されていますが，結局，問題は，連帯性と個別性のどちらで解決すべきかというところに集約されます。つまり，各関与者に要素の違いはあっても全員を同じように評価するか（連帯性），それとも，各関与者の要素の違いに応じて違う扱いをするか（個別性）が，問題のポイントになるのです。

> ＊　共犯と身分では，65条の1項と2項のどちらを適用するかが問題の焦点となりますが，1項は，身分のない者にも身分犯の共犯の成立を認めており，連帯性を定めた規定であるのに対して，2項は，身分の有無に応じて違う刑を科すとしているので，個別性を規定したものといえます。
> 　共犯と錯誤については，犯罪共同説と行為共同説の対立が重要ですが，犯罪共同説は，関与者全員の罪名は同じでなければならないとして，連帯性を基本とするのに対して，行為共同説は，各関与者の罪名は違っていてもよいという個別性を認める見解です（詳しくは，Chapter Ⅱ 第3問で検討します）。

Ⅲ　予定の変更があったとき

> Method
> 14-3
>
> 予定の変更がないかを確認しよう

もう1つ問題になるのは，①「予定に変更が生じた」場合です。承継的共犯，共犯関係の解消，共犯と錯誤などの論点が問題になるのは，この場合です。

たとえば，1人で犯行を行う予定だったのに，途中から他の者が加わって2人で犯行を行ったときには，承継的共犯が問題になります。逆に，2人で犯行を行う予定だったのに，そのうちの1人が止めて，残った1人で犯行を行ったときには，共犯関係の解消が問題になります。また，窃盗を行う予定だったのに，関与者の1人が勝手に強盗を行った場合は，共犯と錯誤の問題です。

そのため，共犯の事例問題では，予定に変更が生じていないかを確認することが重要になります。具体的には，当初の予定に比べて関与者が増えたり（承継的共犯），減ったり（共犯関係の解消）していないか，あるいは，当初の予定と違う犯罪が関与者の一部によって行われていないか（共犯と錯誤）といった点に

注意しましょう。

> * ただし，承継的共犯が問題となる場面としては，最初から関与者が増えること
> が予定されている場合もあります（Chapter Ⅱ 第13問で検討します）。

Method
14-4　　予定の変更があれば，因果性を検討しよう

このように予定に変更が生じた場合に検討するのが，「因果性」です。

承継的共犯では，途中から犯行に関与した者の行為はその前に発生した結果
とは因果関係がないため，その点も含めて責任を問えるのかが争われています。
共犯関係の解消や共犯と錯誤では，合意の内容と違う実行行為が行われている
ことから，その点について因果性が認められるかが問題となっているのです。

> ㋐ 各関与者の要素に違いがある場合　⇒　連帯性か個別性かを検討
> ㋑ 予定に変更が生じた場合　　　　　⇒　因果性を検討

> * 上述したところからも分かるように，共犯と錯誤という論点は，「各関与者の要
> 素の違い」と「予定の変更」という両方の特徴をもっています。だから，難しい
> のですが，逆に言うと，共犯と錯誤が論点となる事例問題では，各関与者の要素の違
> いに着目した「連帯性か，個別性か」の問題と，予定の変更に着目した「因果性」
> の問題とを分けて順番に検討していけば，解きやすくなると思います（Chapter Ⅱ
> 第3問で取り上げます）。

Ⅳ　問題 14 を検討しよう

1　構成要件該当性

ＸとＹは，意思を通じて2人でＡに暴行を加えていますから，Ⓑ関与形式
は共同正犯です。

問題は，Ⓐ各則上の罪名の確定です。Ｘは，Ａに打撲傷という生理的機能の
障害を生じさせているので，Ｘには傷害罪（204条）が成立します。ただ，Ｘ
とＹは，協力してＡに傷害を加えることに合意したのに，ＹがＡへの攻撃を
止めて途中で帰ってしまいました。予定の変更です。共犯関係の解消が論点に
なります。共犯関係の解消が肯定されると，Ｙには暴行罪（208条）の共同正
犯の構成要件該当性しか認められませんが，共犯関係の解消が否定されると，
Ｙには傷害罪の共同正犯の構成要件該当性が認められます。

　検討のポイントは，因果性です。判例・通説は，共犯関係の解消が認められるためには，それまでに行った行為の物理的因果性および心理的因果性が遮断されたことが必要であるとしています（詳しくは，Chapter Ⅱ 第13問で説明します）。問題14では，XとYがAを逃げ場のない路地に追い詰めたからこそXが1人でもAを殴打できたこと，そのときにXはYから渡された木の棒でAを殴打していることから，Yの行為の因果性は遮断されたとはいえません。したがって，共犯関係の解消は否定されます。

　このように，XとYの行為は，傷害罪の共同正犯の構成要件に該当します。

　なお，構成要件該当性に関しては，XとYの間に意思の不一致など要素の違いはありません。

2　違法性阻却

　違法性阻却はどうでしょうか。正当防衛の成立が考えられます。

　Aは執拗にXを攻撃しており，急迫不正の侵害が存在します。また，Xは，Aの攻撃を認識しながら自分の身を守るためにAに反撃していますから，防衛の意思を有しています。鉄パイプによる殴打に対して木の棒を使って反撃するのは，防衛行為の相当性の範囲内といえます。このように，Xだけ見ると，正当防衛の要件をすべて満たしているように思えます。

　しかし，Yは，Aが一方的にXを攻撃しているとは認識していないので，防衛の意思がありません。つまり，防衛の意思の有無という点でXとYには違いがあります。各関与者の要素の違いです。

　検討の視点は，連帯性か個別性かです。XだけでなくYにも正当防衛が成立するのか（連帯性），それとも，Xにだけ正当防衛が成立し，Yの行為は違法となるか（個別性）を検討することが必要になります。この点については，既にMethod 13で説明しました。いろいろな見解がありえますが，たとえば，『違法は連帯的に，責任は個別的に』の原則から，本来は，違法性を阻却するかどうかの判断はXとYで一致するはずである。しかし，防衛の意思のような主観的要素の場合は，その有無に応じて違法性の評価が個別化する。したがって，防衛の意思を有するXには正当防衛の成立が認められるが，防衛の意思を欠くYについては正当防衛の成立が否定される」といった解答が考えられます。

1 身分犯の共犯

Method 14 で，関与者の中に身分のある者と身分のない者がいる場合には，共犯と身分の問題を検討する必要があると言いましたが，事例問題を解いていて，検討している犯罪が身分犯であることに気づかず，65条の適用をつい忘れてしまうということがよくあります。

主な身分犯とその身分は，以下のとおりです。特に横領罪は，条文上，主語を限定する形式では書かれていないので，注意しましょう。

	罪 名	身 分
真正身分犯	偽証罪（169条）	法律により宣誓した証人
	収賄罪（197条以下）	公務員
	保護責任者遺棄罪（218条）〔不作為の遺棄，不保護の場合〕	保護責任者
	背任罪（247条）	他人のためにその事務を処理する者
	横領罪（252条）	他人の物の占有者
不真正身分犯	常習賭博罪（186条）	常習者
	特別公務員職権濫用罪（194条）特別公務員暴行陵虐罪（195条）	裁判，検察もしくは警察の職務を行う者，これらの職務を補助する者
	保護責任者遺棄罪（218条）〔作為の遺棄の場合〕	保護責任者
	業務上横領罪（253条）	業務者

業務上横領罪は，「業務者」と「他人の物の占有者」という2つの身分を併せもっているということになります（このような犯罪を「複合的身分犯」と呼んでいます）。そのため，65条を適用するときには複雑な問題が生じます。

また，事後強盗罪（238条）が「窃盗」犯人のみを主体とする身分犯かどうか，身分犯だとして真正身分犯か不真正身分犯かについては，争いがあります。

2 過失犯の共犯

過失犯の共犯については，故意犯の場合と違った考慮が必要になります。

判例・通説は，過失の場合にも共同正犯は認められると考えています。他方，過失による共犯（教唆犯，幇助犯）は不可罰であるというのが，一般的な理解です。そのため，過失犯の場合の関与形式は，単独正犯か共同正犯のどちらかということになります。この点については，「5 過失犯 Chapter Ⅱ に向けて」でも触れます。

過失犯

　これまでは主に故意犯を対象に事例の分析方法について説明してきましたが，この項では，過失犯の事例について考えます。

　過失とは，不注意，つまり注意義務違反をいいます。この注意義務違反が過失犯の実行行為に当たります。そこで，過失犯の事例では，どの行為者にどのような注意義務が課され，どの行為が注意義務違反に当たるのかを判断することが重要になります。

　ただ，その判断は簡単ではありません。Method 2 でも述べたように，故意犯の場合は，行為者の意思をヒントに実行行為を拾い出すことができます。しかし，過失犯の場合には，犯罪を実現する意思がないため，明確な手がかりがなく，実行行為を特定することが難しいのです。

　そこで，具体的な事例の中で，どのように過失犯の実行行為を特定すればよいのかを学ぶことにしましょう。

注意義務の内容は具体的に特定しよう

問題15

　以下の事例について，Xの罪責を論じなさい。

　Ⓧは，Aデパートの営繕部営繕課の課員であり，Aデパート本店の防火管理者に選任されていた。消防法令により，百貨店の建物の管理者は，消防計画の作成，これに基づく消火・通報・避難訓練の実施，消防・消火活動に必要な設備・施設の点検・整備等，防火管理上必要な業務を防火管理者に行わせることが義務づけられている。しかし，消防局の再三の指摘にもかかわらず，Aデパートでは，消防計画の作成や避難訓練等の実施，避難器具等の設置はなされていなかった。Aデパートでは，代表取締役社長のYが人事および経営管理業務の一切を統括掌理し，各取締役や従業員らに直接指揮命令するなどして業務の遂行に当たっていた。上記の防火管理に関する方針もYが決めたものであり，他の取締役やXらは，実際には防火管理の業務に携わっていなかった。

　某日，Aデパート本店2階の階段で客のZがたばこを吸い，消火せずに立ち去ったため，その火が近くの段ボール箱に燃え移り，3階フロアに燃え広がった。従業員Wらは客を適切に誘導することができなかったため，逃げ遅れた客のBらが一酸化炭素中毒等により死亡した。

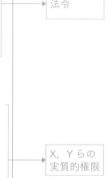

> Xの地位

> 法令

> X，Yらの
> 実質的権限

I 過失犯の事例では，どのように仮説を立てるのだろう？

1 過失行為をどのように特定するかが最大の問題

　過失犯の本質については旧過失論と新過失論が対立していますが，実務は，新過失論に親和的であるといわれていますので，以下では，新過失論を前提に

過失犯の事例の検討方法を考えてみます。過失犯の構成要件の内容は，以下の図のようになります。

過失犯の構成要件のうち結果と因果関係は，故意犯の場合と内容に変わりはありません。過失犯に固有の特徴は，実行行為です。そのため，過失犯では，実行行為をどのように特定するかが大きな問題になります。

過失犯の実行行為（過失行為）とは，注意義務に違反することです。注意義務は，具体的に設定する必要があります。自動車の運転でいうと，単に「安全運転すべき義務」といった漠然とした内容ではなく，「飲酒を差し控えるべき義務」，「前方を注視すべき義務」，「減速すべき義務」などと具体的に特定します。

2　仮説の立て方

> Method
> 15-1　どうすれば結果発生を防げたかを考えよう

それでは，どのように過失犯の実行行為を特定すればいいのでしょうか。

新過失論によると，過失犯の実行行為は，予見可能性を前提とした結果回避義務違反です。そうすると，過失行為の有無を判断する順序は，予見可能性→結果回避義務違反ということになります。

ただ，過失犯の成立を証明するときの順序は，それでいいのですが，その前の仮説の立て方としては，むしろ逆の順序のほうが分かりやすいと思います。まず，「どのような措置をとれば，結果発生を回避できたか」というところから考え（その措置こそが結果回避義務です），それを手がかりに，「その措置をとることは可能だったか」，「結果発生を予見できたか」を検討していくのです。

過失行為の特定方法

① どのような措置をとれば，結果発生を回避できたか

② その措置をとることは可能だったか

③ その措置をとらなければ結果が発生することを予見できたか

本問では火災によりBらの死亡という結果が発生しています。Xには故意がないので，過失犯を検討します。具体的には，業務上過失致死罪（211条）の成否が問題になります。

1 実行行為（過失行為）は認められるだろうか？

まず，実行行為（過失行為）から検討しましょう。上記の手順に沿って仮説を立ててみます。

(1) どのような措置をとれば，結果発生を回避できたか？

結果発生を回避するための措置としては，いろいろなものが考えられますが，ここでは，3つだけ挙げてみます。

　⑦ 建物内を頻繁に巡回して，火の不始末を発見する

　⑦ 消防計画に基づいて避難訓練等を実施し，従業員が客らを適切に誘導できるようにする

　⑦ 消火活動用の施設を整備して，延焼を防止する

(2) その措置をとることは可能だったか？

Method 15-2	注意義務の鍵は， 行為者の地位・権限・役割，法令，慣習，社会的有用性

結果発生を回避できる措置が考えられたとしても，その措置をとることが不可能なら，義務を課すわけにはいきません。そこで，その措置をとることが可能だったかを考えます。ただ，ここでいう「可能」とは，「物理的に可能だった」というだけではなくて，「社会的にそこまで求められているから可能だった」という観点も含んでいます。その判断の際には，行為者の地位・権限・役割，法令，慣習，社会的有用性などを考慮します。

> ＊ たとえば，自動車をずっと時速5kmで走行させれば，事故は避けられるかもしれません。そして，常に時速5kmで走行することは物理的には可能です。しかし，それでは交通システムが成り立ちません。社会的にそこまで求められているわけではないので，「その措置をとることは不可能だった」といえるのです。

問題15では，Xが営繕課の課員だったこと，Xが防火管理者だったこと，法令上，建物の管理者が防火管理上必要な業務を防火管理者に行わせることが

義務づけられていたこと，防火管理に関する方針は専らＹが決めていたことなどに着目する必要があります。

　⑦については，営繕課のＸに巡回を求めるのは無理があるので，そのような措置をとることは不可能だったといえます。

　他方，⑦については，（ⅰ）法令上，防火管理者は消防計画の作成等を行うこととされている以上，Ｘが⑦の措置をとることは可能だったという理解もありえます。「いくら社長Ｙの権限が大きくても，Ｘは防火管理者なんだから，Ｙに進言ぐらいできただろう」というわけです。しかし，（ⅱ）Ｘは，形式的には防火管理者だったが，実質的な権限が与えられていなかったので，⑦の措置をとることは不可能だった（Ｙしか⑦の措置をとることができなかった）とも考えられます。（ⅱ）の理解からは，Ｘに義務は課されず，過失が否定されます（業務上過失致死罪は成立しないことになります）。⑦についても同じことがいえます。

（3）　その措置をとらなければ結果が発生することを予見できたか？

　仮に（ⅰ）の理解に立てば，Ｘには結果回避義務が課されうることになりますが，義務違反を認めるにはさらに，その前提として，結果発生を予見できた（予見可能性があった）ことが必要です。そこで，予見可能性を考えてみることになりますが，⑦の措置をとらなければ，火災が起きたときに，火が燃え広がったり従業員が適切な対応をとれなかったりすることにより死傷の結果が発生することは容易に予見できます。そうすると，予見可能性を前提とした結果回避義務違反があり，実行行為（過失行為）が認められます。

2　結果と因果関係の検討も忘れずに

　過失行為が認められたからといって，それだけで過失犯が成立するわけではありません。結果と因果関係も必要です。仮にＸの行為が過失行為に当たるとすると，Ｂらの死亡は行為の危険が現実化したものといえ，Ｘの行為とＢらの死亡との間には因果関係が認められるので，業務上過失致死罪が成立することとになります。

1　過失犯の成否の検討が必要となる場面

　故意犯や結果的加重犯のほうが過失犯より法定刑が重いので，事例問題では，まず故意犯や結果的加重犯の成否を検討し，それが否定されたときに，過失犯の成否を考えるという順番になります（Method 2-3　故意が否定されたら，軽い故意犯，結果的加重犯，過失犯の可能性）。

　主な過失犯は，以下のとおりです。

　　失火罪（116条）

　　業務上・重過失失火罪（117条の2）

　　過失傷害罪（209条）

　　過失致死罪（210条）

　　業務上・重過失致死傷罪（211条）

　　過失運転致死傷罪（自動車運転処罰法5条）

　過失犯は，何らかの結果の発生が成立要件とされる結果犯ですが，上の諸犯罪を見ると，主な過失犯が成立するのは，人の死傷か焼損・公共の危険という結果が発生した場合だということが分かります。そこで，事例問題では，人の死傷や焼損・公共の危険の結果が発生したときに，故意犯や結果的加重犯の成立が否定されたら，過失犯の成立する余地はないかを考えてみるようにしましょう。

2　複数の過失

　過失犯の事例では，複数の過失が競合することが多く，その複数の過失をどう適切に整理するかがポイントになります。これには，2つの場合があります。

　1つは，1人の行為者が過失行為を複数行った場合です。この場合には，複数の過失行為のどれか1つだけを実行行為と捉えるのか，それとも，全体を一連の実行行為と捉えるのかを判断する必要があります。

　もう1つは，複数の行為者の不注意が重なって結果が発生する場合です（問題15でも，Xとともに，Y，Z，Wにも過失犯が成立しないかが問題になります）。

　複数の行為者の不注意が併存する場合には，過失犯の共同正犯が成立する可能性があります。ただ，過失犯の単独犯の成立が認められない場合（個々の行為者の行為と結果との間の因果関係が不明である場合など）にはじめて過失犯の共同正犯が問題となるという理解が，一般的です。これを前提とすると，複数の行為者の不注意が併存する場合には，まず個々の行為者について過失犯の単独犯が成立するかどうかを検討し，それが成立しないときに，過失犯の共同正犯の成立の可能性を探るという順序になります。

　なお，複数の行為者について過失犯の成否を検討するときには，個々の行為者の地位・権限・役割の違いに着目しましょう（Method 15-2　注意義務の鍵は，行為者の地位・権限・役割，法令，慣習，社会的有用性）。

時間

　刑法の事例問題を解く上で重要な鍵になるのが，「時間の流れ」です。「刑法の事例問題は苦手」という人の話をよく聞いてみると，時間の流れを曖昧に捉えたまま事例問題を解いているということがよくあります。逆に言うと，時間の流れを的確につかんで事例を分析することができれば，刑法の事例問題を解くのが得意になるはずです。

　本書の図には，時間の流れを示す矢印「―――→」がよく登場しますが，これも，時間の流れに着目することが重要であることの表れです。私自身，事例問題を解くときには，たいてい時間の流れを示す矢印を書きながら事例を分析しています。

　時間の流れに関するキーワードは，「先後関係」と「時間的な幅」。この点に注目しながら Method 16, 17 を学び，時間の流れに着目した事例の分析方法を会得してください。

時間の流れに注意しよう

問題 16

以下の［1］の X，［2］の Y の罪責を論じなさい。

［1］ A社の営業部に勤める X は，上司 Y に恨みを抱き，
Y を困らせるため Y の財布を持ち出して捨てようと考え
た。X は，無人の営業部の部屋において Y の鞄に近づ
き，その鞄の中から現金 5 万円入りの Y の財布を取り
出し，X の上着のポケットに入れ，部屋を出た。

　　X は，自宅に戻り，Y の財布と現金を見て，捨てる
のが惜しくなり，いつか飲食代に使おうと思い，Y の財
布と現金 5 万円を自宅で保管した。

［2］ A社の営業部に勤める X は，生活費に困り，営業
部の部屋において上司 Y の鞄の中から現金 5 万円入り
の Y の財布を取り出し，X の上着のポケットに入れ，部
屋を出た。Y は，X が Y の財布を持ち去ったことに気
づき，約 2 分後，A社の建物内で X から無理やり Y の
財布を取り返した。

不法領得の
意思なし

窃取

不法領得の
意思

急迫不正の
侵害？

I　今回のテーマは，「時間」

　刑法の事例問題を解くときには，時間の流れに注意することがとても重要に
なります。特に重要なのは，それぞれの要素の先後関係です。犯罪の成否を検
討するためには，行為，結果，故意，共謀，急迫不正の侵害，防衛の意思，責
任能力など，いろいろな要素を考慮する必要がありますが，それらの要素がい
つ発生したのか，どちらの要素が先か後かを正確に見極めることが重要です。

Method
16-1　　実行行為は，「点」ではなく「線」で捉えよう

　そのときに，意識してほしいことがあります。それは，実行行為を「点」で

捉えるのではなく「線」で捉えるということです。

「実行行為を線で捉える」とは、どういうことでしょうか。点には長さがありませんが、線には長さがあります。「実行行為を線で捉える」というのは、実行行為の長さ、つまり時間的な幅を意識するということです。普通、実行行為というと、「殴る」とか「奪う」といった単発の動作を思い浮かべるので、つい実行行為を「点」で捉えがちです。しかし、「ここからここまでが○○罪の実行行為」というように、実行行為には開始時点と終了時点があり、実行行為は時間的な幅を持つ「線」であるというイメージをもってもらいたいのです。先ほどいろいろな要素の先後関係が重要だと言いましたが、その先後関係を判断するときにも、「線としての実行行為」を意識する必要があります。

このことを、問題16を素材にして具体的に見ていきましょう。

Ⅱ 〔1〕のXの罪責を検討しよう

> Method 16-2　犯罪には始まりと終わりがある

XがYの財布を持ち去った行為について、窃盗罪（235条）が成立するかを検討してみます。Xの行為は、「他人の財物」を「窃取した」といえますし、Xはそのことを認識、認容しており、故意もあります。それでは、不法領得の意思の要件を満たすでしょうか。

Xには、いつか現金を使おうという意思が発生しています。この意思は不法領得の意思といえます。それでは不法領得の意思必要説からは、Xに窃盗罪が成立するのかというと、そうではありません。

犯罪の成立要件を満たすかどうかは、実行行為の時点を基準に判断する。これが犯罪の成否を検討する際の基本です（Method 3-1　犯罪の成否は、行為ごとに、各行為の時点を基準に判断）。因果関係の有無、正当防衛の成否などは、実行行為の時点を基準に判断します。不法領得の意思の有無も、同じです。そして、先ほど述べたように、実行行為には時間的な幅がありますから、この時間的な幅を基準に不法領得の意思の有無を判断します。

〔1〕では、XがYの鞄に近づいたときに実行の着手が認められ、財布を手に取ってポケットに入れたときに占有移転があったとして既遂に達し、犯罪が終

了したと考えられます。そうすると，その間が実行行為の時間的な幅です。その間にXに不法領得の意思があったかというと，廃棄の意思しかなく，不法領得の意思はありません。不法領得の意思が発生したのは，実行行為が終了した後です。したがって，不法領得の意思必要説に立つ限り，窃盗罪は成立しないのです。

> ＊　その場合，XがYの財布を持ち去った行為については器物損壊罪（261条），Yの財布を自宅で保管した行為については占有離脱物横領罪（254条）が成立します。

> ＊　「既遂＝犯罪（実行行為）の終了」とは限らないということには注意が必要です。状態犯と呼ばれる犯罪は，既遂後に法益侵害状態が続いていても，「既遂＝犯罪（実行行為）の終了」です。窃盗罪は状態犯とされています。それに対して，継続犯と呼ばれる犯罪は，既遂に至った後も，法益侵害状態が続いている限り，犯罪（実行行為）は終了しません。監禁罪（220条）がその典型です。
>
> 　両者は，既遂後に他人が関与したときに共犯が成立するかという点で結論が変わります。Xの窃盗罪の既遂後にYがXから盗品を受け取っても，その時点で窃盗罪は終了している以上，Yに窃盗罪の共犯は成立しません（盗品等関与罪は成立する可能性があります）。他方，Xの監禁罪の既遂後にYが監禁に関与すれば，その時点では監禁罪は継続中なので，Yに監禁罪の共犯が成立します。

Ⅲ　〔2〕のYの罪責を検討しよう

Method
16-3

急迫不正の侵害にも始まりと終わりがある

「点ではなく線で捉える」ということは，実行行為以外の要素にもいえます。正当防衛の「急迫不正の侵害」がその1つです。

判例の立場からは，[2]においてYがXからYの財布を取り戻した行為は，窃盗罪の構成要件に該当します（客体はYの財布ですが，判例によると，Yの財布も，Xが占有している以上は242条により「他人の財物」に当たり，Yはその占有をXの意思に反して移転させて「窃取した」といえます）。しかし，Yは，自分の財布が持ち去られるのを防ぐためにそのような行為をしたので，正当防衛の成立する可能性があります。

この場合に，単に「財布を盗まれたから急迫不正の侵害あり」と簡単に結論を出してはいけません。正当防衛が成立するためには，Yの行為の時点で急迫不正の侵害が存在したといえる必要があるからです。

この点については，「Yが財布を取り戻した時点では，Xの窃盗罪は既に既遂に達して終了しているから，急迫不正の侵害も終了している」と考えて，Yに正当防衛が成立する余地はないという見解もありえます。このような見解によると，Yについては自救行為が問題となります。これに対して，犯罪の終了時期と正当防衛の成否とは別個の問題であるとの前提から，Xの窃盗罪が終了した後でも，A社の建物内でYがXを追跡している間は侵害が継続しているとして，正当防衛を問題とする見解もありえます。

いずれにしても，急迫不正の侵害も，「点」ではなく「線」で捉えることが重要です。侵害がいつ始まり，いつ終わったのかを必ず意識してください。

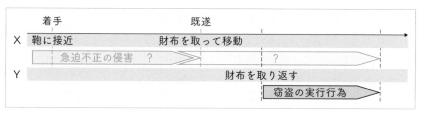

このように，「行為を点ではなく線で捉える（＝時間的な幅を意識する）」という視点を身につけることは，刑法の事例問題を解く上で非常に重要です。不作為犯，財産犯，共犯，正当防衛，原因において自由な行為など，いろいろな場面で役に立ちます（Chapter IIの第4問，第7問，第9問，第11問，第12問，第13問で検討します）。ぜひ会得してください。

行為者の意思の発生時期に注意しよう

問題 17

以下の [1] の X，[2] の Y，Z の罪責を論じなさい。

[1]　Ⓧは，Aと口論となり，かっとなって<u>腕をAの首に回して絞め，そのままAを地面に引き倒した</u>。これによりAは足に裂傷を負った。Ⓧは，Aの首を絞め続けながら，<u>Aの上着のポケットに財布が入っているのを見て，これを奪おうと決意し</u>，Aの首を絞め続けた。Aが抵抗しなくなったため，Ⓧは，<u>Aの財布を奪い</u>，逃走した。

▶ 傷害

▶ 強盗の意思

▶ 強取

[2]　X は，高齢者に電話をかけてだまし，現金を送付させる計画を立て，Y を仲間に誘った。ただ，X が検挙されるリスクを減らすため，被害者から送られた荷物を Y が受け取った後，バイク便の業者を介して X に届けることにした。<u>X と Y は，バイク便の業者 Z にすべて事情を話して荷物の運搬を依頼し，Z は，これを了承した。</u>

▶ 詐欺の意思連絡

　Ⓧは，食品会社の社員を装ってBに電話をかけ，「<u>未払いの代金20万円があるので，現金を送ってください</u>」とだました。これを信じた B は，指定された住居に現金 20 万円入りの荷物を送った。翌日，Ⓨは，<u>Bから送られてきた荷物をその住居で受け取り</u>，Ⓩがこれを回収して運搬し，X に届けた。

▶ 欺罔行為

▶ 盗品運搬罪？

Ⅰ　故意の発生時期に注目しよう

　Method 16 で述べたように，刑法の事例問題を解くときには，いろいろな要素の先後関係に注意する必要があります。特に重要になるのが，故意がいつ発生したかです。Method 2 で述べたように，仮説を立てるときには行為者の

意思が大きなヒントになるため，故意がいつ発生したかを正確に見極めることが重要になるのです。

　たとえば，XがAを射殺した後，Aの財布を持ち去ったとします。この場合，もしXに発砲の前から財布を奪う意思があれば，強盗殺人罪（240条）が成立します（【図1】）。財物奪取意思をもって発砲したため，発砲自体が強盗行為に当たるといえ，その強盗行為によって人を死亡させたので，強盗殺人罪に当たるわけです（Method 18で扱う「進化系の犯罪」です）。

　これに対して，射殺後にはじめて財布を奪う意思が発生したのであれば，発砲は，財物奪取のために行われたわけではありませんから，強盗殺人罪ではなく，普通の殺人罪（199条）です。問題は，財布を奪った行為がどのような財産犯に当たるかですが，被害者の死亡後に財物奪取の意思が発生しているので，いわゆる死者の占有という論点を検討する必要があり，窃盗罪（235条）または占有離脱物横領罪（254条）が成立することになります（【図2】）。

　このように，客観的事実は全く同じでも，故意がいつ発生したかによって，検討すべき論点や結論が大きく変わる可能性があります。これは，原因において自由な行為や，反抗抑圧後の奪取意思など，いろいろな場面で出てきます。

Ⅱ　実行行為の始まりに気をつけよう

Method
17-1　　故意がなければ，故意犯の実行行為は始まらない

　Method 16で述べたように，実行行為がいつ始まり，いつ終わったかを意識することが重要です。そして，上で述べた故意の発生時期は，実行行為がいつ始まるのかという点に関係します。つまり，「故意があってはじめて，故意犯の実行行為が始まる」のです。そこで，故意の発生時期も重要ということになります。

[1] のXは，首を絞めるという反抗を抑圧するに足りる行為によって財布を奪っているので，Xには強盗罪（236条1項）が成立します。さらに，XはAに傷害を負わせていますが，強盗致傷罪（240条）は成立するでしょうか。

Xは，ずっとAの首を絞め続けています。これ自体は，一連の行為といえます。しかし，強盗罪の実行行為は，強盗の意思が発生したところから始まります。そうすると，Aの傷害は，強盗罪の実行行為が始まる前の行為から発生していて，強盗罪の実行行為から発生したわけではないということになります。したがって，強盗致傷罪は成立しません。

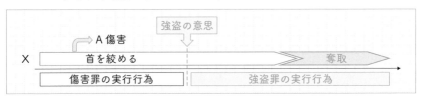

Ⅲ 意思連絡の発生時期にも注目しよう

> Method
> 17-2　　　意思連絡の後は，共犯の可能性を考えよう

共同正犯，教唆犯，幇助犯いずれにおいても，通常，共犯関係の始まりは，意思の連絡です。そこで，共犯の事例問題では，いつ関与者間に意思の連絡が生じたかが重要になります。

* ただし，幇助犯の場合には，意思の連絡のない片面的幇助もあります。この場合は，いつ他人の犯罪行為を認識したかが重要になります。

1 Yの罪責

　[2]のXには，詐欺罪（246条1項）が成立しますが，Yはどうでしょうか。Yは，欺罔行為を行っておらず，その後の荷物の受領しかしていません。そこで，Yは犯罪の途中から参加したということで承継的共犯の検討が必要になるのかというと，そうではありません。それは，欺罔行為の行われる前にXとYの間に詐欺罪の実行について意思の連絡があるからです。つまり，Yは，欺罔行為が行われる前から詐欺に関与しているといえるのです。したがって，普通に，共同正犯の成立要件を満たすかどうかを検討すれば足ります（【図3】）。

　これに対し，仮に[2]と違ってXとYの意思の連絡がXの欺罔行為後になされたとすると，承継的共犯の検討が必要になります（【図4】）。

2 Zの罪責

　Zにも同じことがいえます。Yが荷物を受け取った時点で占有を取得しているので，詐欺罪は既遂に達して終了したといえます。したがって，Zが荷物を運搬した行為は，詐欺罪の終了後に行われたことになります。仮に[2]と違ってZが詐欺罪の終了後にXから依頼されて荷物を運搬したのであれば，Zに詐欺罪の共犯は成立せず，盗品運搬罪（256条2項）が成立します（【図4】）。

　しかし，[2]では，Yと同じく，Zは，欺罔行為の前にXとの間で詐欺罪の実行について意思を通じています（【図3】）。Zが荷物の運搬をすることが予定されることによって，Xは検挙されるリスクが減り，安心して欺罔行為に出られるわけですから，Zの行為は詐欺自体に影響しています。そこで，Zに詐欺罪の共犯が成立しないかを検討してみる必要があるということになります。

> ＊　本犯（ここでは詐欺罪）の正犯者（共同正犯者を含む）は盗品等関与罪の主体に含まれないので，Zに詐欺罪の共同正犯が成立すれば，盗品運搬罪は成立しませんが，詐欺罪の幇助犯にとどまれば，盗品運搬罪の成立を認めることは可能です。

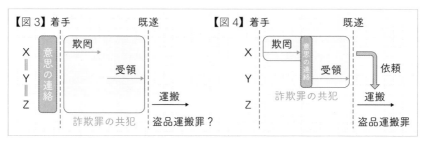

（1） この項では，時間の流れに着目することが重要であると強調してきましたが，時間の流れに着目することは，事例問題の事実の中から犯罪の成立要件に対応する事実を正確につかむだけでなく，正確に答えることにもつながります。

　たとえば，空き巣の事例についてどのような罪が成立するかを尋ねると，「X は，A 宅に忍び込んで A の財布を X の鞄に入れて X 宅まで持ち帰ったから，窃盗罪が成立する」という答えが返ってくることがあります。これでは，どの事実から窃盗罪の成立要件を満たすといえるのかが，よく分かりません。A 宅に忍び込んで X 宅に戻るまでの全部の行為が窃盗罪の実行行為であるようにも聞こえます。しかし，通常は，物色の時点で実行の着手が認められ，財布を鞄に入れた時点で既遂に達し，その間の行為が窃盗罪の実行行為に当たることになります。

　「そんなに固いこと言わなくてもいいじゃないか」と思うかもしれませんが，Method 16 で見たように，実行の着手や既遂の時期をどう捉えるかは，犯罪の成否に影響します。また，そのことが，その後に行われた行為の評価に関係することがあるということも，Method 4 や Method 5 で述べたとおりです。

（2） さらに，時間の流れに着目することによって，犯罪の成立要件の当てはめについて説明の仕方が変わってくることもあります。

　たとえば，X が A から現金 10 万円を預かり，これを X 名義の口座に預金していたが，それを無断で自己の飲食代に充てようと思って銀行の ATM で X 名義の口座から現金 10 万円を引き出し，その 10 万円を自己の飲食代に使ったとします。この場合，「X は，A から預かった 10 万円を自分の飲食代に充てたから，委託物横領罪が成立する」という答えは，厳密さを欠きます。

　時系列に沿って考えると，X は，①まず 10 万円を口座から引き出し，②次にその 10 万円を飲食代に使っています。どちらの行為も横領行為と捉えることは可能ですが，①の行為が横領だとすると，その客体は，口座に預けられている 10 万円ということになります。これは，Method 7 で学んだように，預金債権であって，有体物ではないけれども，「物」に当たると解されているものです。そして，この場合の「占有」は，法律上の支配です。それに対して，②の行為が横領だとすると，その客体は，X が現実に保持している現金 10 万円という有体物であり，「占有」は，事実上の支配です。罪名が変わるわけではありませんが，なぜ委託物横領罪の成立要件を満たすのかに関する説明の仕方が変わってきますから，どちらの行為を横領行為と捉え，何を客体としているのかを明確に示す必要があります。上記の答えでは，その点が曖昧なのです。

　こうした点が厳密に捉えられるようになると，事例問題を解くのが得意になると思います。

犯罪間の関係

これまで学んできた Method などを使って事例問題を検討した結果，1人の行為者について複数の犯罪の成立要件が充足されるということもあるはずです。

その場合に，そのまま複数の犯罪が成立するのかというと，そうとは限りません。複数の犯罪が成立するように見えて実は1個しか犯罪が成立しないということもあります。

また，1人の行為者に複数の犯罪が成立する場合も，さらに，それぞれの犯罪の関係について検討する必要があります。

そこで，この項では，1人の行為者について複数の犯罪が成立するように見える場合に，本当に複数の犯罪の成立を認めてよいのか，また，複数の犯罪が成立するときにそれぞれの犯罪どうしの関係をどのように確定すればいいのかを検討します。

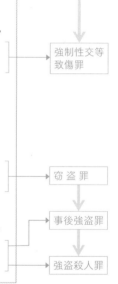

Method

18

進化系の犯罪に気をつけよう

問題 18

以下の [1] の X, [2] の Y の罪責を論じなさい。

[1] X（男性）は, 自動車で走行中, 路上を歩いていた A（女性）を約 5 km 離れた山林に連行して強いて姦淫しようと決意し, A を無理やり自動車のトランクに引きずり込んだ。その際, A は, 頭部をトランクに打ちつけ, 打撲傷を負った。

X は, 自動車を走行させて約 10 分後に山林に到着し, A をトランクから降ろして A の顔面を殴るなどし, 姦淫しようとした。しかし, 偶然, 通行人が通りかかったため, X は逃走した。

[2] Y は, B が公園のベンチに B の財布を置き忘れて立ち去るのを見かけ, その財布を自分のものにしようと企てた。Y は, 約 1 分後, B が公園を出てそのベンチから約 30 m 離れた地点に達したのを確認し, B の財布を自分の鞄に入れた。

近くで一部始終を見ていた C は, 「何をしている」と言って Y の腕をつかんだ。Y は, C の手を振りほどき, 逃走するため殺意をもって所携のナイフで C を刺し, 失血死させた。

I 進化系の犯罪って何だろう？

犯罪の中には, ある犯罪に別の要素が加わることによって, 新しい犯罪に生まれ変わるものがあります。私は, これを（勝手に）「進化系の犯罪」と呼んでいます。

普通, 犯罪は, いったん成立すればそれが完成形ですから, その後に罪名が

変化することはありません。しかし，進化系の犯罪は，一度成立した犯罪が別の犯罪に生まれ変わるという特殊な性質をもっています。そのため，進化系の犯罪については，他の犯罪にはない特別の考慮が必要になります。

Ⅱ 結果的加重犯

1 結果的加重犯の特徴

Method
18-1　　結果的加重犯には要注意

進化系の犯罪の典型は，結果的加重犯です。

結果的加重犯は，たいてい「○○致死傷罪」という罪名がついています。ある犯罪（「○○」の部分）を故意に行ったところ，思ってもいなかった重い結果（普通は死傷の結果）が発生した場合に，結果的加重犯が成立します。重い結果が発生することによって，基本犯から結果的加重犯へと進化するわけです。なお，「○○罪」の部分を「基本犯」，重い結果を「加重結果」といいます。基本犯は，未遂罪であっても，結果的加重犯に進化することができます。

主な結果的加重犯は，以下のとおりです。

強制わいせつ等・強制性交等致死傷罪（181条）
傷害罪〔暴行を用いた場合〕（204条）
傷害致死罪（205条）
遺棄等致死傷罪（219条）
逮捕等致死傷罪（221条）
強盗致死傷罪（240条）
強盗・強制性交等致死傷罪，強制性交等・強盗致死傷罪（241条）

事例問題で仮説を立てる際，死傷の結果が発生したときは結果的加重犯が成立しないか，逆に，基本犯が行われたときは結果的加重犯に進化しないかを忘

れず確認してください。

　共犯の場合も同じです。基本犯の共犯が成立するときには，結果的加重犯の共犯も成立する可能性があります。この点を必ず確認しましょう。

> ＊　結果的加重犯の目印は，「よって」という文言です。条文に，「○○の罪を犯し，よって人を死傷させた」などと規定されていて，「よって」の前の部分が基本犯，後の部分が加重結果を指しています。

　また，結果的加重犯に関してよく論点になるのは，以下の点です。

> ⑦ 基本犯の実行行為と加重結果の間に因果関係は認められるか
> ⑦ 当該行為は基本犯の行為といえるか
> ⑦ 加重結果について故意がある場合に結果的加重犯の成立は認められるか

　結果的加重犯が成立するためには，基本犯の実行行為と加重結果の間に因果関係が存在することが必要ですので，当然，⑦因果関係の有無が論点になることは多いのですが，それとともに，⑦そもそも「基本犯の実行行為」（＝因果関係の起点）とはどの範囲の行為をいうのかが問題になることもあります（特に181条）。また，結果的加重犯は，本来，加重結果について故意はない犯罪類型ですが，⑦加重結果について故意がある場合に，結果的加重犯の成立する余地は全くないのかも問題になります（特に181条，219条，240条，241条）。

2　問題18の〔1〕を検討しよう

　問題18の〔1〕を時系列に沿って考えてみると，まず，XはAを自動車のトランクに引きずり込んで（以下「引きずり込み」といいます），Aに傷害を負わせています。その後，山林でAを殴って姦淫しようとして途中で断念しました。そこで，「傷害罪と強制性交等未遂罪が成立して両者は併合罪」と考えた人もいるかもしれません。しかし，強制性交等未遂罪が成立し，さらにAの傷害という結果も発生していることから，進化形である強制性交等致傷罪が成立しないかを確認してみる必要があります。

　ただ，問題は，Aの傷害が引きずり込みから発生している点です。加重結果は，基本犯の実行行為から発生する必要があります（上記⑦の点）。山林でAを殴った行為は強制性交等罪の実行行為といえますが，山林に移動する前に行われた引きずり込みも強制性交等罪の実行行為といえるでしょうか。その答え

を出すためには，引きずり込みの時点で強制性交等罪の実行行為が開始された
といえるか，つまり実行の着手が認められるかを検討する必要があるわけです。
このように，進化の可能性を意識することによって論点が見えてきます。

> * Xの計画上，Aを自動車のトランクに入れてしまえば強制性交に至るまで妨害
> が入りづらいこと，引きずり込みと強制性交とは時間的・場所的に近接しているこ
> となどの事実を重視すれば，引きずり込みの時点で実行の着手が認められます。

Ⅲ 強盗罪関係の進化系の犯罪

1 事後強盗罪

> Method
> 18-2 　窃盗の後は，事後強盗罪を疑え

事後強盗罪（238条）も，重要な進化系の犯罪です。

窃盗犯人が被害者や警察官に捕まりそうになり，逃げるために暴行や脅迫を
加えてしまう……。よくあることです。この場合，「窃盗罪と暴行・脅迫罪が
成立して併合罪」となるのではありません。「事後強盗罪」という1つの罪が
成立します。つまり，窃盗罪は，暴行・脅迫等の要素が加わると，事後強盗罪
に進化するのです。

> * 詐欺犯人や恐喝犯人が暴行・脅迫を加えても，事後強盗罪は成立しません。事
> 後強盗罪は，窃盗罪だけに認められた進化形です。

普通，進化系の犯罪では，進化させる要素（死傷結果の惹起など）のほうが
中核になるのですが，事後強盗罪は，進化後も財産犯であり続けるので，進化
前の窃盗罪としての性質が進化後も大きな影響力をもつという特殊な構造をし
ています。そのため，実行の着手時期，未遂と既遂の区別基準，「窃盗」の性
質（身分か実行行為か）など，事後強盗罪には固有の論点がいろいろあります。
また，事後強盗罪は，通常の強盗罪（236条）と同じように扱われるため，さ
らに240条の罪に進化する可能性があるのですが，後で述べるように，240条

の罪にも多くの論点が含まれています。事例問題で事後強盗罪が成立すること
に気づかないと，そうした論点を検討することができなくなってしまい，大き
な痛手になります。窃盗罪（未遂も含め）が成立するときには，事後強盗罪に
進化しないかを必ず確認するようにしましょう。

> * 窃盗罪は，「窃盗罪 → 事後強盗罪 → 強盗殺傷人罪，強盗致死傷罪」というよう
> に，2度，進化する可能性があるので，特に注意が必要です。

2 強盗殺傷人罪，強盗致死傷罪

> Method
> 18-3
>
> 強盗の後は，240条の罪を疑え

もう1つ重要な進化形が，240条に規定された強盗殺傷人罪，強盗致死傷罪
です。強盗犯人が人を殺害したり傷害を負わせたりすることもよくあります。
その場合に，「強盗罪と殺人罪，傷害罪，過失致死傷罪が成立する」のではな
くて，240条の罪が成立します。強盗罪は，死傷の結果を生じさせることによ
って240条の罪に進化するわけです。

> * 240条の「強盗」には，通常の強盗罪だけでなく事後強盗罪や昏酔強盗罪も含
> まれます。したがって，事後強盗罪や昏酔強盗罪も240条の罪に進化します。
> * 240条の罪は，死傷の結果について故意がある「強盗殺傷人罪」と，故意のな
> い「強盗致死傷罪」に分けられます。

240条の罪は結果的加重犯としての側面をもっているのですが，他方，240
条の法定刑が非常に高いことや，240条に「よって」という文言が用いられて
いないことなどから，240条の罪は結果的加重犯だけでなく故意犯も含むと考
えられていて，そのために，240条にも固有の論点がいくつもあります（Chap-
ter II 第11問）。そうした論点を見逃さないためには，強盗罪（1項強盗罪，2
項強盗罪，事後強盗罪，昏酔強盗罪）が成立するときには240条の罪に進化しな
いかを常に意識することが重要になります。

3 問題 18 の〔2〕を検討しよう

(1) Bの財布を自分の鞄に入れた行為

　Yは B が置き忘れた財布を領得しているので，遺失物横領罪（254 条）が成立するという解答も考えられます。しかし，窃盗罪の成立を認めてよいでしょう（Method 5 で述べた 1 項犯罪の検討手順を思い出してください）。Y が財布を領得した時点では，B が財布を置き忘れてから約 1 分，約 30 m しか離れておらず，時間的，場所的に近接していること，B がまだ Y から見える場所にいたことなどから，B は，まだ財布を占有していたといえます。そうだとすると，その財布は，「他人の財物」に当たり，Y は，これを自分の鞄に入れることによって，B の意思に反して財布の占有を取得したので，「窃取した」ことになります。故意と不法領得の意思も認められます。

(2) Cを殺害した行為

　そうすると，Y は，窃盗を行った後，逃走するために殺人を行ったということになります。そこで，窃盗罪と殺人罪が成立するのかというと，そうではありません。窃盗罪が成立するときには，事後強盗罪に進化しないだろうかと考えてみる必要があります。

　上述のとおり，Y は「窃盗」犯人です。ナイフで刺殺するという行為は，当然，反抗を抑圧するに足りる有形力の行使ですから，「暴行」に当たります。この暴行が窃盗の機会の継続中に行われたことも明らかです。故意と逮捕免脱目的も認められます。したがって，Y には事後強盗罪が成立します。

　そして，事後強盗罪が成立するということは，さらに 240 条の罪に進化しないかと考えてみる必要があるということです。Y は「強盗」犯人であり，Y は殺意をもって C を刺殺していますから，「人を……死亡させ」たといえます。このようにして，Y には強盗殺人罪が成立します。

　なお，「進化」は「増殖」ではありませんから，Y には，窃盗罪，事後強盗罪，強盗殺人罪という 3 つの罪が別個に成立するわけではありません。この場合の強盗殺人罪には，もともと窃盗罪と事後強盗罪が含まれていますから，Y に成立するのは強盗殺人罪一罪です（この点については Method 19 でも説明します）。

検討のシメに罪数関係を判断しよう

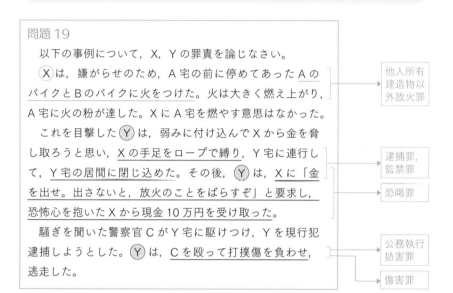

問題19

　以下の事例について，X，Yの罪責を論じなさい。

　Ⓧは，嫌がらせのため，A宅の前に停めてあったAの
バイクとBのバイクに火をつけた。火は大きく燃え上がり，
A宅に火の粉が達した。XにA宅を燃やす意思はなかった。

　これを目撃したⓎは，弱みに付け込んでXから金を脅
し取ろうと思い，Xの手足をロープで縛り，Y宅に連行し
て，Y宅の居間に閉じ込めた。その後，Ⓨは，Xに「金
を出せ。出さないと，放火のことをばらすぞ」と要求し，
恐怖心を抱いたXから現金10万円を受け取った。

　騒ぎを聞いた警察官CがY宅に駆けつけ，Yを現行犯
逮捕しようとした。Ⓨは，Cを殴って打撲傷を負わせ，
逃走した。

他人所有
建造物以
外放火罪

逮捕罪，
監禁罪

恐喝罪

公務執行
妨害罪

傷害罪

Ⅰ　罪数論のポイントは，「検討の順序」，「原則と例外」

　事例問題で犯罪の成否が確定した後は，必要に応じて罪数関係を検討します。
今回のテーマは，罪数論です。

　「罪数論は苦手」という人は多いと思います。「罪数関係の用語は難しいし，
分類も複雑。事例問題ではいろんな犯罪の罪数が出てくるけど，全部暗記する
わけにもいかないし……」。そんな苦手意識を克服するカギは2つ。「検討の順
序を覚えること」，そして「原則と例外を意識すること」です。

Method
19-1　　罪数の検討順序は，犯罪の個数 → 犯罪間の関係

　罪数論には，次元の違う2つの問題が含まれています。1つは，犯罪がいく
つ成立するかという「犯罪の個数」の問題，もう1つは，複数の犯罪がどのよ
うな関係に立つかという「犯罪間の関係」の問題です。

もし成立する犯罪の個数が１個なら，そもそも犯罪間の関係という問題は生じませんから，罪数の検討は，そこで終わりです。それに対して，成立する犯罪の個数が２個以上なら，それらの犯罪がどういう関係にあるか（具体的には，観念的競合，牽連犯，併合罪のどれか）を検討する必要があります。したがって，検討の順序は，「まず，①犯罪の個数を確定し，複数の犯罪が成立するときには，次に，②犯罪間の関係を判断する」ということになります。

　なお，犯罪が１個成立することを一罪，複数成立することを数罪といいます。

Ⅱ　犯罪の個数はどのように決まるのだろう？

1　まず，「原則」を覚えよう

> Method
> 19-2　　「犯罪の個数は法益侵害の個数」が原則

　最初に，犯罪の個数の問題を考えましょう。犯罪の個数は，構成要件該当性の回数によって決まります。構成要件に１回該当すれば一罪，２回以上該当すれば数罪です。ただ，「そう言われても，『構成要件に何回該当するか』の判断が難しいんですけど……」と思うかもしれません。

　そこで重要になるのが，判断方法の「原則と例外」です。それでは，「原則」は何でしょうか。ポイントは，法益侵害の個数です。

> ㋐１個の法益侵害は構成要件該当性として１回しか評価しない。逆に，
> ㋑別の法益侵害があれば，別の構成要件該当性として評価する。

　これが原則です。たとえば，１度の発砲でＡとＢを殺害した場合，行為は１個ですが，Ａの生命とＢの生命という別の２個の法益を侵害していますから，殺人罪の構成要件に２回該当し，殺人罪が２個成立します（上記㋑の原則）。

2　法条競合も「原則」どおり

　注意を要するのが，法条競合です。法条競合とは，複数の構成要件に該当す

るように見えるが，1個の構成要件に該当するにすぎないという場合です。

　たとえば，他人を段って怪我させた場合，形式的には，段った点は暴行罪，怪我させた点は傷害罪に当たります。しかし，両罪が成立するわけではなく，傷害罪だけが成立します。傷害罪の構成要件は，もともと暴行の点を織り込み済みだからです。仮に傷害罪と別に暴行罪も成立させると，暴行による法益侵害を2回評価することになってしまい，上記⑦の原則に反するのです。

　法条競合には，以下のようなものがあります。どれも，前者が成立するときには後者は成立しないという関係にあります。

保護責任者遺棄罪 と 遺棄罪

業務上横領罪 と 横領罪

同意殺人罪 と 殺人罪

傷害罪 と 暴行罪

営利目的略取誘拐罪 と 未成年者略取誘拐罪

横領罪 と 背任罪

　同じことは，結合犯にもいえます。結合犯というのは，2つ以上の犯罪が結合して独立の犯罪となった場合です。強盗罪は，暴行・脅迫と盗取（窃取）が結合して作られた結合犯ですが，暴行・脅迫と盗取（窃取）の点は，強盗罪の中で評価されていますから，強盗罪が成立するときには，それとは別に暴行・脅迫罪や窃盗罪が成立するわけではありません。また，Method 18 で述べた進化系の犯罪も，同じことが当てはまります。

　こうした法条競合や結合犯などの取扱いは，⑦「1個の法益侵害は構成要件該当性として1回しか評価しない」という原則に従ったものといえます。

3　「例外」は包括一罪

Method
19-3　　包括一罪は，例外的に複数の法益侵害でも一罪

　ただし，「例外」があります。包括一罪です。包括一罪とは，実際には複数の法益を侵害しているけれども，1個の犯罪の成立だけが認められる場合です。④「別の法益侵害があれば，別の構成要件該当性として評価する」という原則の「例外」ということになります。

　判例・通説が包括一罪としているのは，以下の場合です。逆に言うと，以下

の場合に該当しない限り，原則として，⑦「別の法益侵害があれば，別の構成
要件該当性として評価する」ことになります。

同一の罰条に規定されている行為

同じ場所・機会における複数人の財物の窃取

殺人・傷害の際の器物損壊（殺人・傷害罪と器物損壊罪）

街頭募金詐欺

同じ被害者に対して共通の動機から一定期間内に反復して加えられた傷害

偽造通貨を用いた詐取（詐欺罪と偽造通貨行使罪）

窃盗・1項詐欺の後の2項強盗

共罰的事前行為，共罰的事後行為

このように，包括一罪には多種多様なものがあり，どこまで包括一罪を認める
かの判断は難しいです。被害法益の同一性，行為態様の類似性，時間的・場所的近接性，犯意の一個性などの点から見て，1個の犯罪の成立を認めれば足りる場合かどうかを実質的に判断するしかありません。

Ⅲ 犯罪間の関係はどのように決まるのだろう？

> **Method 19-4**　犯罪間の関係の検討順序は，科刑上一罪 → 併合罪

犯罪の個数を検討した結果，2個以上の犯罪が成立することになった場合は，それらの犯罪の関係を判断します。ここでも，検討の順序を意識しましょう。検討の順序は，「科刑上一罪（観念的競合，牽連犯）→ 併合罪」です。

> ＊　観念的競合と牽連犯は，科刑上一罪と呼ばれています。後述する併合罪と違って，観念的競合と牽連犯では刑の加重をしないので，一罪のような刑の科し方になるわけです。ただ，科刑上「一罪」といわれますが，数罪です。

1　観念的競合

観念的競合とは，1個の行為が同時に複数の犯罪に該当する場合です（54条1項）。1度の発砲でAとBを殺害した場合がこれに当たります。

「1個の行為」かどうかは，法的評価を離れて自然的に観察し，社会通念上1個の行為といえるかどうかを判断するとされています。1個の行為というためには，行為の重要部分が重なり合っていることが必要です。特に一定の時間

的な幅のある行為については，その幅が重なっているか（特に実行の着手時期が同じか）が重要になります。

2 牽連犯

牽連犯とは，各犯罪が手段と目的，原因と結果の関係にある場合です（54条1項）。ただ，判例上，牽連犯とされているのは，ほぼ以下の3つの類型に限られています。これ以外は，手段と目的，原因と結果の関係のように見えても，牽連犯とされていません。

ⓐ 目的犯とその目的を実現する犯罪（有印私文書偽造罪と同行使罪など）
ⓑ 住居侵入罪関係（住居侵入罪と強盗罪など）
ⓒ 偽造罪関係（偽造有印私文書行使罪と1項詐欺罪など）

3 併合罪

犯罪間の関係が観念的競合でも牽連犯でもなければ，併合罪になります（45条）。併合罪とは，確定判決を経ていない数罪をいいます。

> ＊ 併合罪の場合は，46条以下に規定されている方法で刑が加重されます。なお，併合罪でないときは単純数罪になりますが，事例問題では普通出てきません。

Ⅳ 問題 19 を検討しよう

1 Ｘの罪責

ＸはＡのバイクとＢのバイクを燃やしているので，2個の法益を侵害したといえ，2個の犯罪が成立するようにも思えます。しかし，Ｘの行為は他人所有建造物以外放火罪（110条1項）に当たり，これは社会法益に対する罪ですから，Ｘの行為は，実質的に見れば，公共の安全という1個の法益を侵害する行為にすぎません。したがって，Ｘに成立するのは，1個の他人所有建造物以外放火罪です。犯罪間の関係を検討する必要はありません。

2 Ｙの罪責

（1） 犯罪の個数

まず，犯罪の個数から。Ｙは，逮捕（Ｘをロープで縛る）の後，監禁（Ｙ宅の居間にＸを閉じ込める）をしていますが，逮捕罪と監禁罪は同じ罰条（220条）に規定されているので，包括一罪です。このほか，Ｘを脅して現金10万円を

交付させた行為は恐喝罪（249条1項），Cを殴った行為は公務執行妨害罪（95条1項）と傷害罪（204条）に当たりますが，これらは一罪にはなりません。

仮にYがCに傷害を負わせておらず，暴行にとどまっていれば，公務執行妨害罪だけが成立し，それと別に暴行罪が成立することはありません。暴行・脅迫は公務執行妨害罪の成立要件であり，暴行・脅迫による法益侵害は公務執行妨害罪の中で評価されているからです。しかし，Yは，Cに傷害を負わせています。傷害は，公務執行妨害罪の成立要件ではありませんから，傷害という法益侵害は公務執行妨害罪の中で評価されているとはいえません。そして，傷害罪と公務執行妨害罪は保護法益が違います。したがって，公務執行妨害罪と別に傷害罪が成立します。

こうして，Yに成立するのは，❶逮捕監禁罪，❷恐喝罪，❸公務執行妨害罪，❹傷害罪です。

（2）　犯罪間の関係

次は，犯罪間の関係です。科刑上一罪の可能性から考えてみます。❸公務執行妨害罪と❹傷害罪は，Cの殴打という1個の行為によって実現されているので，観念的競合です。

❶逮捕監禁罪と❷恐喝罪はどうでしょう。恐喝が行われた瞬間だけを見れば監禁と恐喝は同時に行われていますが，行為の幅が重なっているわけではないので，❶逮捕監禁罪と❷恐喝罪は観念的競合とはいえません。また，❶逮捕監禁罪と❷恐喝罪は，手段と目的の関係にあるように見えますが，上記の@から©のどれにも当たらず，牽連犯でもありません。

したがって，❶逮捕監禁罪，❷恐喝罪，それと，観念的競合の関係にある❸公務執行妨害罪と❹傷害罪とは，併合罪になります。

検討の手順を身につけよう
――事例問題を解くための Step

I 　事例問題の検討手順

　これまで，刑法の事例問題を解くときに役立つ Method をいろいろ学んできましたが，事例問題を解くにあたってそれらの Method をどういう順序で使えばよいのかを整理しておいたほうが使いやすいと思います。

　そこで，事例問題の検討手順を考えてみましょう。刑法の事例問題は，以下のような手順を踏むと解きやすいと思います（私は，いつもこのような手順で事例問題を解いています）。

> ＊　事例問題の解き方は，人それぞれです。絶対に以下の手順で解かなければいけないというわけではありません。この手順を参考にして，自分に合った解き方を見つけてください。

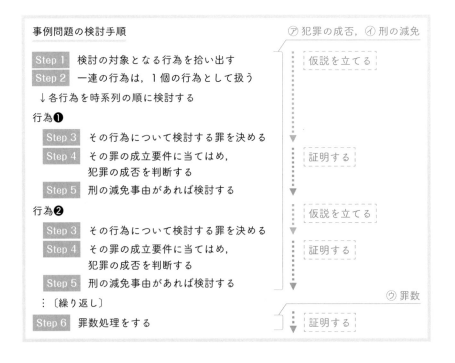

事例問題の検討手順　　　　　　　　　　　　㋐ 犯罪の成否，㋑ 刑の減免

Step 1 　検討の対象となる行為を拾い出す
Step 2 　一連の行為は，１個の行為として扱う
↓各行為を時系列の順に検討する

行為❶
　Step 3 　その行為について検討する罪を決める
　Step 4 　その罪の成立要件に当てはめ，
　　　　　犯罪の成否を判断する
　Step 5 　刑の減免事由があれば検討する

行為❷
　Step 3 　その行為について検討する罪を決める
　Step 4 　その罪の成立要件に当てはめ，
　　　　　犯罪の成否を判断する
　Step 5 　刑の減免事由があれば検討する

：〔繰り返し〕　　　　　　　　　　　　　　　　㋒ 罪数
Step 6 　罪数処理をする

仮説を立てる

証明する

仮説を立てる

証明する

証明する

Prologue で述べたように，刑法の事例問題で解答が求められているのは，通常，⑦犯罪の成否，④刑の減免，⑦罪数です。このうち， Step 1 から Step 5 は，⑦犯罪の成否と④刑の減免の検討に当たり， Step 6 は，⑦罪数の検討に当たります。

　また，⑦犯罪の成否は「仮説を立てて，証明する」という流れで検討すると言いましたが， Step 1 から Step 3 は，「仮説を立てる」ための手順であり， Step 4 ， Step 5 は，「証明する」部分です。以前にも述べたとおり，この本で取り上げている Method の多くは，適切に仮説を立てるためのものです。

Ⅱ　各 Step の内容

　 Step 1 から Step 6 の内容や，Method との関係を順番に見ていきましょう。

Step 1　検討の対象となる行為を拾い出す

　Method 1 で述べたように，事例を読んで最初に行う作業は，検討の対象となる行為を拾い出すということです。

　本当は，検討の対象となる行為を的確に拾い出すことは簡単ではありません。法的な知識や理解が必要になるからです。

　ただ，前にも述べたように， Step 1 の段階では，厳密に罪名を特定する必要はありません。具体的にどのような罪が成立するかは， Step 2 以降で検討すればよいのです。 Step 1 の段階では，「A を殴った」，「B の財布を奪った」など，何かの罪に当たりそうな行為を拾い出すだけで十分です。

Step 2　一連の行為は，1 個の行為として扱う

　 Step 1 で拾い出した行為が 1 個だけなら，そのまま犯罪の成否を検討すればよいのですが，事例問題では，普通，検討の対象となる行為が複数あります。その複数の行為のうち，一連の行為といえるものがあれば，1 個の行為にまとめてしまいます。これが， Step 2 です。

　なぜこの段階で 1 個の行為といえるかどうかを検討するかというと，構成要件該当性，違法性阻却，責任阻却という犯罪の成否の判断は，行為を基準にするからです。もし複数の行為を一連の行為と見るのであれば，全体について

まとめて，構成要件該当性，違法性阻却，責任阻却を判断することになりますが，複数の行為を別個の行為と考えると，行為ごとにそれぞれ，構成要件該当性，違法性阻却，責任阻却の判断をすることになります。そのため，犯罪の成立要件を検討する前に，複数の行為が1個の行為と評価されるかどうかを決めておく必要があるのです。1個の行為とするかどうかの判断方法は，Method 3 で扱いました。

　一連の行為といえるかどうかを考えた結果，複数の行為について犯罪の成否を判断する必要があるということになったら，それぞれの行為について犯罪の成否を検討することになりますが，その検討の順序は，Method 4 で述べたように，時系列が基本です。

　つまり，時系列に沿って，まず行為❶について，仮説を立てて（ Step 3 その行為について検討する罪を決める），証明する（ Step 4 その罪の成立要件に当てはめ，犯罪の成否を判断する），次に行為❷について，仮説を立てて（ Step 3 ），証明する（ Step 4 ）……という繰り返しになります。

Step 3　その行為について検討する罪を決める

　 Step 3 は，仮説を立てる作業です。「この行為には○○罪が成立するんじゃないかな」と予測を立ててみて，検討する罪を決めるわけです。

　どのような点に着目して予測を立てればよいかの基本を示したのが，Method 1，2 です。その際，行為間の相互の関係についても注意を払う必要がありますが，その点は，Method 3，4，18 で説明しました。

　また，検討する罪が財産犯のときは Method 5〜7，共犯のときは Method 8〜14，過失犯のときは Method 15 を使います。

　いずれにしても，Method 16，17 で述べたように，時間の流れには注意する必要があります。

Step 4　その罪の成立要件に当てはめ，犯罪の成否を判断する

　予測をもとに「○○罪を検討してみよう」と決めたら， Step 4 で，その予測が当たっているのか，つまり，本当にその罪が成立するのかを検討します。仮説を証明するわけです。具体的には，その罪の成立要件（構成要件）に当て

はめてみて，成立要件を充足するかを判断するということです。

　検討してみたけどその罪が成立しないというときは，Step 3 に戻って，別の罪が成立しないかを考えてみます。もちろん，最終的にどの罪も成立しないということもあります。

> ＊　それほど難しい事例でないときには，Step 3 と Step 4 を同時に行ってもかまいません。

Step 5　刑の減免事由があれば検討する

　犯罪が成立するときは，中止犯や心神耗弱などの刑の減免事由がないかを確認し，もしあれば，検討します。

> ＊　多くの基本書では，中止犯は未遂罪のところ，心神耗弱は責任のところでそれぞれ取り上げられていますが，どちらも刑の減軽や免除の問題なので，犯罪の成立が確定した後に検討します。

Step 6　罪数処理をする

　犯罪の成否を検討した結果，1人の行為者に複数の罪が成立するときは，それらの罪がどういう関係にあるのかという罪数関係を示します。この点は，Method 19 で扱いました。

Step と Method の対応関係

Step 1	検討の対象となる行為を拾い出す
	… Method 1
Step 2	一連の行為は，1個の行為として扱う
	… Method 3
Step 3	その行為について検討する罪を決める
	… Method 1，2（基本），
	Method 3，4，18（行為間の関係），
	Method 16，17（時間の流れ），
	Method 5〜7（財産犯），8〜14（共犯），15（過失犯）
Step 4	その罪の成立要件に当てはめ，犯罪の成否を判断する
Step 5	刑の減免事由があれば検討する
Step 6	罪数処理をする
	… Method 19

問題 0

　以下の事例について，X，YおよびZの罪責を論じなさい。

　ある日の午後8時30分ころ（以下，時刻のみを示す），Xは，友人Aと繁華街を歩いていたところ，前方から歩いてきた酩酊状態のYとその後輩Zとすれ違った。その際，AとYの肩がぶつかり，AとYは口論を始めた。午後8時40分ころ，興奮したAがYの肩をつかんだところ，酩酊していた Ⓨ は，Aに肩をつかまれたことはほとんど意識せず，とにかくAを痛めつけてやろうという気持ちから，Aの顔面を殴り（第1暴行），Aは，転倒して地面に頭部を強打し，脳挫傷を負った。　　　　　　　　　　　→ Yの行為❶

　周囲に見物人が集まってきたため，Yは，20mほど離れた公園にAを連れて行き，XとZも，これを追った。午後8時50分ころ，YがAを殴ろうとしたところ，Aが逃走を図ったため，Yは，Zに対し，「逃がすな」と指示した。 Ⓩ は，Yの指示に従い，Aの前に立ちはだかり，→ Zの行為❶
両手を広げてAの逃走を阻んだ。そこで， Ⓨ は，Aの背 → Yの行為❷
中を蹴った（第2暴行）。その後， Ⓨ と Ⓩ は，公園から → Yの行為❸
逃走した。なお，YとZは，Aが怪我をしていることを認　　 Zの行為❷
識していなかった。

　午後9時ころ，Xは，近くで一人暮らしをしているX宅にAを運んだ。Aは，意識もうろうとなっていたが，Ⓧ は，「病院に連れて行くのも面倒だ。このままAを放っておいても死ぬことはないだろう」と思い，Aを放置した。→ Xの行為❶

　午後11時30分ころ，Aは，第1暴行によって生じた脳挫傷により死亡した。第2暴行は，Aの死因や死亡時期には全く影響しなかった。

　午後10時ころまでは，Aは，すぐに治療を受けさせれば確実に救命できる状態だったが，午後10時30分ころには，救命の可能性が五分五分になっていた。午後8時30分以降，Yは，事理弁識能力が著しく低下していた。

ここまで，事例問題を解決するための Method をひととおり学んできました。

　Chapter Ⅰの総仕上げとして，少し長い事例問題に挑戦してみましょう。この本の最初に挙げた問題０です。これまでに学んだ Method を使えば，解けるはずです。先ほど示した Step （118-121 頁）に沿って検討します。

Ⅰ　Ｙの罪責を検討しよう

Step 1　検討の対象となる行為を拾い出す

　最初の作業は，検討の対象となる行為を拾い出すことです。Ｙについて犯罪が成立する可能性のある行為は，以下のとおりです。

> 行為❶…Ａの顔面を殴った行為（第 1 暴行）（9 行目）
>
> 行為❷…Ａの背中を蹴った行為（第 2 暴行）（16-17 行目）
>
> 行為❸…Ａを放置して公園から立ち去った行為（17-18 行目）

Step 2　一連の行為は，1 個の行為として扱う

　行為❶と行為❷は，Ａという同じ被害者に対して，10 分ほどの短時間内に約 20 m しか離れていない場所で類似の行為態様で行われています。犯意や動機にも変化はありません。したがって，行為❶と行為❷は，一連の行為といってよいでしょう（Method ⇒）。

> 一連の行為の判断は，㋐近接性，㋑行為態様，㋒犯意・動機などに着目　3-3

　他方，行為❸は，Ａの放置という不作為であり，行為❶や行為❷とは行為態様が異なります。また，行為❸の際には，行為❶や行為❷と違って，Ａを怪我させようという意思がＹにありませんでした。そこで，行為❸は，一連の行為とはいえませんので，行為❶や行為❷とは別に検討することにします。

　行為❶と行為❷，そして，行為❸を時系列の順に検討していきます。

1　行為❶，行為❷

Step 3　その行為について検討する罪を決める

　この一連の行為についてどの罪を検討するかを決めましょう。どの罪を検討するかは，発生した事実と行為者の意思をヒントに考えます（Method ⇒）。

> 仮説のヒントは，事実と意思　2-2

事実としては，Yの暴行によってAの死亡という結果が発生しています。しかし，殺人罪（199条）を検討する必要はありません。Yの意思を見ると，「Aを殺そう」という殺人の意思は明らかにないからです。

ただ，Yには，「Aを痛めつけてやろう」という傷害の意思はあります。そこで，傷害致死罪（205条）の成否を検討します。

Step 4	その罪の成立要件に当てはめ，犯罪の成否を判断する

Yは，暴行により脳挫傷という生理的機能の障害を生じさせ，故意もありますから，「身体を傷害し」たといえます。Aの死亡の結果も発生しています。

「よって人を死亡させた」といえるか，つまり，Yの暴行とAの死亡との間に因果関係が認められるかは，少し気になります。その間にXの放置行為が介在しているからです。ただ，Yの行為によって脳挫傷という死因が形成されているため，判例の立場からは，Yの行為の危険が現実化したといえ，因果関係を認めることは可能でしょう（因果関係については，Chapter Ⅱの第7問で説明します）。したがって，Yには傷害致死罪が成立します。

Step 5	刑の減免事由があれば検討する

犯罪が成立するので，刑の減免事由がないかを確認します。Yは心神耗弱だったため，39条2項により刑が減軽されます。

2 行為❸

Step 3	その行為について検討する罪を決める
Step 4	その罪の成立要件に当てはめ，犯罪の成否を判断する
Step 5	刑の減免事由があれば検討する

Yは，行為❸の時点でAが怪我をしていることを認識していなかったので，殺人罪や保護責任者遺棄致死罪（219条）といった故意犯は成立しません。

考えられるとすれば，過失致死罪（210条）です（Method ⇒）。ただ，Aを死亡させた点は，行為❶と行為❷の傷害致死罪で既に評価されていますし，行為❸は，Aの死亡の原因を作ったわけでもありません。また，

> 故意が否定されたら，軽い故意犯，結果的加重犯，過失犯の可能性
>
> 2-3

過失致死罪は，傷害致死罪より法定刑の低い罪です。し
たがって，行為❸の検討は省略してもかまいません
(Method ⇒)。

検討の実益がない
ときは，検討を省
略することも

4-5

Step 6　罪数処理をする

　こうして，Yに成立するのは傷害致死罪だけですから，罪数処理は不要です。

Ⅱ　Zの罪責を検討しよう

Step 1　検討の対象となる行為を拾い出す

　Zについて検討すべき行為は，以下のとおりです。

　行為❶…Aの前に立ちはだかり，両手を広げてAの逃走を阻んだ行為
　　　　（15-16行目）
　行為❷…Aを放置して公園から立ち去った行為（17-18行目）

Step 2　一連の行為は，1個の行為として扱う

　Yのところで述べたように，行為❶と行為❷は一連の行為とはいえません。

1　行為❶

Step 3　その行為について検討する罪を決める

　Zは，Yとの意思連絡のもとに行為❶を行っています。
そこで，ZにYとの共犯が成立しないかを検討する必
要があります（Method ⇒）。Yには傷害致死罪が成立す
るので，Zに傷害致死罪の共犯が成立しないかを検討し
てみます。

意思連絡の後は，
共犯の可能性を考
えよう

17-2

Step 4　その罪の成立要件に当てはめ，犯罪の成否を判断する

　共犯については，Ⓐ各則上の罪名の問題と，Ⓑ関与形
式の問題とを分けて検討します（Method ⇒）。

「何罪か」と「ど
の関与形式か」を
分けて検討しよう

8-1

（1）　承継的共犯

　まず，Ⓐ各則上の罪名に関していうと，問題0では，予定の変更があります

（Method ⇒）。最初，Ｙが１人でＡを殴っていたのです
が，途中から急にＺが参加することになりました。承
継的共犯です。

予定の変更がない
かを確認しよう

14-3

> ＊ 「Ａが死亡したのはＺの加担後だから，承継的共犯の問題を検討しなくても，当
> 然，ＺはＡの死亡について責任を負うはずだ」と考えた人もいるかもしれません。
> しかし，承継的共犯というのは，自分の加担する前の行為から発生した結果につい
> ても共犯としての責任を負うのかという問題です。確かに，Ａの死亡という結果が
> 発生したのはＺの加担後ですが，Ｚの加担した第２暴行はＡの死因や死亡時期には
> 全く影響しておらず，Ａの死亡はＺの加担前の第１暴行から発生しているため，承
> 継的共犯が問題になるのです。

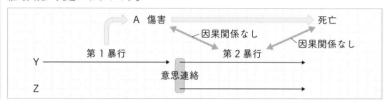

　予定の変更があった場合には，因果性の観点からの検討が必要になります
（Method ⇒）。判例（最決平成 24・11・6 刑集 66-11-
1281）は，後行者の行為と傷害の結果との間に因果関係
がない以上，傷害罪の承継的共犯は認められないとして

予定の変更があれ
ば，因果性を検討
しよう

14-4

います。問題Ｏでは，Ｚの行為とＡの傷害や死亡とは因果関係がないので，Ｚ
に傷害致死罪の共犯は成立しません。Ｚは，加担後の第２暴行についてのみ責
任を負うことになり，暴行罪（208 条）の共犯にとどまります。

（2）　関与形式

　Ｚは，Ａに直接，暴行を加えたわけではないので，背
後者ということになります。そこで，Ⓑ関与形式が問題
になります（Method ⇒）。

背後者の関与形式
を判断しよう

9

　関与形式については，①間接正犯，②共同正犯，③教
唆犯，④幇助犯の順に検討します（Method ⇒）。まず，
ＺがＹを一方的に道具のように利用したという事情は
ないので，間接正犯が成立しないことは明らかです。

関与形式の検討順
序は，間接正犯
→ 共同正犯 → 教
唆犯 → 幇助犯

9-2

　次に，共同正犯ですが，Ｚは，Ｙのすぐ近くで行為❶を行っている上に，Ｚ

が行為❶によってＡの逃走を阻止したからこそＹは第２暴行を行えたので，その点からすると，Ｚは重大な寄与をしているといえ，共同正犯の成立を肯定する余地もあります。ただ，Ｚ自身は，Ａと喧嘩していたわけでもなく，Ａに暴行を加えたいという強い動機や意欲はないので，正犯意思があったとはいいがたいところがあります。また，Ｚは，先輩であるＹの指示に従ったにすぎず，積極的に犯行に関与したともいえません。このように考えると，ＺにＹとの共同正犯を認めるのは難しいということになります。

　共同正犯が成立しないとすると，あとは教唆犯か幇助犯ですが，ＺはＹに暴行の実行を決意させたわけではないので，教唆犯は成立しません。Ｚは，行為❶によってＡの逃走を防ぎ，Ｙによる暴行の実現を容易にしたので，幇助犯に当たります。そうすると，Ｚには暴行罪の幇助犯が成立することになります。

Step 5	刑の減免事由があれば検討する

　刑の減免事由はありません。

2　行為❷

Step 3	その行為について検討する罪を決める
Step 4	その罪の成立要件に当てはめ，犯罪の成否を判断する
Step 5	刑の減免事由があれば検討する

　Ｙと同じく，行為❷の検討は省略します。

Step 6	罪数処理をする

　暴行罪の共同正犯または幇助犯の一罪なので，罪数処理の必要もありません。

Ⅲ　Ｘの罪責を検討しよう

Step 1	検討の対象となる行為を拾い出す

　Ｘについて検討すべき行為は，以下のとおりです。

▍行為❶…Ｘ宅でＡを放置した行為（23行目）

　後述するように，本当は実行行為をもう少し具体的に特定する必要があるの

ですが，　Step 1　の段階では，そこまで厳密に考えなくても大丈夫です。

| Step 2 | 一連の行為は，1個の行為として扱う |

　行為は 1 つだけなので，　Step 2　は関係ありません。

| Step 3 | その行為について検討する罪を決める |

　X は，怪我をしている A を放置していますが，X に殺人の意思はなかったので，殺人罪ではなく保護責任者遺棄罪（218条）の成否が問題になります。

　また，保護責任者遺棄罪には，結果的加重犯の規定があることを忘れてはいけません（Method ⇒）。最終的に A は死亡していますから，結果的加重犯である保護責任者遺棄致死罪の成否を検討する必要があります。

> 結果的加重犯には
> 要注意
> 18-1

| Step 4 | その罪の成立要件に当てはめ，犯罪の成否を判断する |

（1）　保護責任者遺棄罪（基本犯）

　まず，基本犯である保護責任者遺棄罪が成立するかどうかを検討します。Prologue で述べたように，以下のように考えれば，保護責任者遺棄罪（不保護罪）の構成要件該当性は認められます。

　ⓐ X は友人として A と同行し，怪我をした A を一人暮らしの X 宅に引き入れており，排他的支配や保護の引受けが認められるから，X は保護責任者である（主体）。ⓑ A は怪我をして意識もうろうとしており，疾病のために扶助を必要としているから，要扶助者である（客体）。ⓒ X が A を放置した行為は，要扶助者の近くにいて生存に必要な保護をしないというものであり，不保護に当たる（行為）。ⓓ X はⓐからⓒの事実を認識，認容していたので，故意がある（主観的要素）。

> ＊　排他的支配とは，他に救助を期待できる人がおらず，行為者が結果の発生を左右できる立場にあるということです。保護の引受けとは，保護する状態を作り出したことをいいます。学説上は，保護責任を認めるために排他的支配や保護の引受けを重視する見解が有力です。
> 　なお，保護責任の発生根拠として先行行為を重視し，X は自ら A に傷害を負わせたわけではないので，保護責任者に当たらないとする見解もありえます。

　*　218 条は，「遺棄」と「不保護」の 2 種類の行為を規定していますが，通説によ
ると，行為者と要扶助者が場所的に離れる（場所的離隔がある）のが「遺棄」，場所
的に近くにいる（場所的離隔がない）のが「不保護」です。行為❶は不保護に当たり
ます。

（2）　致死（加重結果）

　それでは，X の行為と A の死亡との間に因果関係は認められるでしょうか。

　判例（最決平成元・12・15 刑集 43-13-879）によると，不作為犯における因果
関係（条件関係）を認めるためには，期待された作為がなされていれば合理的
な疑いを超える程度に確実に結果が防止できたといえる必要があります。

　問題 O では，午後 10 時ころまでは A の救命は確実で
したが，午後 10 時 30 分ころには救命可能性が五分五
分になっていました。因果関係は，行為の時点を基準に
判断します（Method ⇒）から，以下のようになります。

> 犯罪の成否は，行
> 為ごとに，各行為
> の時点を基準に判
> 断　3-1

> ㋐ もし午後 10 時ころまでの放置を実行行為と捉えると……
> 　⇒　救命確実であることを前提に因果関係を判断
> 　⇒　A の死亡との因果関係肯定　⇒　保護責任者遺棄致死罪
> ㋑ もし午後 10 時以降の放置を実行行為と捉えると……
> 　⇒　救命が確実でないことを前提に因果関係を判断
> 　⇒　A の死亡との因果関係否定　⇒　保護責任者遺棄罪

　刑法の事例問題では，考えられる中で最も重い罪の成立を認めることが求め
られます（Method ⇒）が，問題 O では，午後 9 時ころ
から午後 10 時ころまでの放置を実行行為と捉えると，
最も重い罪の成立を認めることができます。

> できるだけ重い罪
> の成立可能性を探
> ろう　2-1

　このように考えてくると，X の実行行為を漠然と「A を放置した行為」とす
るより，「午後 9 時ころから午後 10 時ころまで A を放置した行為」と特定す
るほうが望ましいといえます。Method 16 で実行行為の開始時期と終了時期

を意識することが重要であると言いましたが，これはその例です（Method ⇒）。

	PM 9:00		10:00		10:30		11:30
A		救命確実			救命五分五分		死亡
X		実行行為	⇒		放置		
	保護責任者遺棄致死罪						

Step 5　**刑の減免事由があれば検討する**

刑の減免事由はありません。

Step 6　**罪数処理をする**

一罪なので，罪数処理の必要はありません。

Chapter II　　　　　　　　　　演習

　それでは，Chapter I で学んだ Method を使いながら，事例問題に挑戦してみましょう。

　全部で 13 問あります。比較的短く基本的な問題から始まって，後に行けば行くほど，事例が長くなり，難易度も上がっていきます。

　具体的には，以下の 4 つのパートに分かれています。

　　基礎編（第 1 問，第 2 問）
　　　まずは，ウォーミングアップ。単独犯の事例問題と共犯の事例問題を
　　　1 問ずつ出題しています。
　　初級編（第 3 問〜第 5 問）
　　　基本書を読んだだけでは，具体的な事例でどのような順序で検討すれ
　　　ばいいのか分かりづらいという論点を取り上げています。
　　中級編（第 6 問〜第 10 問）
　　　複数の論点が登場する少し難しい事例問題です。
　　上級編（第 11 問〜第 13 問）
　　　長文の事例問題です。解きごたえがあると思います。

　どの問題も，Chapter I（118 頁〜）で示した Step に沿って解説しています。また，問題を解くのに必要な Method を該当箇所にその都度挙げていますので，参考にしてください。

　難しく思える問題でも，適切な Method を使いながら，Step に沿って検討していけば必ず解けるはずです。

　それと，もう 1 つ。解説の中の「○○が特に問題となる場合」という欄にぜひ注目してください。

　「知っているはずの論点なのに事例問題では気づかなかった……」という経験は誰にでもあると思います。そこで，解説では，「どこに注意すれば論点を発見できるか」という点にも力を入れました。それが，「○○が特に問題となる場合」です。これを頭に入れておくと，論点を見つけやすくなると思います。

以下の事実について，Ｘの罪責を論じなさい。

1　Ｘは，自宅でビールをコップ１杯飲んだが，運転には全く影響のない状態だったので，買い物に行くため自動車を運転し，自宅を出発した。Ｘは，最高速度時速 50 km の道路を時速約 60 km で走行していたところ，急に眠くなり，意識が遠のいたり目が覚めたりを繰り返しながら，前方の確認が不十分なまま速度を維持して自動車の運転を続けた。そのため，Ｘは，接近していた通行人のＡを直前になって発見し，慌ててハンドルを切ったが，間に合わず，自動車をＡに衝突させた。Ａは，頭部を地面に打ちつけて気絶した。Ａは，全治２週間の打撲傷を負った。なお，Ｘが眠くなったのは，ビールを飲んだ影響ではなかった。

2　Ｘが自動車を降りてＡの様子を見たところ，Ａの財布などが地面に散乱していた。Ｘは，生活費の足しにしようと考え，Ａの財布を拾い，自分の上着のポケットに入れた。

3　そのとき，ＢとＣが通りかかり，「何をしている」と叫び，Ｘを取り押さえようとした。Ｘは，逃走するため，ナイフでＢの腕を切りつけ，Ｂに全治３週間の裂傷を負わせたが，Ｃに取り押さえられた。

| Step 1 | 検討の対象となる行為を拾い出す |

検討すべき行為を拾い出すところから始めましょう。以下の３つです。

行為❶…Ａに自動車を衝突させた行為（8行目）

行為❷…Ａの財布を自分の上着に入れた行為（12-13行目）

行為❸…Ｂをナイフで切りつけた行為（15行目）

| Step 2 | 一連の行為は，１個の行為として扱う |

行為❶から行為❸は，それぞれ違う被害者，違う法益に向けられた行為ですので，この段階ですぐに一連の行為といえるものはありません（Method ⇒）。

> 異なる構成要件に
> 該当する行為は，
> 別個の行為
>
> 3-2

ただし，後述するように，行為❷と行為❸は一罪です。そのことに気づいた人は，もちろん，この段階で行為❷と行為❸を合わせて検討してかまいません。

検討すべき行為が複数あるので，時系列に沿って順に検討します。

1 行為❶

Step 3 その行為について検討する罪を決める

行為❶については，何罪の検討をすればいいでしょうか。

事実と意思に着目してみると（Method ⇒），事実としては，A に傷害を負わせていますが，X に傷害の意思や暴行の意思はありません。そのため，傷害罪（204 条）は成立しません。

考えられるのは，過失犯です（Method ⇒）。X は自動車の運転中に A に傷害を負わせたので，過失運転致傷罪（自動車運転処罰法 5 条）を検討します。

> 仮説のヒントは，事実と意思 2-2

> 故意が否定されたら，軽い故意犯，結果的加重犯，過失犯の可能性 2-3

Step 4 その罪の成立要件に当てはめ，犯罪の成否を判断する

Step 5 刑の減免事由があれば検討する

（1） どの行為が過失行為だろう？

最初に検討するのは，X が「自動車の運転上必要な注意を怠」ったといえるか，つまり過失行為があったといえるかです。Method 15 で学んだように，過失行為があったかどうかを検討するときには，以下の手順で判断しながら，注意義務の内容を具体的に特定する必要があります（Method ⇒）。

> 注意義務の内容は具体的に特定しよう 15

> どうすれば結果発生を防げたかを考えよう 15-1

過失行為の特定方法

① どのような措置をとれば，結果発生を回避できたか
② その措置をとることは可能だったか
③ その措置をとらなければ結果が発生することを予見できたか

ただ，X は，以下のとおり，いくつか適切でない行為をしています。

㋐ ビールを飲んだ後，自動車の運転を開始したこと
㋑ 最高速度時速 50 km の道路を時速約 60 km で走行したこと
㋒ 居眠り運転をしたこと
㋓ 前方を注視せずに運転したこと

Xの過失行為は、このうちのどれでしょうか。あるいは、全部でしょうか。

結果発生の原因が複数あるときには、結果に近いものから遡って過失の有無を検討するという方法が、よく使われます。そこで、結果に最も近い㋓から順番に、上記の①、②、③に当てはまるかを検討していきましょう。

（2）　㋓は過失行為といえるだろうか？

㋓の前方不注視は、過失行為といえるでしょうか。確かに、①Xが前方をよく見ていれば、もっと早くAを発見でき、衝突は防止できました。しかし、睡魔と戦いながら、ほぼ負けている人に、「目を覚まして前をよく見ろ」といっても無理な話です（皆さんも経験があると思います）。②そうだとすると、居眠り運転をしているXが前方注視という措置をとることは不可能であり、㋓の前方注視義務違反自体を過失行為とすることは難しいということになります。

（3）　㋒は過失行為といえるだろうか？

㋒は、どうでしょうか。①居眠り運転をしなければ、前方不注視による衝突が避けられたことは明らかです。②それでは、居眠り運転をしないことが可能だったかというと、睡魔には勝てなかったかもしれませんが、どこかに自動車を停めて運転自体を中止することはできたはずです。そうすれば、居眠り運転をせずにすみます。そして、③眠気に襲われた状態で運転を継続すれば、前方不注視等により事故を起こして誰かを負傷させる可能性があることは、容易に予見できます。

このようにして、Xは、眠気に襲われたため、このまま運転を継続すれば事故により人を負傷させる危険のあることが予見でき（予見可能性）、そうである以上、運転を中止すべき自動車運転上の注意義務（結果回避義務）があり、また、そうすることは可能であったのに、これを怠り、運転を継続した行為が過失行為ということになります。そして、この過失行為とAの傷害結果との間の因果関係も、当然認められます。このようにして、過失運転致傷罪の成立要件をすべて満たし、同罪が成立します。刑の減免事由はありません。

（4）　⑦や⑥は過失行為といえるだろうか？

　⑦飲酒運転は，過失行為といえないでしょうか。飲酒して自動車を運転する行為は，道路交通法に違反する（酒気帯び運転）かもしれません。しかし，「道路交通法違反＝過失行為」というわけではありません。

　ビールを飲んだことは，Ｘの運転には何の影響もありませんでした。Ｘが眠くなったのも，ビールを飲んだこととは無関係でした。したがって，①運転前にビールを飲まないという措置を講じれば結果が避けられたかというと，そうはいえません。たとえビールを飲まなかったとしても，居眠り運転をしてしまえば衝突は防げません。そのため，⑦は過失行為とはいえないのです。

　同じことは，⑥のスピード違反についてもいえます。確かに，スピード違反は道路交通法に違反する行為ですが，①Ｘがスピード違反をしなくても衝突は避けられなかったので，⑥を過失行為と捉えることはできません。

> ＊　不注意といえる行為が複数あるときに，必ず過失行為をどれか１つだけに絞らなければいけないというわけではありません。学説の中には，結果に最も近い不注意だけを過失行為とすべきであるとする見解（直近過失一個説）もあります。しかし，複数の不注意がそれぞれ過失の要件を満たすのであれば，それらをすべて過失行為と捉えてよいとする見解（過失併存説）が有力です。

2　行為❷

Step 3　その行為について検討する罪を決める

　ＸはＡの財布を奪っていますから，財産犯が問題になるということが分かります。財産犯は，１項犯罪 → ２項犯罪 → 非移転罪 → その他の順に検討します（Method ⇒）。

> 財産犯の検討順序は，１項犯罪 → ２項犯罪 → 非移転罪 → その他

　１項犯罪の可能性から考えてみましょう。Method 5 で学んだとおり，１項犯罪の成否は，以下の手順で判断します。

財物を客体とする移転罪（１項犯罪）の成否の検討手順

① 他人が占有する財物はあるか
② その財物が行為者の占有の下に移転したか
③ その占有移転はどのような手段で行われたか

---

①財布は，Aの近くに落ちていたものですから，Aの占有する財物です。

②Xがその財布を自分の上着に入れることによって，財布はXの占有の下に移転しました。

③それでは，その占有移転がどのように行われたかというと，Aが気絶して抵抗できない状態で占有移転が行われています。そこで，強盗罪（236条1項）が問題になります。後述するように，窃盗罪が成立するとも考えられますが，まずは，より重い強盗罪が成立するかという点から考えてみましょう（Method ⇒）。

できるだけ重い罪の成立可能性を探ろう　2-1

Step 4　その罪の成立要件に当てはめ，犯罪の成否を判断する

財布は，Aの占有するAの所有物であり，「他人の財物」に当たります。また，Xは，自らの行為によってAを抵抗できない状態にしてAの財布を奪っています。この点を捉えて，強盗罪の成立を肯定する見解もあります。

しかし，通説は，そうは考えていません。なぜでしょうか。ここで重要になるのが，Xが財布を奪おうと決意したのはどの時点かということです。故意がなければ故意犯の実行行為は始まりません（Method ⇒）から，強盗罪が成立するためには，財物を奪う意思が生じた後に，強盗罪の客観的要件である暴行・脅迫を行い，

故意がなければ，故意犯の実行行為は始まらない　17-1

財物を強取する必要があります。そこで，通説は，被害者の反抗を抑圧した後に財物奪取の意思を生じたときは，その後に新たな暴行・脅迫が行われない限り，強盗罪は成立せず，窃盗罪が成立するにすぎないと考えるのです。

本問でXが財布を奪おうと決意したのは，自動車を衝突させてAを抵抗できない状態にした後です。その後，Xは暴行・脅迫を全くしていません。したがって，強盗罪における暴行・脅迫の要件を満たさないことになります。

このように，通説を前提とすると，行為❷について強盗罪は成立しません。

Step 3　その行為について検討する罪を決める

強盗罪が成立するのではないかという仮説は否定されました。そこで，次に，窃盗罪（235条）が成立しないかという仮説を立ててみます。なお，1項犯罪には詐欺罪（246条1項）と恐喝罪（249条1項）もありますが，XはAをだま

したり脅したりしていませんから，明らかにそれらの罪は成立しません。

| Step 4 | その罪の成立要件に当てはめ，犯罪の成否を判断する |

| Step 5 | 刑の減免事由があれば検討する |

　Ａの財布は，「他人の財物」に当たります。Ｘは，Ａの財布を自分の上着に入れることによって，Ａの意思に反して財布の占有を移転させていますから，「窃取した」といえます。故意，不法領得の意思も認められます。

　このように，行為❷は窃盗罪に当たります。刑の減免事由はありません。

3　行為❸

| Step 3 | その行為について検討する罪を決める |

　行為❸で，Ｘは，Ｂをナイフで切りつけ怪我をさせていますから，傷害罪（204条）に当たる可能性があります。ただ，そこで注意しなければならないのは，行為❸が行為❷の窃盗罪の後に行われたという点です（Method ⇒）。窃盗罪の進化形として，事後強盗罪（238条）の成否を検討する必要があります。

窃盗の後は，事後
強盗罪を疑え　18-2

　先述のように， Step 2 の段階で事後強盗罪が問題になることに気づいた人は，最初から行為❷と行為❸を合わせて事後強盗罪の検討をしてください。

| Step 4 | その罪の成立要件に当てはめ，犯罪の成否を判断する |

　上記のとおり，Ｘの行為❷は窃盗罪に当たりますから，「窃盗」の要件は満たします。また，ナイフで切りつける行為は，反抗を抑圧するに足りる有形力の行使といえ，「暴行」に当たります。事後強盗罪における暴行・脅迫は，窃盗の機会の継続中に行われる必要がありますが，Ｘの暴行は窃盗の直後に行われていますから，窃盗の機会の継続中という要件を満たすことも明らかです。

　故意は当然にありますし，また，逮捕を免れる目的も認められます。

　このように，行為❸は事後強盗罪に当たります。

| Step 3 | その行為について検討する罪を決める |

　ただ，これで終わりではありません。事後強盗罪の実行行為によりＢは傷

害を負っていますから，次の進化形として強盗致傷罪
（240条）が成立する可能性があります（Method ⇒）。

強盗の後は，240 条の罪を疑え ┃18-3

　これについても，Step 2 の段階で強盗致傷罪が問題
になることに気づいた人は，最初から行為❷と行為❸を合わせて強盗致傷罪の
検討をしてください。

Step 4	その罪の成立要件に当てはめ，犯罪の成否を判断する
Step 5	刑の減免事由があれば検討する

　240条の「強盗」は，事後強盗罪も含みます。上で述べたとおり，行為❷と
行為❸は事後強盗罪に当たりますから，「強盗」の要件は満たします。Xは，
事後強盗罪の実行行為である暴行によりBに裂傷を負わせています。これは
生理的機能の障害であり，「人を負傷させた」といえます。

　このように，強盗致傷罪が成立します。刑の減免事由はありません。

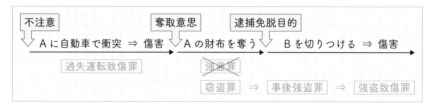

Step 6	罪数処理をする

　最後に，罪数処理をしましょう。

　まず，犯罪の個数を考えます（Method ⇒）。上述のよ
うに，Xの行為は，過失運転致傷罪，窃盗罪，事後強盗
罪，強盗致傷罪に当たります。ただし，Method 19 で

罪数の検討順序は，犯罪の個数 → 犯罪間の関係 ┃19-1

述べたように，窃盗罪，事後強盗罪，強盗致傷罪は，法条競合の関係にありま
すから，強盗致傷罪一罪となります（最初から強盗致傷罪の成否を検討した場合
は，この検討は不要です）。そうすると，過失運転致傷罪と強盗致傷罪という2
個の罪が成立します。

　次に，両罪の関係はどうかというと，観念的競合や牽連犯ではありません。
したがって，併合罪になります。

以下の事実について，X，YおよびZの罪責を論じなさい。

1　Xは，建設業者A社の社員であり，営業部に所属していた。Xの友人のYは，B市職員であり，公共工事の業者を選定し，B市として契約を締結する職務に従事していた。

Xは，自己の営業成績を上げたいという思いから，Yに対し，「公共工事の業者としてA社を選定してくれれば，その見返りに50万円を渡す」と提案した。Yは，これを承諾した。

2　そのころ，Xは，友人CのバイクをCの代わりに選定して購入することになり，その代金として現金50万円をCから預かった。Xは，Yに渡す金を用意することができなかったため，Cから預かった現金50万円をYに渡すことにした。Xは，後日，サラ金で50万円を借りて穴埋めしようと考えていた。

3　XがYに電話をかけ，「今日，約束の金を渡したい」と言ったところ，Yは，出張でB市を離れていたため，「夫に取りに行かせる」と答えた。Yは，会社員の夫Zにこれまでの経緯を話し，Xから現金50万円を受け取るよう指示した。Zは，躊躇したものの，Yが「あなたは私の言うことを聞いていればいいのよ」とZに強い口調で命じたことから，渋々Yの指示に従うことにした。

Zは，Yの指示どおりに現金50万円をXから受け取った。5日後，Yが帰宅し，Zは，Xから受け取った現金50万円をYに渡した。

I　Xの罪責

Step 1　検討の対象となる行為を拾い出す

Xの罪責について検討の対象となるのは，以下の行為です。

行為❶…Yに50万円を渡すことを提案した行為（5-7行目）

行為❷…Yに50万円を渡すことにYと合意した行為（5-7行目）

行為❸…Zを通じてYに現金50万円を渡した行為（19-20行目）

行為❹…Cから預かった現金50万円をZに渡した行為（19行目）

Xは，市の職員であるYに便宜を図ってもらう謝礼として現金を渡していますから，贈賄の罪が問題になるということは予測がつきます。贈賄の罪の行

為としては，賄賂の「供与」だけでなく，その「申込み」や「約束」もあります（198条）。少し煩雑に感じるかもしれませんが，検討する行為として，これらを1つずつ拾い出す必要があります。これが行為❶から行為❸です。

Step 2	一連の行為は，1個の行為として扱う

　一連の行為とすべきものはありません。後述するように，賄賂の「申込み」，「約束」，「供与」が連続して行われた場合は，罪数処理の段階（ Step 6 ）で包括一罪にするのですが，犯罪の成否自体は，1個ずつ検討する必要があります。

　そこで，行為❶から行為❹を時系列に沿って順に検討していきます。

1　行為❶

Step 3	その行為について検討する罪を決める
Step 4	その罪の成立要件に当てはめ，犯罪の成否を判断する
Step 5	刑の減免事由があれば検討する

　後述するように，Yには収賄罪が成立します。XはYに現金の提供を申し入れており，行為❶は賄賂申込罪に当たります。刑の減免事由はありません。

2　行為❷

Step 3	その行為について検討する罪を決める
Step 4	その罪の成立要件に当てはめ，犯罪の成否を判断する
Step 5	刑の減免事由があれば検討する

　また，Xは，賄賂を渡すことにYと合意していますから，行為❷は，賄賂約束罪に当たります。刑の減免事由はありません。

3　行為❸

Step 3	その行為について検討する罪を決める
Step 4	その罪の成立要件に当てはめ，犯罪の成否を判断する
Step 5	刑の減免事由があれば検討する

　そして，Xは，Yに賄賂を渡していますから，行為❸は，賄賂供与罪に当たります。刑の減免事由はありません。

4　行為❹

Step 3　その行為について検討する罪を決める

　XはCから預かった現金を無断で使用しているので，何らかの財産犯が成立すると考えられます。

　まず，1項犯罪は成立するでしょうか（Method ⇒）。客体は，現金50万円です。この現金は，CからXへと占有が移転しています。仮にこの時点でXに「この金をだまし取ってやろう」といった領得意思があれば，現金の占有移転について1項犯罪が成立する可能性があります（【図1】）。しかし，実際には，この時点でXに領得意思はありませんでした（Method ⇒）。したがって，現金の占有移転について1項犯罪は成立しません。

> 財産犯の検討順序は，1項犯罪 → 2項犯罪 → 非移転罪 → その他　6-1
>
> 行為者の意思の発生時期に注意しよう　17

　財産上の利益を取得したともいえませんから，2項犯罪も成立しません。

　そこで，横領罪（252条）が問題になります。Xは，Cから預かった現金を使い込んでいるので，横領罪が成立するという予測が成り立ちます（【図2】）。

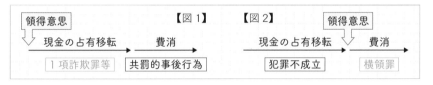

Step 4　その罪の成立要件に当てはめ，犯罪の成否を判断する

Step 5　刑の減免事由があれば検討する

　客体が現金であることに注意が必要です（Method ⇒）。使途を定めて委託された金銭の所有権は，委託者にあるため，現金50万円はC所有の金銭といえ，「他人の物」

> 横領罪では，不特定物としての金銭に要注意　7-2

に当たります。そして，Xは，その現金を管理して事実上支配しているので，「自己の占有」といえ，その占有は，Cの委託に基づいています。Xは，その現金を贈賄のためにZに渡したので，委託の任務に背いて所有者でなければできない処分をしており，「横領した」といえます。故意もあります。

　このように，横領罪が成立します。刑の減免事由はありません。

＊　実は，Xが50万円を後で穴埋めしようと考えていた点については，少し検討が必要です。不特定物の金銭の場合，預かった金銭（紙幣や硬貨）そのものに意味があるわけではなく，金額に意味があります。そのため，預かった現金を別の用途に使ってしまったとしても，それを上回る金額の金銭が自宅や自分の預金口座にあるなど，確実に補てんできるときには，実質的に見て，金銭に対する所有権が侵害されたとはいえません。そこで，学説上は，確実な補てんの意思と能力があるときは，金銭の一時流用があっても横領行為に当たらない（あるいは可罰的違法性がない）として，横領罪の成立を否定する見解が有力です。ただし，Xはサラ金からの借金で補てんしようとしており，確実な補てんの能力があるとはいいがたいところがあります。

Step 6　**罪数処理をする**

　まず犯罪の個数ですが，申込罪，約束罪，供与罪は，同じ条文に規定されているため，贈賄罪として包括一罪となります（Method ⇒）。次に各犯罪の関係ですが，業務上横領罪と贈賄罪は，観念的競合でも牽連犯でもなく，併合罪です。

> 包括一罪は，例外的に複数の法益侵害でも一罪
>
> 19-3

Ⅱ　Yの罪責

Step 1　**検討の対象となる行為を拾い出す**

　市の職員であるYは，Xに便宜を図る見返りに50万円を受け取っているので，収賄の罪の成立が予測されます。贈賄の罪と同様に，収賄の罪の行為としては，賄賂の「収受」のほか，その「要求」や「約束」もあります（197条1項）。これらに当たる可能性のある行為を順に拾い出す必要があります。

　Yの罪責について検討の対象となるのは，以下の行為です。

行為❶…50万円の授受についてXと合意した行為（5-7行目）

行為❷…Zに指示し，Xから50万円を受け取らせた行為（15-16，19-20行目）

Step 2　**一連の行為は，1個の行為として扱う**

　贈賄の罪と同様に，収賄の罪の「要求」，「約束」，「収受」が連続して行われた場合は，罪数処理の段階（ Step 6 ）で包括一罪にしますが，犯罪の成否自体は1個ずつ検討します。この段階では，一連の行為として扱いません。

　そこで，行為❶，行為❷を順に検討していきます。

1 行為❶

Step 3	その行為について検討する罪を決める
Step 4	その罪の成立要件に当てはめ，犯罪の成否を判断する
Step 5	刑の減免事由があれば検討する

「公務員」であるＹは，「請託を受け」，「職務に関し」，現金50万円という「賄賂」を受け取ることにＸと合意しており，「約束」しています。したがって，行為❶は，受託収賄罪（賄賂約束罪）に当たります。刑の減免事由はありません。

2 行為❷

Step 3	その行為について検討する罪を決める

（1） 複数の者が犯行に関与した場合の検討方法

行為❷は，賄賂である現金50万円を受け取る行為です。ただ，実際にＸから50万円を受け取ったのは，Ｙではなく，Ｚです。そこで，ＹとＺの共犯関係が問題になります。

ただ，ＹとＺに成立する罪を考えてみると，それが意外と難しいのです。なぜかというと，ＹもＺも単独では成立要件を全部は充足しないように見えるからです。受託収賄罪の成立要件は，「公務員」が，「請託を受け」，「職務に関し（職務関連性）」「賄賂」を故意に「収受」することですが，Ｙは，「公務員」として職務関連性はあるものの，Ｘから現金を直接受け取ってはおらず，自ら「賄賂」を「収受」したとはいいづらいところがあります。逆に，Ｚは，現金を受け取っているので，「賄賂」を「収受」したといえるかもしれませんが，「公務員」ではありませんし，「請託を受け」てもいません。

こんなときこそ，ChapterⅠで説明したように，Ⓐ各則上の罪名の問題とⒷ関与形式の問題とを区別して検討すると，分かりやすいと思います（Method ⇒）。

> 「何罪か」と「どの関与形式か」を分けて検討しよう
> 8-1

（2） 各則上の罪名は？

まず，Ⓐ各則上の罪名の問題です。先ほど述べたように，厳密にはＹとＺの行為が収賄の罪の成立要件を充足するかの判断は難しいのですが，受託収賄罪（賄賂収受罪）が問題となりそうだという予測は成り立ちます。

（3） 関与形式は？

　それでは，⑧関与形式はどうでしょうか。Xから現金を直接受け取ったのはZであり，Yは，それを指示しただけです。つまり，Zが直接行為者であり，Yは背後者です。そのため，Yの行為がどの関与形式に当たるかが問題になります（Method ⇒）。関与形式については，間接正犯 → 共同正犯 → 教唆犯 → 幇助犯の順に検討します（Method ⇒）。

背後者の関与形式を判断しよう　9

関与形式の検討順序は，間接正犯 → 共同正犯 → 教唆犯 → 幇助犯　9-2

　①まず，間接正犯です。直接行為者であるZは，是非弁識能力を欠くわけではありませんし，賄賂を受け取ることの認識もあります。また，Zは，Yから現金の受取りを強く命じられていますが，意思が抑圧されているとまではいえません（Method ⇒）。したがって，本来ならYに間接正犯は成立しないはずです。

間接正犯の典型例のポイントは，被利用者の⑦是非弁識能力，⑦故意，⑦意思の抑圧　11-2

　ただ，ここで注意しなければならないのは，収賄罪が公務員のみを主体とする身分犯であるということです。本問では，公務員という身分を有するYが公務員でないZに指示して賄賂を受け取らせたということになります。これは，Method 11で言及した「身分なき故意ある道具」の事例です。この場合に，間接正犯の成立が認められるかについては見解の対立があるため，この点の検討が必要になります。

　②間接正犯の成立を否定する見解に立つと，次に共同正犯の成否を検討します。YとZの間には，賄賂を受け取ることについて意思の連絡がありますから，共同正犯の成立する可能性はあります。

　③間接正犯も共同正犯も成立しないとする見解もあります。その見解からは，YがZに犯行を決意させたとして，教唆犯の成否を検討することになります。

　ただし，関与形式についてYの行為だけを見ていたのでは答えは出てきません。「Yがこの関与形式なら，Zはこの関与形式になる」というように，YとZがどのような関係に立つのかを意識する必要があります（Method ⇒）。結論の先取りになりますが，本問では，以下の組合せのどれに当たるかを順に検討していくことになります。

関与形式の組合せを意識しよう　9-3

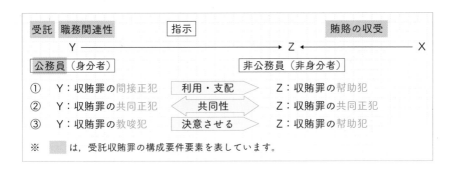

その罪の成立要件に当てはめ，犯罪の成否を判断する

（1） 収賄罪の間接正犯は成立するだろうか？

a ▶ 関与形式

上で述べたように，Yに間接正犯が成立するかどうかを検討するにあたっては，身分なき故意ある道具が問題になります。学説は，以下のとおり，間接正犯肯定説と間接正犯否定説が対立しています。やはりポイントは，被利用者の状態をどう評価するというところにあります（Method ⇒）。

> 間接正犯の着目点は，被利用者（直接行為者）の状態

> 間接正犯肯定説：被利用者には身分がなく，被利用者の行為は構成要件に該当しないから，主役は被利用者ではなく利用者である
> 間接正犯否定説：被利用者は，是非弁識能力と故意を有し，意思も抑圧されていない以上，道具とはいえない

b ▶ 各則上の罪名

間接正犯肯定説に立ち，Yを間接正犯と考えた場合は，被利用者の行為を利用者の行為の一部と見て構成要件該当性を判断します（Method ⇒）。「公務員」のYが「請託を受け」，「職務に関し」Zを介して現金50万円という「賄賂」を「収受」したといえ，Yの行為は受託収賄罪の構成要件に該当することになります。

> 間接正犯の被利用者の行為は，利用者の行為の一部

c ▶ Zに成立する罪

その場合，Zの罪責はどうなるかというと，Zには公務員の身分がないので，Zは受託収賄罪の正犯になることはできず，受託収賄罪の幇助犯になります。Zは，Xから現金を受け取ることによってYの収賄を容易にしたといえます。

なお，65条1項の適用を忘れないようにしましょう。共犯の事例問題では，各関与者の意思や身分に違いがないかを確認する必要があります（Method ⇒）。Yには公務員という身分があり，Zにはありません。通説によると，65条1項は，真正身分犯について身分のない者も身分犯の共犯になること（連帯性）を規定したものです。収賄罪は真正身分犯ですから，公務員でないZは，65条1項を適用することによって収賄罪の共犯となります。

各関与者の要素に違いがないかを確認しよう　14-1

（2）　YとZは共同正犯だろうか？

a ▶ 関与形式

　間接正犯否定説からは，Yに間接正犯は成立しないので，共同正犯の成否を検討することになります。

　共同正犯の成立を認めるにあたっては，意思の連絡，共同犯行の意識（正犯意思），重大な寄与といった要素が重視されます（Method ⇒）。YとZの間には，Yの職務に関し賄賂を受け取ることについて意思の連絡があります。また，Yは現金の受取りをZに強く求めていること，Xから受け取った現金はYの職務上の行為に対する謝礼であること，現金の授受はYがXと交わした合意に基づいて行われていることなどから，正犯意思や重大な寄与があったといえ，共同正犯の成立が認められます。

共同正犯の正犯性は，正犯意思と重大な寄与で判断　12-1

> ＊　共謀共同正犯そのものを認めないとか，65条1項の「共犯」には共同正犯は含まれないといった理由で，共同正犯の成立を否定する見解もあります。

b ▶ 各則上の罪名

　共同正犯の場合は，各関与者の行為を合わせて構成要件該当性を判断します（Method ⇒）。本問では，収賄罪の成立要件のうち，Yは，「公務員」，「請託を受け」，「職務に関し」という要件を満たし，Zは，「賄賂」を「収受」したという要件を満たすので，2人の行為を合わせると，受託収賄罪の構成要件に該当します。

共同正犯では，関与者の行為を合わせて判断しよう　10-2

　ここでも，Zに65条1項を適用するのを忘れないようにしましょう。なお，判例・通説は，65条1項の「共犯」には狭義の共犯だけでなく共同正犯も含まれるという理解に立っており，YとZが共同正犯であるとの結論は，その

ような理解を前提としています。

（3）　教唆犯はどうだろうか？

　Yには間接正犯も共同正犯も成立せず，教唆犯であるとする見解も考えられ
ます。Yは，Zに賄賂の収受という犯行を決意させたというわけです。

> ＊　ただ，この見解は少数です。この見解からは，Zは，公務員という身分を欠く
> ため，収賄罪の正犯ではなく幇助犯とされるので，Yは教唆犯，Zは幇助犯となり，
> どこにも正犯がいないことになってしまいます。共犯従属性の観点からは，まず正
> 犯がいて，次に教唆犯や幇助犯がいるのであって，どこにも正犯がいないという
> 「正犯なき共犯」を認めるのは妥当でないという見解が，一般的です。

Step 5	刑の減免事由があれば検討する

　刑の減免事由はありません。

Step 6	罪数処理をする

　約束罪と収受罪は包括一罪とされているので，犯罪の個数は 1 個です。

Ⅲ　Zの罪責

Step 1	検討の対象となる行為を拾い出す
Step 2	一連の行為は，1 個の行為として扱う

　Zの罪責について検討の対象となるのは，以下の行為です。

▎ 行為❶…Xから 50 万円を受け取った行為（19 行目）

　行為は 1 個だけですから，Step 2 の検討は不要です。

Step 3	その行為について検討する罪を決める
Step 4	その罪の成立要件に当てはめ，犯罪の成否を判断する
Step 5	刑の減免事由があれば検討する

　Yのところで述べたように，Zについては，賄賂収受罪の幇助犯または賄賂
収受罪の共同正犯という結論が考えられます。刑の減免事由はありません。

Step 6	罪数処理をする

　成立する罪は 1 個だけですから，罪数の問題は生じません。

〔設問1〕 以下の事実について，X，Yの罪責を論じなさい。

　暴力団A組の組長Xは，配下の組員が暴力団B組の組員に怪我を負わされたことから，B組への報復のため，「B組の組員を軽く痛めつけてこい」と配下の組員Yに指示し，Yは，「分かりました」と答えた。

　Yは，B組の組員を探したが，なかなか見つからず，思案していたところ，偶然，A組と敵対する暴力団C組の組長Dを見かけた。Yは，Dを殺害すればA組の勢力が拡大してXが満足するとともに自分の手柄にもなると考え，B組の組員への攻撃の代わりにDの殺害を決意し，特殊警棒でDの頭部等を何度も殴打し，死亡させた。

〔設問2〕 以下の事実について，X，Yの罪責を論じなさい。

　暴力団の組長Xは，組員Aの行状が悪いことから，若頭Yに対し，制裁のためにAに傷害を負わせるという趣旨で「Aをやれ」と指示した。Yは，これを聞いて，Aを殺害するという意味であると誤信し，「分かりました」と答えた。Yは，殺意をもってAを射殺した。

I　共同正犯における抽象的事実の錯誤

　具体的な事例でどのような順序で検討するのかが分かりづらい問題の1つに，「共同正犯における抽象的事実の錯誤」があります。共同正犯において行為者の認識内容と異なる構成要件に該当する行為が行われた場合です。XとYが窃盗を共謀したところ，Xが強盗を実行した場合が，その例です。

　この問題は，次の2つの類型を区別すると，分かりやすいと思います。

第1類型 … 謀議の時点では各関与者の認識に食い違いはなかったが，その後，一部の者が謀議の内容と違う犯罪を実行した場合
第2類型 … 謀議の時点で各関与者の認識が食い違っていた場合

　〔設問1〕は第1類型です。XとYは傷害に合意しており，謀議の時点では両者の認識に食い違いはありませんでしたが，その後，Yが殺意を抱いて殺人を行っています。一方，〔設問2〕は第2類型です。Xは傷害の意思，Yは殺人の意思で謀議を行っており，その時点で両者の認識は食い違っています。

　Method 14で，共犯論上の論点は，「各関与者の要素の違い」と「予定の変

更」に分けられると言いましたが，第1類型は，両方の特徴を併せもっているので，判断が複雑になります。ただ，逆に言うと，両者を区別して検討すると，理解しやすくなると思います。一方，第2類型では，主として「各関与者の要素の違い」が問題になります。

> * こうした事例の検討順序について，共通の理解が形成されているわけではありません。以下で述べるのは，考えられるいろいろな見解のうちの1つにすぎません。

Ⅱ 〔設問1〕を検討しよう──第1類型

1 Yの罪責

Step 1	検討の対象となる行為を拾い出す
Step 2	一連の行為は，1個の行為として扱う

Yは結果を直接惹き起こした直接行為者，Xは背後者です。そこで，Yの罪責から検討します（Method ⇒）。

> 直接行為者は，原則として正犯 ⇒6-1

Yについて検討すべき行為は，以下の行為です。

▎行為❶…Dを特殊警棒で段打した行為（8-9行目）

行為は1個だけですから，一連の行為かどうかの検討は不要です。

Step 3	その行為について検討する罪を決める
Step 4	その罪の成立要件に当てはめ，犯罪の成否を判断する
Step 5	刑の減免事由があれば検討する
Step 6	罪数処理をする

まず，Ⓐ各則上の罪名です（Method ⇒）が，Yは殺意をもってDを段殺したので，故意に「人を殺した」といえ，殺人罪（199条）に当たります。Ⓑ関与形式については，Xのところで検討します。刑の減免事由はありません。

> 「何罪か」と「どの関与形式か」を分けて検討しよう ⇒8-1

Yの罪数については難しい問題があるのですが，これも，Xのところでまとめて述べます。

2 Xの罪責

Step 1	検討の対象となる行為を拾い出す

X について検討すべき行為は，以下の１個だけです。

▌行為❶…Y に B 組の組員への暴行を指示した行為（3-4 行目）

行為は１個だけですから，一連の行為かどうかの検討は不要です。

（1）関与形式

先ほど述べたように，X は背後者ですから，X の関与形式が問題になります（Method ⇒）。

X が Y を一方的に利用したという事情はないので，間接正犯ではありません。むしろ，X と Y の間には意

> 背後者の関与形式
> を判断しよう ⑨

思の連絡があるので，共同正犯の成立が考えられます。Method 12 で説明した共同正犯の成立要件（①共謀，②共謀に基づく実行行為）に当てはめてみます。

a ▶ 共同正犯の成立要件その１──共謀

まず，共謀が成立したといえるかですが，X と Y の間には B 組の組員への攻撃について意思の連絡があります。どのような罪の実行に合意したかを明確

にすることが重要です（Method ⇒）が，X は「軽く痛めつけてこい」と言い，Y もこれを承諾し，傷害罪（204 条）の実行について合意したといえます。

> 何罪について合意
> があったかを確認
> しよう 12-4

さらに，X は，B 組への報復という目的を実現するために暴力団の組長という強い影響力をもつ立場から B 組組員への暴行を Y に指示していますから，正犯意思や重大な寄与も認められ，共謀が成立したといえます。

b ▶ 共同正犯の成立要件その２──共謀に基づく実行行為

そして，上述のとおり，Y によって実行行為が行われました。ただ，実行行為は，共謀「に基づいて」行われたといえる必要があります。Method 12 で述べたように，その内容は，共謀が実行行為に対して因果性を有するということです。「共謀の射程が実行行為に及ぶ」と表現することもあります。

本問では，この点について立ち入った検討が必要です。X と Y は傷害を実

行すると合意していたのに Y が勝手に殺人を実行したため,「その実行行為は本当に共謀に基づいて行われたといえるのか。共謀とは無関係に行われたのではないか」という疑問が湧くからです（Method ⇒）。

予定の変更がないかを確認しよう 14-3

Method 14 で述べたように，予定の変更があったときには，因果性の検討がポイントになります（Method ⇒）。本問のように，関与者の一部が合意の内容と異なる行為を無断で行ったという予定の変更があったときには，共謀が実行行為に対して因果性を有するのかという検討が必要になるわけです。

予定の変更があれば，因果性を検討しよう 14-4

共謀の因果性（共謀の射程）が特に問題となる場合
関与者の一部が合意の内容と異なる行為を他の関与者に無断で行った場合

   * 共謀の因果性は，本問のように，合意の内容と異なる構成要件に該当する行為が行われた場合のほか，合意の内容と同じ構成要件に該当する行為が行われたものの，実行行為が，合意の内容と違う被害者に対して行われた場合，違う方法・手段で行われた場合，違う動機・目的で行われた場合などにも問題になります。

   * 共謀の因果性（共謀の射程）が認められるかどうかは，ⓐ行為の寄与度，ⓑ被害者の同一性，ⓒ行為態様の類似性，ⓓ侵害法益の同質性，ⓔ機会の同一性，時間的・場所的近接性，ⓕ犯意の単一性，動機・目的の共通性，ⓖ過剰行為の予測可能性などから総合的に判断します（共謀の射程は共謀の危険の現実化であると考えて，ⓕを重視する見解も有力です）。

いずれにしても，合意の内容と違う行為が行われたからといって，それだけで共謀の因果性が否定されるわけではないということに注意してください。以下のように，合意の内容と多少違う内容の実行行為が行われたとしても，共謀と実行行為との間に一定の関連性があれば共謀の因果性は肯定されます。

共謀の因果性（共謀の射程）が肯定される場合（例）
○合意の内容と異なる構成要件に該当する行為が行われたが，動機は同じだった
○合意の内容と異なる行為が行われることが予測しやすかった
○合意の内容と客体が違ったり被害物が増えたりしたものの，合意の内容と同じ構成要件に該当する行為が同じ動機で行われた

共謀の因果性（共謀の射程）が否定される場合（例）
○合意の内容と全く違う動機や行為態様で実行行為が行われた

○いったん犯行が中止になるなどして，かなり時間が経過した後に（別の機会に）
実行行為が行われた（Chapter I 問題12）

　〔設問1〕では，どちらの結論もありえます。合意の内容と実行行為とでは，被害者が違う（B組の組員への攻撃を指示されたのに，YはC組の組長Dを攻撃した）とともに，動機・目的も変化しています（B組への報復目的だったはずなのに，A組の勢力拡大や自分の手柄が目的になっている）。この点を重視すれば，共謀の因果性は否定され，共同正犯の成立要件を満たしません。その場合，次の⊗各則上の罪名を検討するまでもなく，Xは，Yの犯行について全く責任を負わないという結論になります。

　他方，組長であるXの指示の影響下でYの実行行為が行われたこと，傷害罪と殺人罪は生命身体犯という点で同質の罪であることなどから，共謀の因果性を肯定する見解もありえます。この場合，共同正犯の成立要件を満たします。

（2）　各則上の罪名

a ▶ 合意の内容と実行行為の内容とを比較する

　後者の見解に立って，共同正犯の成立要件を満たすと考えたとしても，それは⊗関与形式の問題です。⊗各則上の罪名の問題は，未解決です。

　⊗各則上の罪名を決めるためには，共謀における合意の内容と実行行為の内容とを比較する必要があります。その結果，両者の罪名が一致するときには，当然，その罪名の共同正犯が成立するので，問題は生じません。問題は，両者の罪名が一致しないときです。

b ▶ 抽象的事実の錯誤の観点から故意犯の成否を検討する

　本問では，XとYの合意の内容は傷害罪だったのに対して，Yの実行行為は殺人罪であり，両者の罪名は一致しません。この場合，抽象的事実の錯誤の観点から故意犯の成否を検討するのが，一般的です。Xについて考えると，行為者の認識（Xは傷害罪が実行されると思っていた）と発生した事実（実際にはYは殺人罪を実行した）とが異なる構成要件に属するからです。

　本問は，軽い罪（傷害罪）の意思で重い罪（殺人罪）が実現された場合です。この場合，38条2項によりXには重い罪である殺人罪は成立しません。そして，法定的符合説によると，認識した事実と発生した事実とが構成要件的に重

なり合う限度で故意犯が成立しますから，本問では，殺人罪と傷害罪が重なり合う限度，つまり傷害罪の成立が認められます。さらに，結果的加重犯の点を忘れてはいけません（Method ⇒）。Dは死亡しているので，Xには傷害致死罪（205条）が成立します。

結果的加重犯には
要注意　｜18-1

c ▶ 共犯関係を含めて各関与者の罪名を確定する

最後に，もう1つ作業が残っています。それは，各関与者の共犯関係を含めて罪名を確定することです。これまでの検討によると，XとYの意思にずれがあるために，Xには傷害致死罪，Yには殺人罪の成立が認められるということになり，両者の罪名が異なっています（Method ⇒）。そこで，共同正犯の各関与者に成立する罪名は違ってもよいのかが問題になります。

各関与者の要素に
違いがないかを確
認しよう　｜14-1

この点については部分的犯罪共同説と行為共同説が対立していますが，判例（最決平成17・7・4刑集59-6-403）は部分的犯罪共同説に親和的であるとされているので，ここでは，部分的犯罪共同説の立場から考えてみます。

部分的犯罪共同説は，各関与者の罪名は同じでなければならないという見解です。共同正犯の本質は，○○罪という「犯罪」を共同するところにあるのだから，「○○罪の共同正犯」というときの「○○罪」は全員共通でなければならないというわけです。各関与者の要素に違いがあるときは，連帯性か個別性かが問題になります（Method ⇒）が，部分的犯罪共同説は，連帯性を重視するのです。

各関与者の要素の
違いは，連帯性と
個別性の問題　｜14-2

ただ，部分的犯罪共同説は，各関与者の意思に食い違いがあった場合，構成要件の重なり合う部分についてだけ罪名が一致すればいいと考えます。〔設問1〕でいうと，Xには傷害致死罪，Yには殺人罪の成立が認められますが，両者は傷害致死罪の限度で重なり合っています。そこで，XとYは傷害致死罪の共同正犯になります（「○○罪の共同正犯」の「○○罪」の部分は，ちゃんと同じになっています）。もちろん，Yは殺意をもってDを殺害しているので，Yには殺人罪が成立するのですが，それは，傷害致死罪の共同正犯とは別に殺人罪の単独犯として成立するというのです。その場合，「Yには殺人罪が成立し，Xとは傷害致死罪の限度で共同正犯となる」と表現します。

　＊　これに対して，行為共同説は，各関与者の罪名は違ってもいいという見解です。

共同正犯の本質は,「犯罪」ではなく「行為」を共同するところにある。したがって,共同正犯の成立には,殴るとか盗むといった「行為」さえ共同していれば足りるから,「○○罪の共同正犯」の「○○罪」が人によって違ってもかまわないというわけです。各関与者の連帯性ではなく,個別性を重視する見解といえます。〔設問1〕では,Xは傷害致死罪の共同正犯,Yは殺人罪の共同正犯になります。

第1類型の検討手順（一例）

Ⓑ 関与形式の確定（共同正犯の成立要件）
① 共謀（意思の連絡，正犯意思，重大な寄与）
② 共謀に基づく実行行為（実行の着手，共謀の因果性〔共謀の射程〕）

Ⓐ 各則上の罪名の確定
① 共謀の内容と実行行為の内容との比較（構成要件の重なり合い）
② 抽象的事実の錯誤の検討
③ 異なる構成要件間の共同正犯の検討

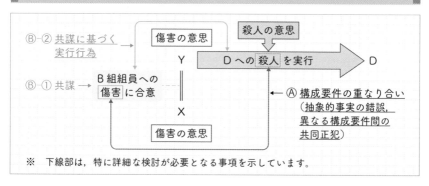

※　下線部は，特に詳細な検討が必要となる事項を示しています。

刑の減免事由はありません。

　罪数処理をする

Xについては，犯罪の個数は1個なので，罪数処理の必要はありません。

ただ，Yの罪数については少し難しい問題があります。部分的犯罪共同説に立った場合，Yには殺人罪の単独犯と傷害致死罪の共同正犯が成立するので，

両者の罪数関係が問題になるのです。この点も，ほとんど議論されていないのですが，以下のような見解が考えられます。

（ i ）説 … 観念的競合（1個の行為で2個の罪に当たる）
（ ii ）説 … 包括一罪（軽い傷害致死罪の共同正犯が重い殺人罪の単独犯に吸収される）
（iii）説 … 法条競合（殺人罪の単独犯の一罪）

Ⅲ 〔設問2〕を検討しよう──第2類型

1 Yの罪責

| Step 1 | 検討の対象となる行為を拾い出す |
| Step 2 | 一連の行為は，1個の行為として扱う |

検討すべき行為は，以下の行為です。

▎行為❶…Aに発砲した行為（14行目）

行為は1個だけですから，一連の行為かどうかの検討は不要です。

Step 3	その行為について検討する罪を決める
Step 4	その罪の成立要件に当てはめ，犯罪の成否を判断する
Step 5	刑の減免事由があれば検討する
Step 6	罪数処理をする

〔設問1〕と同様に，Yの行為は殺人罪に当たります。関与形式については，背後者であるXのところで検討します。刑の減免事由はありません。

罪数については，〔設問1〕のYと同じことが当てはまります。

2 Xの罪責

| Step 1 | 検討の対象となる行為を拾い出す |
| Step 2 | 一連の行為は，1個の行為として扱う |

Xについて検討すべき行為は，以下の行為です。

▎行為❶…YにAの傷害を指示した行為（11-12行目）

行為は1個だけなので，一連の行為かどうかの検討は不要です。

Step 3	その行為について検討する罪を決める
Step 4	その罪の成立要件に当てはめ，犯罪の成否を判断する
Step 5	刑の減免事由があれば検討する
Step 6	罪数処理をする

（1）　関与形式

〔設問1〕と同様に，共同正犯の成否が問題になります。

a ▶ 共同正犯の成立要件その1──共謀

〔設問1〕と違って，〔設問2〕では，Xは傷害の意思，Yは殺人の意思で謀議をしており，謀議の時点で両者の意思が食い違っています。そのため，「謀議の時点で各関与者の意思が食い違っているのに共謀の成立を認めていいのか」という点が問題になります。この点については，部分的犯罪共同説と行為共同説の対立が関係します。

部分的犯罪共同説は，「犯罪」を共同するところに共同正犯の本質があるとする見解ですから，共謀についても，「○○罪を実行することの合意」というように，特定の犯罪の実行について合意があったといえることが必要であると考えます。〔設問2〕では，XとYの間に殺人罪を実行しようという意思の連絡はありませんから，殺人罪について共謀が成立したとはいえません。ただ，殺人罪と傷害罪の重なり合う傷害罪の範囲であればXとYの間に共同遂行の合意があったといえるので，傷害罪の限度では共謀の要件を満たします。

また，正犯意思や重大な寄与が認められるのは，〔設問1〕と同じです。

> ＊　行為共同説は，「行為」を共同するところに共同正犯の本質があるとする見解なので，共謀も，殴るとか盗むといった「行為」を共同しようという合意があれば足りると考えます。〔設問2〕では，Aを攻撃するという合意があったので，共謀の成立は認められます。

b ▶ 共同正犯の成立要件その2──共謀に基づく実行行為

上述のとおり，Yによって実行行為が行われました。また，〔設問1〕と違って，〔設問2〕では，Yが合意の内容と違う行為を勝手に行ったというわけではないので，当然，Yの実行行為は共謀に基づいて行われたといえます。

（2）　各則上の罪名

各則上の罪名を確定するために，〔設問1〕と同じように，錯誤論を検討する

必要があるのかについて，判例や学説の理解は，はっきりしません。

（ⅰ）Xにとっては，傷害が実行されると思ったら意外にも殺人の事実が発生したのであるから，抽象的事実の錯誤の検討が必要であるとする見解，（ⅱ）異なる構成要件間の共同正犯の検討によって問題は解決済みなので，抽象的事実の錯誤の検討は不要であるとする見解などが考えられます。いずれにしても，各説の結論は，〔設問1〕と同じです。

> ＊　（ⅱ）説の説明は，こうです。──部分的犯罪共同説によると，既に共謀の成否のところで，殺人罪と傷害罪の重なり合う限度で共同正犯が成立することを明らかにしたので，同じような趣旨の法定的符合説の検討を重ねてする必要はない。他方，行為共同説は，関与者の意思の内容に応じて共同正犯の罪名を決めるので，その考え方を当てはめれば，錯誤論を持ち出さなくても，Xは傷害致死罪の共同正犯，Yは殺人罪の共同正犯という結論をすぐに導き出せる。

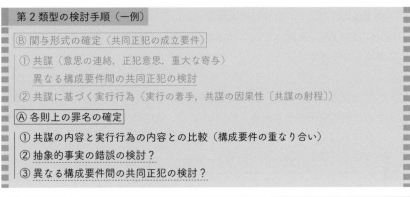

第2類型の検討手順（一例）

Ⓑ 関与形式の確定（共同正犯の成立要件）
① 共謀（意思の連絡，正犯意思，重大な寄与）
　異なる構成要件間の共同正犯の検討
② 共謀に基づく実行行為（実行の着手，共謀の因果性〔共謀の射程〕）
Ⓐ 各則上の罪名の確定
① 共謀の内容と実行行為の内容との比較（構成要件の重なり合い）
② 抽象的事実の錯誤の検討？
③ 異なる構成要件間の共同正犯の検討？

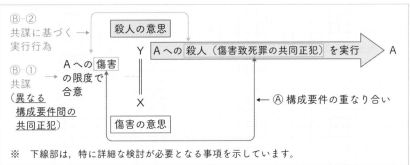

※　下線部は，特に詳細な検討が必要となる事項を示しています。

刑の減免事由はありません。また，成立する犯罪は1個なので，罪数処理の必要はありません。

〔設問1〕 以下の事実1と2について，X，Yの罪責を論じなさい。

1　Xは，友人のYと道路を歩いていたところ，以前から敵対していたAと会い，口論になった。Aが，突然「殺してやる」と叫びながら，Xの顔面をめがけて鉄パイプで殴りかかってきたため，XはYに助けを求めた。XとYは，Aの攻撃からXの身を守るためにはAに怪我をさせても仕方がないと思い，YがAの足をつかんでAの動きを止め，Xが手拳でAの顔面を殴打した（第1暴行）。Aは，倒れた際に腕を骨折し，動けなくなった。

2　Xは，これを見て，もうAは襲ってこないと思ったものの，Aに対する恐怖心や狼狽から，Aの頭部を蹴った（第2暴行）。Yは，動けなくなったAにXがさらに暴行を加えたことに驚きつつ傍観していた。Aは，第2暴行から生じた外傷性くも膜下出血によって死亡した。

〔設問2〕 上記の事実2が以下の事実3であったとする。この場合のX，Yの罪責を論じなさい。

3　Xは，これを見て，「俺に勝てるとでも思ったのか。俺の力を思い知っただろう」などと叫び，専ら恨みを晴らしたいという気持ちで，Aの頭部を力任せに数回蹴った（第2暴行）。Yは，動けなくなったAにXがさらに暴行を加えたことに驚きつつ傍観していた。Aは，第2暴行から生じた外傷性くも膜下出血によって死亡した。

Ⅰ　量的過剰防衛って何だろう？

1　量的過剰防衛の特徴

今回のテーマは，量的過剰防衛です。量的過剰防衛も，具体的な事例でどのような順序で検討すればいいのかが明確でない論点です。

〔設問1〕においてXはAの侵害から身を守るために反撃しているので，正当防衛（36条1項）の成否が問題になります。正当防衛を検討するときに重要になるのが，「急迫不正の侵害がどこから始まり，どこで終わったのか」という視点です（Method ⇒）。

> 急迫不正の侵害にも始まりと終わりがある
> 16-3

〔設問1〕では，Aが鉄パイプで殴りかかってきた時点から侵害が始まり，X

の第1暴行によってAが腕を骨折して動けなくなった時点で侵害は終了したといえます。そうすると，第1暴行は，Aの侵害の継続中（＝侵害現在時）に行われたものであるのに対して，第2暴行は，Aの侵害が終わった後（＝侵害終了後）に行われたものであるということになります。

この場合，侵害が終了しているのに反撃を続けているので，正当防衛は当然成立しません。しかし，侵害は終了したものの勢い余ってその後も反撃を続け，やり過ぎてしまったという点で，過剰防衛（36条2項）として刑が減免される可能性はあります。このような過剰防衛を量的過剰防衛と呼んでいます。

ただ，面倒なのは，侵害終了後に反撃行為を続けた場合に必ず量的過剰防衛が認められるとは限らないということです。量的過剰防衛とは，侵害現在時の反撃行為と侵害終了後の反撃行為とが1個の過剰防衛と評価される場合（下の図の解決A）をいいますから，逆に，全体が1個の防衛行為とはいえず，2つの行為を別個の行為と評価すべき場合（下の図の解決B）には，量的過剰防衛は成立しません。本問でいうと，解決Aと解決Bは，成立する犯罪はどちらも傷害致死罪で同じですが，解決Aでは，36条2項が適用されて刑の減免が可能となるのに対して，解決Bは，刑の減免がないという違いがあります。

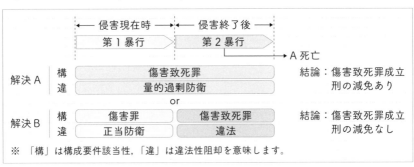

2 量的過剰防衛の成否の判断基準

それでは，2つの行為を1個の防衛行為と見るべき場合と，別個の行為と評価すべき場合とは，どのように違うのでしょうか。判例（最決平成20・6・25刑集62-6-1859）は，㋐両行為の時間的・場所的連続性，㋑侵害の継続性の有無，㋒防衛の意思の有無，㋓侵害終了後の行為における発言内容や行為態様などを

もとに１個の防衛行為かどうかを判断しています。

これらの要素のうち，④侵害の継続性がないことは量的過剰防衛の当然の前提です。逆に，⑦両行為の時間的・場所的連続性は，普通，認められます。そうすると，量的過剰防衛の成否の判断において特に重要となるのは，⑦と④になります。さらに，④は防衛の意思の有無を判断するための間接事実であると考えれば，⑦が決定的な要素であるということになります。

> ＊　ただし，侵害終了後の行為の時点で厳密な意味での防衛の意思はなくても，侵害現在時の行為の時点における恐怖・興奮・狼狽といった心理的動揺が侵害終了後の行為の時点で継続していれば，量的過剰防衛は認められるというのが，多くの裁判例の解決です（最判平成６・12・６刑集 48-8-509）。

量的過剰防衛のポイントは，全体が１個の防衛行為といえるかどうか
→ ⑦両行為の時間的・場所的連続性，④侵害の継続性の有無，
　⑦防衛の意思（心理的動揺）の有無，
　④侵害終了後の行為における発言内容や行為態様　などから判断

ただし，こうした判断を犯罪論の体系上のどこでするかは，難しい問題です。考え方としては，一連の防衛行為といえるかどうかを構成要件該当性の段階で判断する見解（第１説）と，違法性阻却の段階で判断する見解（第２説）などがあります。実務は第１説に立っているといわれていますので，以下では，さしあたり第１説を前提に説明していきます。

Ⅱ　〔設問１〕を検討しよう──第１説を前提に

１　Xの罪責

第１暴行と第２暴行を通じてすべての実行行為を行っているのはＸなので，まず，Ｘの行為について犯罪の成否を考えてみましょう。

| Step 1 | 検討の対象となる行為を拾い出す |

検討すべき行為は，以下の２つです。

行為❶…Ｙと意思を通じて手拳でＡの顔面を殴った行為（第１暴行）（6-7行目）
行為❷…Ａの頭部を蹴った行為（第２暴行）（10行目）

一連の行為は，1個の行為として扱う

第1暴行と第2暴行は，一連の行為といえるでしょうか。

第1説は，構成要件該当性の検討に先立ち，この段階で，上述した基準により防衛行為が1個かどうかの判断をします。複数の行為を1個の行為と評価すべき事案では，構成要件該当性と違法性阻却のどちらも全体が1個の行為として扱われるはずだし，逆に，それぞれの行為を分断して評価すべき事案であれば，構成要件該当性も違法性阻却も行為ごとに個々に判断される（Method ⇒）。第1説の基礎にあるのは，このような考え方です。

> 犯罪の成否は，行為ごとに，各行為の時点を基準に判断　3-1

〔設問1〕では，上述のように，第2暴行の時点でAの侵害は終了しています（⑦）。しかし，第1暴行と第2暴行は時間的・場所的に連続しています（⑦）。また，第2暴行の時点でXはAが襲ってこないと思っているので，厳密には，防衛の意思があったとはいえませんが，恐怖や狼狽といった心理的動揺は継続していたといえます（⑦）。さらに，第2暴行は，それほど強力な態様の暴行でもありません（㋔）。したがって，第1暴行と第2暴行は，一連の防衛行為といえます。

> ＊　このような説明を聞くと，「防衛の意思は，違法性阻却事由に関する要素なのに，構成要件該当性の段階で考慮してもいいの？」という疑問が湧くと思います。複数の行為を一連の行為と評価するかどうかは，様々な事情をもとに判断されます（Method ⇒）が，その際には，動機が自分の利益を守ることにあったのか，それとも相手に害を加えることにあったのかは，重要な考慮要素になります。本問のような正当防衛の事例では，たまたまそのような動機の内容と防衛の意思の内容とが事実上ほぼ重なりますが，正当防衛の成立要件としての防衛の意思を構成要件の段階で考慮しているわけではないというのが，先ほどの疑問に対する1つの答えになります。
>
>> 一連の行為の判断は，⑦近接性，⑦行為態様，⑦犯意・動機などに着目　3-3

その行為について検討する罪を決める

その罪の成立要件に当てはめ，犯罪の成否を判断する

XとYは，「Aに怪我をさせても仕方がない」という傷害の意思で協力して暴行を行い，Aは死亡しているため，傷害致死罪（205条）の共同正犯の成否について検討する必要があります。Xは，傷害の故意でYとともに第1暴行

によって骨折，第2暴行によって外傷性くも膜下出血という人の生理的機能の障害を生じさせ，「身体を傷害し」ました。その上，Aは，第2暴行から生じた外傷性くも膜下出血によって死亡しているので，「よって人を死亡させた」といえます。したがって，Xの一連の行為は傷害致死罪の構成要件に該当します。共同正犯の点は，Yのところで検討します。

前述したとおり，正当防衛は成立せず，違法性阻却は認められません。責任阻却事由もありません。したがって，Xには傷害致死罪が成立します。

Step 5	刑の減免事由があれば検討する

過剰防衛が成立するのは，正当防衛の成立要件のうち，①「急迫不正の侵害に対して」，②「自己又は他人の権利を防衛するため」は満たすが，③「やむを得ずにした」を満たさないときです。

〔設問1〕では，①Aの「急迫不正の侵害」は存在しますし，②防衛の意思もあり，「自己……の権利を防衛するため」の要件も満たします。ただ，侵害終了後も反撃を継続してしまったために，③「やむを得ずにした」に当たらず，「防衛の程度を超え」ました。そのため，36条2項により刑の減免が可能です。

Step 6	罪数処理をする

成立する犯罪は1つだけなので，罪数処理は不要です。

2 Yの罪責

Step 1	検討の対象となる行為を拾い出す
Step 2	一連の行為は，1個の行為として扱う

検討すべき行為は，以下の1つです。

行為❶…Xと意思を通じてAの足を押さえた行為（第1暴行）（6行目）

行為は1つだけなので，一連の行為かどうかの検討は不要です。

Step 3	その行為について検討する罪を決める

Yが直接関与したのは，第1暴行だけです。ただ，上記のとおり，Xには第1暴行と第2暴行を合わせた一連の行為について傷害致死罪が成立します。そ

うである以上，Ｙも，一連の行為について傷害致死罪の共同正犯の責任を負わないかを検討してみる必要があります（Method ⇒）。

できるだけ重い罪の成立可能性を探ろう 2-1

Step 4 その罪の成立要件に当てはめ，犯罪の成否を判断する

（1）　判例の立場

判例（前掲・最判平成6・12・6）は，正当防衛の共同者の一部が量的過剰防衛を行った場合には，侵害終了後の行為（第2暴行）について新たな共謀が成立した場合にはじめて，一連の行為全体について共同正犯が成立するとしています。逆に言うと，第2暴行を行うことについて新たな共謀がなければ，第1暴行の共同正犯しか成立しないということです。どういうことでしょうか。共同正犯の成立要件に当てはめながら考えてみましょう。

（2）　共同正犯の成立要件に当てはめよう

共同正犯の成立要件は，①共謀，②共謀に基づく実行行為です。まず，①ＸとＹの間には傷害の共謀が成立しています。次に，②Ｘは，第1暴行と第2暴行を合わせた一連の行為として傷害致死罪の実行行為を行っています。問題は，その実行行為が共謀に基づいて行われたといえるかどうかです。

ＸとＹの共謀の内容は，正当防衛としての第1暴行の実行だったのに，Ｘは，第1暴行の後，勝手に侵害終了後の第2暴行まで行っています。第3問で学んだように，関与者の一部が合意の内容と異なる行為を他の関与者に無断で行った場合には，その行為が共謀に基づいて行われたといえるか，つまり，共謀がその行為に対して因果性を有するかが問題になるのです（Method ⇒）。

予定の変更があれば，因果性を検討しよう 14-4

共謀の因果性は，様々な客観的な事情や主観的な事情をもとに判断します。本問では，第1暴行と第2暴行では，他人から攻撃を受けている状況かどうかという点で客観的状況が大きく変化しています。その上，第1暴行は，他人の攻撃から自分の身を守ることが主たる動機だったのに対して，第2暴行は，自分への攻撃のおそれがないことを知りながら他人に害を加えており，心理状態も違います。こうした点からすると，共謀の因果性は第1暴行にのみ及び，第2暴行は当初の共謀と無関係に行われたものだといえるわけです。

このようにして，Yには傷害致死罪の共同正犯は成立しません。

＊　少し細かい議論をすると，上記の説明は，暴行の動機や行為の状況などの具体的事情に基づいて共謀の因果性を判断しているだけであって，共謀の内容が違法行為か適法行為かという法的評価自体を考慮しているわけではありません。このような立場からは，共謀の内容が正当防衛の遂行だったとしても，具体的な事情によっては，共謀の因果性が第2暴行に及ぶ場合もありうるということになります。

他方，学説の中には，共謀の内容が正当防衛という適法行為の遂行だったからこそ，違法行為である第2暴行までは共謀の因果性が及ばないのだと説明する見解もあります。しかし，そのような見解に対しては，共同正犯の成否は，違法性阻却の前に判断する構成要件該当性の問題であるから，違法か適法かという評価を共同正犯の成否のところで考慮すべきでないという批判があります。

他方，仮に第1暴行後にXとYの間で第2暴行も行うという新たな共謀がなされれば，もちろん，第2暴行についても共同正犯の成立が認められます。その場合は，Yにも傷害致死罪の共同正犯が成立し，36条2項による刑の減免があるということになります。しかし，本問では，そのような新たな共謀はありませんから，第2暴行について共同正犯が成立することはないのです。

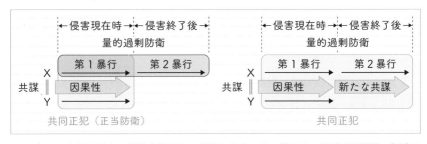

＊　上記と異なる解決方法をとる見解も有力です。第1は，共同正犯関係の解消が認められれば，Yは第2暴行について共同正犯として責任を負わないが，共同正犯関係の解消が認められなければ，Yには第1暴行と第2暴行を合わせた一連の行為について共同正犯が成立するという見解です。

第2は，共同正犯は構成要件に該当する違法な行為を共同して行った場合に限って成立するとの前提に立って，第1暴行は正当防衛として違法性を阻却する行為であるから，そもそも第1暴行について共同正犯は成立せず，それぞれ単独犯であるとする見解です。これによると，第2暴行について共謀が存在すれば，そこではじめて共同正犯が成立することになります。

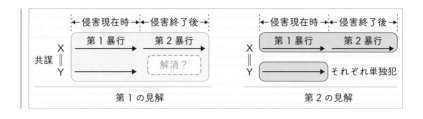

| 第 1 の見解 | 第 2 の見解 |

| Step 3 | その行為について検討する罪を決める |

| Step 4 | その罪の成立要件に当てはめ，犯罪の成否を判断する |

　このように，第1暴行と第2暴行を合わせた一連の行為について，Yに傷害致死罪の共同正犯は成立しません。そこで，今度は第1暴行について傷害罪（204条）の共同正犯が成立するかを検討します。

　XとYは，意思を通じて協力し合って第1暴行を行い，Aを骨折させているので，傷害罪の共同正犯の構成要件に該当します。しかし，第1暴行は，Aの侵害が継続している間に行われていて，他の正当防衛の成立要件も充足します（詳細は省略します）ので，正当防衛が成立し，違法性が阻却されます。

| Step 5 | 刑の免除事由があれば検討する |

| Step 6 | 罪数処理をする |

　Yに犯罪は成立しないので，刑の減免の検討や罪数処理は不要です。

Ⅲ 〔設問2〕を検討しよう──やはり第1説を前提に

1 Xの罪責

| Step 1 | 検討の対象となる行為を拾い出す |

　検討すべき行為は，以下の2つです。

行為❶…Yと意思を通じて手拳でAの顔面を殴った行為（第1暴行）（6-7行目）

行為❷…Aの頭部を蹴った行為（第2暴行）（16-17行目）

| Step 2 | 一連の行為は，1個の行為として扱う |

　この2つの行為は，一連の行為といえるでしょうか。

　〔設問1〕と〔設問2〕で何が違うかというと，第2暴行です。〔設問2〕にお

いても，Ｘは，〔設問１〕と同じくＡの侵害が終了した後も反撃を続けているのですが，〔設問１〕と違って，専ら恨みを晴らす意思で第２暴行を行っており，その時点ではもはや恐怖や狼狽といった心理的動揺が継続していたとはいえません（㋒）。このことは，「俺に勝てるとでも思ったのか……」というＸの発言からも窺われます。また，第２暴行は，かなり強い暴行です（㋓）。したがって，先ほど述べた判例の基準からすると，全体を１個の防衛行為と捉えることはできません。

> 侵害終了後に防衛の意思（心理的動揺）がないときは，量的過剰防衛不成立

そこで，第１暴行と第２暴行を分断し，それぞれについて犯罪の成否を判断することになります。時系列に沿って検討します。

Step 3	その行為について検討する罪を決める
Step 4	その罪の成立要件に当てはめ，犯罪の成否を判断する
Step 5	刑の減免事由があれば検討する

〔設問１〕のＹのところで述べたように，第１暴行だけを単独で見ると，傷害罪の共同正犯の構成要件に該当し，正当防衛が成立し，違法性が阻却されます。犯罪が成立しないので，刑の減免について検討する必要はありません。

Step 3	その行為について検討する罪を決める
Step 4	その罪の成立要件に当てはめ，犯罪の成否を判断する
Step 5	刑の減免事由があれば検討する

Ｘの第２暴行は，傷害致死罪の構成要件に該当します。第２暴行は，Ａの侵害が全くない状態で行われていますので，急迫不正の侵害の要件を満たさず，正当防衛でも過剰防衛でもなく，完全な違法行為ということになり，傷害致死罪が成立します。刑の減免事由はありません。

Step 6	罪数処理をする

成立する犯罪は１つなので，罪数処理は不要です。

2　Yの罪責

Step 1	検討の対象となる行為を拾い出す
Step 2	一連の行為は，1個の行為として扱う

検討すべき行為は，以下の行為です。

▌行為❶…Xと意思を通じてAの足を押さえた行為（第1暴行）（6行目）

行為は1つだけですから，一連の行為かどうかの検討は不要です。

Step 3	その行為について検討する罪を決める
Step 4	その罪の成立要件に当てはめ，犯罪の成否を判断する
Step 5	刑の減免事由があれば検討する
Step 6	罪数処理をする

〔設問1〕と違って，第1暴行と第2暴行は別個の行為なので，XとYの共同正犯についても個別に判断することになります。

行為❶（第1暴行）については，〔設問1〕と同様に，傷害罪の共同正犯の構成要件に該当しますが，正当防衛が成立して，違法性が阻却されます。

なお，第2暴行については，XとYの間に意思の連絡はなく，Yに故意もありません。したがって，Yに共犯は成立せず，Yは全く責任を負いません。

Yに犯罪は成立しないので，刑の減免の検討や罪数処理は不要です。

Ⅳ　第2説

Ⅰで，違法性阻却の段階で量的過剰防衛の成否を判断する第2説があると述べました。学説上，第2説は有力なので，第2説についても説明しておきます。

第2説も，第1説と結論は変わりません。〔設問1〕では量的過剰防衛を肯定し，〔設問2〕では否定します。ただ，第2説は，一連の防衛行為かどうかの判断を，構成要件該当性の段階ではなく，違法性阻却の段階で行うのです。

第2説は，〔設問1〕でも〔設問2〕でも，構成要件該当性の段階では2つの行為を1個の実行行為と捉えます。各行為の時間的・場所的近接性，行為態様の類似性，犯意・動機の単一性などに着目すると，いずれも2つの行為は，時間的・場所的に連続して行われていて，行為態様も大きく異なるものではな

く，また，傷害の故意も継続しているからです。

　しかし，違法性阻却の段階で，〔設問1〕では，第2暴行の時点でもXの防衛の意思（心理的動揺）が継続していることから，2つの行為を1個の防衛行為と見て，量的過剰防衛を認めるのに対して，〔設問2〕では，第2暴行の時点でXの防衛の意思（心理的動揺）が消失しているため，2つの行為は1個の防衛行為ということはできず，量的過剰防衛が否定されるというのです。

　このように，第2説は，〔設問2〕のような事例で，構成要件該当性の段階では2つの行為を一連の行為と見ながら，違法性阻却の段階で2つの行為を分断するという点に特徴があります。構成要件該当性の判断として複数の行為を1個の行為と見るかという問題と，一連の防衛行為として36条2項による刑の減免を認めるべきかという問題とは次元が異なると考えるわけです。

　　＊　ただ，第2説が，違法性阻却の段階で2つの行為を分断した後，どのような判断をするのかというと，難しいところがあります。特に，いったんは2つの行為を一体的に評価して傷害致死罪の構成要件に該当すると判断したにもかかわらず，違法性阻却の段階で2つの行為に分断すると，なぜ第1暴行の構成要件該当性が傷害罪になるのか——。第2説には，そんな疑問が湧いてきます（この疑問は，〔設問2〕を修正し，第2暴行ではなく第1暴行から死亡の結果が発生した事例を考えると，一層大きくなります）。

　　これについては，ⓐ「第1暴行が傷害罪の構成要件に該当することは，もともと構成要件該当性の段階で潜在的に前提とされていたので，2つの行為が分断されたときには，第1暴行について傷害罪の構成要件該当性を認めてよい，ⓑもう1度，振出しに戻って，第1暴行と第2暴行それぞれについて構成要件該当性，違法性阻却を順に判断する，といった理論構成が考えられます。

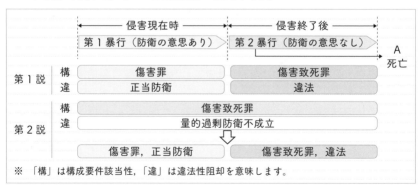

以下の事実について，Xの罪責を論じなさい。

空手三段のXは，路上でA（男性）が泥酔しているB（女性）を介抱しているのを見て，「AがBを襲っている」と思い込んだ。Xは，「Bを助けるために，Aの頭に思いっきり回し蹴りをしよう。Aに大怪我をさせるかもしれないが，Bを助けるためなら許されるだろう。傷害罪には当たらないはずだ」と思い，力任せにAの頭部に回し蹴りをした。Aは，地面に頭部を打ちつけ，全治8か月の頭蓋骨骨折の重傷を負った。

I 責任故意と違法性の意識

1 まず予備知識

(1) 故意の問題と責任阻却の問題との違いを意識する

今回のテーマは，誤想過剰防衛です。責任故意や違法性の意識が問題になります。「『責任故意』とか『違法性の意識』なんて聞くのも嫌だ」という人も多いかもしれません。このテーマは，刑法総論の中で苦手意識をもっている人が最も多いテーマの1つではないかと思います。

私も，学生時代，最初のうちは，責任故意とか違法性の意識と言われてもさっぱり理解できず，難しいなぁと思っていました。ただ，繰り返し教科書を読んでいるうちに，突然「あぁそうか」とストンと来た瞬間があり，それ以来，議論の内容を理解できるようになりました。それはどういう瞬間だったかというと，㋐「故意の問題」とか「故意の要素」と呼ばれているものと，㋑「責任の問題」とか「責任の要素」と呼ばれているものとの違いを意識したときです。

㋐故意の問題というのは，故意か，それとも過失や無過失かを決めるということです。故意が認められれば殺人罪，過失なら過失致死罪というように，故意か過失・無過失かは，罪名に影響を及ぼします。

それに対して，㋑責任の問題というのは，責任阻却するかどうかという意味です。これは，故意や過失が存在することを前提として，最終的に犯罪の成立が肯定されるか否定されるかという問題です。したがって，罪名に影響することはありません。たとえば，殺人罪や過失致死罪の構成要件該当性が認められることを前提として，その犯罪が成立するかしないかを決めるのが，責任の問

題です。責任阻却するかしないかによって罪名が変化するわけではありません。その意味では，単に「責任の問題」というより，「責任阻却の問題」といったほうが理解しやすいと思います。

⑦ 故意の問題 … 故意 or 過失・無過失 ⇒ 罪名に影響
④ 責任の問題 … 責任阻却する or 責任阻却しない ⇒ 罪名に影響しない

　このテーマに関しては，「責任故意」，「違法性の意識」，「違法性の錯誤」などいろいろと難しい用語が出てきますが，⑦故意の有無と④責任阻却の有無のどちらの問題なのかを意識すると，ぐっと理解しやすくなります。複雑に見える学説の対立も，結局は，人の認識内容のうち，どの部分を⑦の問題とし，どの部分を④の問題とするかという振り分け方が違っているにすぎません。

　　　＊　「故意が成立する」と「故意犯が成立する」の違いに注意しましょう。「故意が成立する」というのは，⑦故意の問題です。「故意が成立する」としても，その後，責任が阻却される（④）かもしれないので，「故意犯が成立する」とは限りません。

（2）　事実の問題と評価の問題との違いを意識する

　具体的な検討に入る前に，もう1つ気をつけてほしいことがあります。それは，事実の問題と評価の問題との次元の違いを意識するということです。

　まず，客観面から見ると，「XがAの鞄を奪った」とか，「YがBに殺されそうになったので，ナイフでBを刺して死亡させた」といった生(なま)の事実と，その事実に刑法という物差しを当てて「窃盗罪が成立する」とか「正当防衛として違法性が否定される」と法的に評価することとは，次元が違います。

　それに対応して，主観面つまり認識の内容も，事実に関する認識と，法的な評価に関する意識とに分けることができます。「自分はこんな行為をしている」，「こんな結果が起きる」，「今こんな状況にある」といった認識は，事実に関する認識です。それに対して，「自分のしている行為は窃盗罪に当たる」とか「正当防衛として許される」といった意識は，法的な評価に関する意識です。

本問で，Xの認識の内容を拾い上げてみると，下の図のようになります。このうち，「AがBを襲っている」，「Aの頭に思いっきり回し蹴りをしよう」，「Aに大怪我をさせるかもしれない」という部分は，生(なま)の事実に関する認識です。それに対して，「Bを助けるためなら許されるだろう」とか，「傷害罪には当たらない」という部分は，違法かどうか，どの罪に当たるかを内容としているので，法的な評価に関する意識です。

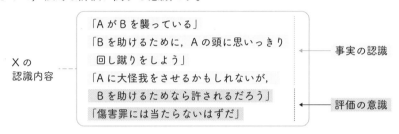

Xの
認識内容

「AがBを襲っている」
「Bを助けるために，Aの頭に思いっきり
　回し蹴りをしよう」
「Aに大怪我をさせるかもしれないが，
　Bを助けるためなら許されるだろう」
「傷害罪には当たらないはずだ」

◀── 事実の認識

◀── 評価の意識

2　通説の考え方を理解しよう

(1)　問題となる要素は4つ

　こうした点を踏まえて，本論に入りましょう。いろいろな学説が主張されていて，議論の状況が複雑なので，さしあたり通説の考え方を見ていきます。細かい検討の前に，まずは，犯罪論の体系に沿ってアウトラインの確認です。

1　構成要件該当性
客観的要件
　ⓐ構成要件的故意（構成要件に該当する事実の認識）
2　違法性阻却
3　責任阻却
　ⓑ責任故意（違法性を基礎づける事実の認識）
　ⓒ違法性の意識
　ⓓ違法性の意識の可能性

事実の認識
⇩
㋐故意の問題

評価の意識
⇩
㋑責任阻却の問題

　問題となる要素は4つ。ⓐ構成要件的故意（構成要件に該当する事実の認識），ⓑ責任故意（違法性を基礎づける事実の認識），ⓒ違法性の意識，ⓓ違法性の意識の可能性です。この4つの要素のうち，どれが㋐故意の問題か，どれが㋑責任阻却の問題かがポイントです。結論から言うと，通説は，ⓐとⓑは事実の

認識であるから㋐故意の問題（＝故意か過失・無過失か），ⓒとⓓは法的評価の意識に関係するため㋑責任阻却の問題（＝責任阻却するか，しないか）であると考えています。

（2） 故意の有無

通説によると，ⓐ構成要件的故意とⓑ責任故意という２つの故意が両方とも存在してはじめて最終的に故意が認められることになります。つまり，どちらかが欠けると，結局，故意は認められず，過失か無過失になるということです。前者は，構成要件該当性の段階で検討するので「構成要件的故意」，後者は，責任阻却の段階で検討するので「責任故意」と呼ばれています。

故意 ＝ 構成要件的故意 ＋ 責任故意

（3） 責任阻却の有無

ⓒ違法性の意識とⓓ違法性の意識の可能性は，㋑責任阻却の問題です。㋐故意の有無には全く影響しません。

ⓒ違法性の意識があれば，もちろん，責任は阻却しません。逆に，ⓒ違法性の意識がなければ必ず責任が阻却されるのかというと，そうとは限りません。ⓓ違法性の意識の可能性があったかを判断してみる必要があります。ⓓ違法性の意識の可能性がなかったときにはじめて責任が阻却されるのです。

違法性の意識の可能性がないときは，責任が阻却される

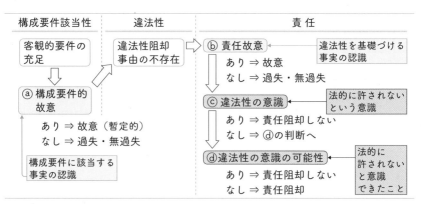

※ ⇨ は判断の順序を示しています。

これらの要素を犯罪論の体系上どのような順序で判断するかというと，上の図のようになります。ⓐからⓓの各要素の具体的な内容は，後でじっくり考えることにして，まずは，それぞれの要素を犯罪論の体系上どの段階で判断するかを頭に入れてください。

Ⅱ 本問の検討──通説の立場を理解しよう

本問は，誤想過剰防衛の事例です。通説の立場から本問を検討してみましょう。

| Step 1 | 検討の対象となる行為を拾い出す |
| Step 2 | 一連の行為は，1個の行為として扱う |

検討の対象となるのは，以下の行為です。

▌行為❶…Aの頭部に回し蹴りをした行為（6行目）

行為は1つだけなので，一連の行為かどうかの検討は必要ありません。

| Step 3 | その行為について検討する罪を決める |
| Step 4 | その罪の成立要件に当てはめ，犯罪の成否を判断する |

誤想防衛や誤想過剰防衛の問題を解くときには，どうしても責任故意や違法性の意識のところにばかり目が向きがちですが，こういう難しい問題こそ，犯罪論の体系に沿って検討することが重要です。

（1）構成要件該当性

XはAを骨折させており，骨折は人の生理的機能の障害に当たりますから，Xの行為が傷害罪（204条）の構成要件の客観的要件を充足することは明らかです。

次に，ⓐ構成要件的故意の有無を考えます。構成要件的故意とは，構成要件に該当する事実の認識です。

ただ，「構成要件に該当する事実の認識」という定義自体が少し分かりづらいところがあります。これは，「構成要件に該当する事実が存在すると行為者が思っている」という意味ではありません。本問のXは，「傷害罪には当たらない」と思っていますので，「Xは傷害罪の構成要件に該当する事実が存在す

るとは思っていない」ともいえそうです。しかし，だからといって，構成要件的故意が否定されるわけではありません。

「構成要件に該当する事実の認識」というのは，「行為者が存在すると思っていた（思い込んでいた）事実は，法的に評価すれば構成要件該当性が認められるような事実だった」という意味です。「行為者が存在すると思っていた事実が本当に起きたら，構成要件該当性が認められる」と表現することもできます。

> 構成要件的故意 ＝ 構成要件に該当する事実の認識
> 　　　　　　　　＝ 行為者が存在すると思っていた事実を，法的に評価すれば，
> 　　　　　　　　　　構成要件該当性が認められること

そして先ほど述べたように，Xの認識のうち，事実に関する認識は，「AがBを襲っている」，「Aの頭に思いっきり回し蹴りをしよう」，「Aに大怪我をさせるかもしれない」という部分です。故意の有無を判断するときには，この部分，つまり行為者の認識のうち事実に関する部分に着目する必要があります。Xの認識のうち，「許されるだろう」とか，「傷害罪には当たらない」という部分は，法的評価の意識なので，ここでは関係ありません。

Xが認識していた事実，つまり，「Aの頭に思いっきり回し蹴りをして大怪我をさせる」という事実は，法的に評価すると，傷害罪の構成要件に該当します。したがって，Xは，傷害罪の構成要件に該当する事実を認識していたといえ，傷害罪の構成要件的故意が認められます。

> ＊　なお，判例・通説は，傷害罪の構成要件的故意は，有形的方法を用いた場合，暴行の認識で足りると考えています。これによると，XはAを蹴るという暴行の事実を認識しており，構成要件的故意が認められます。

ただし，ⓐ構成要件的故意が認められても，後でⓑ責任故意が否定されると，最終的に故意は認められないことになります。構成要件的故意が認められたというのは，暫定的な判断のようなものだと思っておいてください。

（2）　違法性阻却

次に，違法性阻却ですが，現実にはAはBを介抱していただけですから，急迫不正の侵害の要件を満たさず，正当防衛は成立しません。他の違法性阻却事由もありませんから，違法性は阻却しません。

（3） 責任故意＝違法性を基礎づける事実の認識

　さらに，責任の段階で，ⓑ責任故意の有無を判断します。責任故意とは，違法性を基礎づける事実の認識です。これも，「違法な事実が存在すると行為者が思っている」という意味ではなく，「行為者が存在すると思っていた（思い込んでいた）事実は，法的に評価すれば違法性を阻却しないような事実だった」，あるいは，「行為者が存在すると思っていた事実が本当に起きたら，違法性を阻却しない」という意味になります。

```
責任故意 ＝ 違法性を基礎づける事実の認識
       ＝ 行為者が存在すると思っていた事実を，法的に評価すれば，
         違法性を阻却しないこと
```

　Ｘが認識していた事実は，「ＡがＢを襲っている」，「Ａの頭に思いっきり回し蹴りをしよう」，「Ａに大怪我をさせるかもしれない」というものでした。この事実を法的に評価すると，正当防衛の要件のうち防衛行為の相当性の要件を満たさず，過剰防衛となります（なぜ防衛行為の相当性の要件を満たさないのかという詳細な説明は省略します）。過剰防衛は違法です。したがって，Ｘは違法性を基礎づける事実を認識していたということになり，責任故意が認められます（最決昭和62・3・26刑集41-2-182〔勘違い騎士道事件〕は，本問と類似した事案で，傷害の故意を肯定しています）。

（4） 違法性の意識とその可能性

a ▶ 違法性の意識は，故意とは無関係

　このように，Ｘには，ⓐ構成要件的故意とⓑ責任故意の両方が存在するため，故意が認められることになります。これで故意が認められること（㋐）は確定ですので，この後，故意が否定されることはありません。あとは，責任を阻却するかどうか（㋑）だけが問題になります。

　そこで，Ｘの認識内容のうち，評価に関する意識の部分に目を向けてみましょう。Ｘは，「自分の行為は許される」と思っています。「自分の行為は法的に違法と評価されない」と思っているのです。これは，ⓒ違法性の意識がないということです（ただし，違法性の意識の内容については争いがあります）。このように，違法性の意識がないことを違法性の錯誤と呼んでいます。

先ほど述べたように，構成要件的故意と責任故意がそろっている以上，故意があることは既に確定していますので，違法性の意識がないからといって，故意が否定されることはありません。それでは，責任が阻却されるかというと，通説は，違法性の意識がないというだけで責任が阻却されるとは限らないと考えています。

b ▶ 違法性の意識の可能性がないときには，責任が阻却される

ただし，ⓓ違法性の意識の可能性がなかったときには，責任阻却が認められます。違法性の意識の可能性がないというのは，「自分の行為が違法であると意識することが不可能だった」，つまり，「違法性の意識を欠いたことに相当な理由があった」という意味です。

> 違法性の意識の可能性の不存在
> ＝ 自分の行為が違法であると意識することが不可能だったこと
> ＝ 違法性の意識を欠いたことに相当な理由があったこと

もっとも，違法性の意識の可能性が否定されることは，ほとんどありません。公的機関の見解を信用した場合など，例外的な場合に限られます。本問でも，自分の行為が正当防衛の範囲を超える行為であり許されないということに気づくことは容易だったといえます。したがって，違法性の意識の可能性は否定されず，責任阻却は認められません。

このようにして，Xには傷害罪が成立します。

Step 5　刑の減免事由があれば検討する

（1）　36条2項の適用・準用と過剰防衛の刑の減免根拠との関係

さらに，誤想過剰防衛の場合に36条2項を適用・準用してよいかの検討が必要です。この点は，過剰防衛の刑の減免根拠と関係するとされています。

36条2項が過剰防衛について刑の減免を認めている根拠に関して，学説は，（ⅰ）違法性減少説，（ⅱ）責任減少説，（ⅲ）違法性・責任減少説に分けられます。

（ⅰ）違法性減少説は，法益侵害に対する防衛効果が生じた点で違法性が軽減されるという見解です。「確かに防衛行為が相当な範囲を超えてしまったことは悪かったが，だからといって，不正な侵害から正当な利益を守ったという事

実が否定されるわけではない。だから，過剰防衛は普通の犯罪より違法性の程度が低い」と考えるわけです。この見解によると，誤想過剰防衛の場合，現実には「不正な侵害から正当な利益を守った」という事実が存在しないわけですから，刑の減免を認めるべき実体がなく，36条2項の適用・準用は認められないことになります。

他方，(ⅱ)責任減少説は，恐怖，驚愕，狼狽等に基づく行為として責任が軽減されると主張します。「突然侵害を受け，慌てて防衛行為をやり過ぎてしまった気持ちも分かる。そんなに強くは責められない。だから，過剰防衛は普通の犯罪より責任の程度が低い」と考えるわけです。この見解からすると，誤想過剰防衛の場合は，現実には急迫不正の侵害は存在しなかったものの，恐怖，驚愕，狼狽等があったという点では過剰防衛と同じなので，36条2項の適用・準用を認めてよいということになります（前掲・最決昭和62・3・26）。

(ⅲ)違法性・責任減少説は，過剰防衛の刑の減免根拠として違法性減少と責任減少の両面を考慮する見解です。この見解からは，違法性減少と責任減少のどちらを重視するか，あるいは，違法性減少と責任減少の関係を「かつ」と捉えるのか「または」と捉えるのかによって，36条2項の適用・準用の可否について結論が変わってきます。

過剰防衛の刑の減免根拠		誤想過剰防衛における36条2項の適用・準用
違法性減少説	⇒	否定
責任減少説	⇒	肯定

（2） 過剰防衛の刑の減免根拠とは関係がない？

もっとも，36条2項の刑の減免根拠をどこに求めるかという問題と，誤想過剰防衛において36条2項による刑の減免を認めるべきかという問題とはあまり関係がないという理解も，有力です。

たとえば，違法性減少説に立ちながら，誤想過剰防衛において36条2項の適用・準用を肯定する見解も存在します。過剰防衛の事実，すなわち違法性減少を基礎づける事実しか認識していないときには，その限度でしか責任を負わないから，過剰防衛と同じように刑の減免が認められる余地があるというわけです。

　Xに成立する犯罪は1個だけですから，罪数処理の必要はありません。

Ⅲ　反対説の考え方も見ておこう

　ここまで，通説の立場を前提に説明してきましたが，故意と責任阻却の関係をめぐる他の見解についても，少し触れておきます。

　責任故意や違法性の意識について，学説は複雑に対立していますが，先ほど述べたように，結局は，ⓐ構成要件的故意，ⓑ責任故意，ⓒ違法性の意識，ⓓ違法性の意識の可能性という4つの要素を，㋐故意の問題と㋑責任阻却の問題のどちらに割り振るかという点に違いがあるにすぎません。

　通説は，ⓐとⓑを故意の問題に，ⓒとⓓを責任阻却の問題に位置づけています（制限責任説）が，通説より広く故意を認める見解もあれば，逆に，通説より故意を認めるのが厳格である見解もあります。前者の見解としては，ⓐさえあれば故意を認めてよく，ⓑ，ⓒ，ⓓは責任阻却の問題であるとする見解（厳格責任説）があります（この見解からは，違法性を基礎づける事実の認識を「責任故意」と呼ぶことはできません）。他方，後者の見解としては，ⓐとⓑに加えてⓒまたはⓓがあるときに故意を認める見解（制限故意説）や，ⓐ，ⓑ，ⓒがあってはじめて故意を認める見解（厳格故意説）があります。

　故意犯が過失犯より重く処罰される根拠は，規範に直面したといえる点にあるとされていますが，各説の対立は，どこまでの認識があれば規範に直面したといえるのかという点についての理解の違いが基礎になっているといえます。

	ⓐ構成要件的故意	ⓑ責任故意	ⓓ違法性の意識の可能性	ⓒ違法性の意識
厳格責任説	故　意	違法性の意識の可能性がないとき責任阻却		
制限責任説	故　意		違法性の意識の可能性がないとき責任阻却	
制限故意説	故　意			―
厳格故意説	故　意（違法性の意識はなかったがその可能性はあったときは過失）			

以下の事実について，X，Y の罪責を論じなさい。

　X は，脱税した金員を預け入れるために他人名義の預金口座を銀行で開設しようと考え，自分と顔立ちの似た友人の Y に事情を話し，「お前の名前で預金口座を開設させてほしい。謝礼として 20 万円用意する」と依頼した。

5　Y は，これを承諾し，Y の運転免許証を X に渡した。

　X は，A 銀行 B 支店に行き，口座開設申込書（以下「申込書」という）の氏名欄に「Y」と署名，押印し，窓口の係員 C に提出し，Y の運転免許証を提示した。C は，X を Y であると思い，Y 名義の預金口座を開設し，その口座の通帳とキャッシュカードを X に渡した。

10　なお，A 銀行では，犯罪による収益の移転防止に関する法律を踏まえ，他人名義の預金口座の開設には応じないこととされていた。

Ⅰ　まずは，文書偽造の罪の復習から

1　罪名の決め方

　本問の論点の 1 つは，偽造の罪です。まず，基礎の復習から始めます。

　多くの場合，罪名は，客体と行為の組合せによって決まります（Method ⇒）。文書偽造の罪も同じです。客体は公文書と私文書の 2 種類，行為は有形偽造と無形偽造の 2 種類（変造の点は省略します）。下の表のとおり，この 2×2 の組合せで罪名が決まります。これらの罪が，文書偽造の罪の基本型です。

> 多くの罪名は，客体と行為・結果の組合せで決まる

客体＼行為	有形偽造	無形偽造
公文書	公文書偽造罪（155 条）	虚偽公文書作成罪（156 条）
私文書	私文書偽造罪（159 条）	原則として不可罰 例外：虚偽診断書等作成罪（160 条）

2　客体——公文書と私文書

　公文書とは，公務所や公務員が職務上作成すべき文書をいいます。私文書は，公文書以外の文書です。

　　＊　たとえば，私人が勝手に住民票謄本を作成した場合，現実にその文書を作成し

たのは私人ですが，本来，住民票謄本は公務所や公務員が作成する「べき」（＝はずの）文書ですから，その文書は，私文書ではなく公文書です。

3　行為──有形偽造と無形偽造，行使

（1）　有形偽造

有形偽造とは，名義人と作成者の人格の同一性を偽ることをいいます。

まず，作成者とは，文字どおり，現実にその文書を作成した人のことです。ただ，「文書を作成した人」というのは，文字を書いた人という意味ではなく，文書に意思や観念を表示した人であると理解されています。刑法上，文書が保護される理由は，文字等が書かれているところにあるというよりは，「こんなことを証明したい」という意思や観念が表示されているところにあるからです。

次に，名義人とは，文書から認識される意思・観念の表示主体などと定義されています。現実はともかくとして，その文書から判断して，作成者であるように見える人のことです。

そうすると，作成者に見える人（名義人）と現実に作成した人（作成者）とが人格の違う別人であるのが，有形偽造であるということになります。簡単に言えば，別人に成りすまして文書を作成することです。

その際，文書の内容が真実か虚偽かは問わないということに注意してください。たとえ文書の内容が真実だったとしても，別人に成りすまして文書を作成すれば有形偽造です。なお，有形偽造は，単に「偽造」ということもあります。

（2）　無形偽造

他方，無形偽造とは，名義人と作成者の人格は一致しているが，虚偽の内容の文書を作成することです。「虚偽作成」ともいいます。

（3）　行使

こうした偽造に併せてよく出てくるのが，行使罪です。偽造された文書を他人に提出するなどして使用すると，行使罪（具体的には，158条の偽造公文書行使罪，161条の偽造私文書行使罪）が成立します。

4　事例問題で文書偽造の罪に気づくためには

事例問題を解くときの最初の作業は，「検討の対象となる行為を拾い出す」

ことですが，上記の点を踏まえると，文書偽造の罪の場合は，①別人に成りすまして文書を作成しているか（有形偽造），②虚偽の内容の文書を作成しているか（無形偽造），③そのような文書を使用しているか（行使）といった点に着目して，検討の対象となる行為を拾い出すといいと思います。

ただ，有形偽造は要注意です。後述するように，判例・通説によると，自分の名前で文書を作成しても，「別人に成りすました」として有形偽造に当たる場合があるからです。こういうときは，類型を覚えるのが学習のコツです。後述のとおり，有形偽造が特に問題となるのは，ⓐ肩書・資格の冒用，ⓑ通称名の使用，ⓒ代理権・代表権の冒用・濫用，ⓓ名義人の承諾という４つの類型です。これを頭に入れておくと，事例問題で有形偽造に気づきやすくなります。

Ⅱ　Ⅹの罪責

Step 1　検討の対象となる行為を拾い出す

以上のことを前提に，検討の対象となる行為を拾い出してみましょう。

Ⅹは，Ｙという別人に成りすまして申込書を作成しています。しかも，そのことについてＹの承諾を得ています（上記ⓓの「名義人の承諾」）。そこで，この行為（行為❶）については文書偽造罪の検討が必要になります。

また，申込書をＣに提出していますから，この行為（行為❷）については行使罪が問題になります。偽造罪と行使罪はセットのようなものです。偽造罪の後に行使罪を検討するのを忘れないようにしましょう。

さらに，そのような怪しい方法で通帳とキャッシュカードを取得していますから，この行為（行為❸）については財産犯が問題になりそうです。

このようにして，Ⅹの罪責について検討の対象となるのは，以下の行為です。

行為❶…申込書を作成した行為（6-7行目）
行為❷…申込書をＣに提出した行為（7行目）
行為❸…Ｙ名義の預金口座の開設をＣに申し込み，その通帳とキャッシュカードをＣから受け取った行為（6-9行目）

Step 2　一連の行為は，１個の行為として扱う

これらの行為は，特に一連の行為とするものではありません。

1 行為❶

　文書偽造の罪も，他の罪と同じように，客体 → 行為（文書偽造の罪の場合，結果は特にありません）の順に検討するのが分かりやすいと思います（Method ⇒）。

> 構成要件該当性の判断の順序は，客体 → 行為・結果 1-2

　まず，客体ですが，本問の申込書は，公文書ではないので，私文書です。

　次は，行為です。文書偽造というと，嘘の内容の文書を作成するという無形偽造をイメージしがちですが，刑法は，有形偽造を中心に処罰する立場を採用しています。そのため，行為については，①まず有形偽造かどうかを検討し，②有形偽造でないときに無形偽造かどうかを検討するという順序で判断します。

　したがって，偽造かどうかを判断するときに，まず着目するのは，文書の内容ではなくて，文書の名義人と作成者です。名義人と作成者の人格に不一致がないときにはじめて文書の内容に着目するわけです。

偽造の検討手順

①名義人と作成者に人格の不一致があるか → YES ⇒ 有形偽造 / NO ⇒ ②文書の内容は虚偽か → YES ⇒ 無形偽造 / NO ⇒ 偽造でない

　Ｘは，Ｙの名前で申込書を作成していますから，名義人と作成者の人格の同一性に偽りがあり，有形偽造に当たる可能性があります。

　このように，客体は私文書，行為は有形偽造の可能性があるので，検討する罪は私文書偽造罪ということになります。

（1）　本問で有形偽造の点を詳しく検討する理由その１

　申込書が「事実証明に関する文書」に当たることはいいとして，問題は，Ｘの行為が「偽造」つまり有形偽造に当たるかどうかです。本問では，Ｘの行為が有形偽造かどうかを詳しく検討する必要があります。なぜでしょうか。

　第１の理由は，本問の客体が私文書であることです。

最初の表を見て分かるように，客体が公文書の場合は，行為が有形偽造でも無形偽造でも犯罪が成立します（法定刑も同じ）。これに対して，客体が私文書の場合は，有形偽造であれば私文書偽造罪が成立しますが，無形偽造のときは原則として不可罰になるという大きな違いがあります。そのため，客体が私文書の場合には，有形偽造かどうかが特に重要になるのです。

（2）　本問で有形偽造の点を詳しく検討する理由その２

　第２の理由は，Ｙの名義の使用をＹが承諾していることです。

　客体が私文書だとしても，無断で全く別人の名義の文書を作成すれば，有形偽造に当たることは明らかですから，詳しく検討する必要はありません。

　有形偽造かどうかを詳しく検討する必要があるのは，以下の場合です。

> 名義人と作成者が事実上は同一人物であるが，
> 法的な観点から判断して，その文書を作成することが許されていない場合

　判例・通説は，たとえ名義人と作成者が事実上同一人物であっても，法的な観点から判断して名義人と作成者が別人格といえるときには有形偽造に当たると解しています。ただ，どのような場合に名義人と作成者が別人格といえるのかの判断が非常に難しいのです。

　上で述べたとおり，具体的には以下の４つの場合があります。

> **有形偽造に当たるかどうかが特に問題となる場合**
> ⓐ 肩書・資格の冒用
> 　（自分がもっていない肩書や資格を自分の名前に付けて文書を作成した場合）
> ⓑ 通称名の使用（本名ではなく，通称で文書を作成した場合）
> ⓒ 代理権・代表権の冒用・濫用
> 　（代理権や代表権がないのに，代理人や代表として文書を作成した場合）
> ⓓ 名義人の承諾（他人の承諾を得てその人の名義で文書を作成した場合）

　上述のとおり，Ｘの行為は，ⓓの類型に当たります。

（3）　名義人と作成者は，事実上，同一人物？

　Ｘの行為が有形偽造に当たるかどうか，具体的に考えてみましょう。

　有形偽造とは，名義人と作成者との人格の同一性を偽ることですから，有形偽造に当たるかどうかの判断は，以下のような手順をとることになります。

　①申込書はYの名前で作成されており，申込書から判断すると，Yが作成者に見えますから，Yが名義人です。

　②作成者は誰でしょう。本来，名義人が自己の名義の使用を他人に承諾すれば，名義人の意思・観念がその他人を通じて文書に表示されるので，名義人が作成者になるのが，原則です。本問でも，YがXに承諾を与えることによって，「Y名義の預金口座を開設する」というYの意思・観念がXを通じて現実に申込書に表示されているので，本来なら，Yが作成者になるはずです。

　③そこで，事実上，名義人と作成者はともにYで一致しているから，有形偽造には当たらないという見解もありえます（【図1】）。

（4）　名義人と作成者は法的には別人格？

　これに対して，先ほど，判例・通説は，法的な観点から判断して名義人と作成者が別人格といえるかどうかを決めていると言いました。「法的な観点から判断して」というのは，どういうことでしょうか。

　それは，文書の性質・機能（その文書がどのような場面で使用されるのか，何の目的で作成されたのか）に着目しつつ，その文書はどのような人が作成したために信用されるのか，どのような人がその文書に意思を表示することが求められているのかという観点から，名義人が誰か，作成者が誰かを特定し，両者の人格の同一性を判断するということです。「文書の性質・機能に着目して名義人と作成者を特定する」というところに注意してください。

　本問の申込書は，他人名義の口座の開設が認められないことから，誰がどのような預金口座を開設し使用するのかを確認することを目的として作成される文書であり，口座の名義人自身が作成するからこそ信用される文書です。そうだとすると，申込書について口座の名義人が他人に名義の使用を承諾することは許されないので，Yは，Xを通じてYの意思・観念を表示させたとはいえず，Xが「口座を開設したい」というXの意思・観念を表示させたといえます。

このように，名義人は「Y」，作成者は「X」ということになり，両者の人格の同一性に偽りがあるので，有形偽造に当たります（【図2】）。

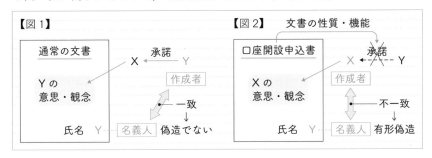

「他人の印章……署名を使用して」（有印），故意，「行使の目的」といった要件も充足しているので，Xには有印私文書偽造罪が成立します。

刑の減免事由は，ありません。

2　行為❷

Step 3	その行為について検討する罪を決める
Step 4	その罪の成立要件に当てはめ，犯罪の成否を判断する
Step 5	刑の減免事由があれば検討する

Xは，申込書をCに提出しており，これは他人に文書を認識させるものですので，偽造有印私文書行使罪に当たります。刑の減免事由はありません。

3　行為❸

Step 3	その行為について検討する罪を決める

行為❸について，まず客体から見ると，通帳とキャッシュカードという財物がCからXに移動していますから，移転罪，1項犯罪の成立可能性があります（Method ⇒）。

> 移転罪の罪名は，客体と行為・結果の組合せで決めよう

次に方法は，というと，Xは嘘をついています。そこで，1項詐欺罪（246条1項）の成否を検討します。

Step 4	その罪の成立要件に当てはめ，犯罪の成否を判断する

（1）　欺く行為の検討は重要

　1項詐欺罪が成立するためには，①欺く行為 → ②相手方の錯誤 → ③錯誤に基づく交付行為（処分行為）→ ④財物の取得という流れが必要です。このうち最も重要なのが，①欺く行為です。詐欺罪の特徴は，（特に窃盗罪との区別において）②錯誤や③交付行為にあるのですが，欺く行為は詐欺罪の実行行為なので，まずは，欺く行為のところで，錯誤や交付行為を生じさせる危険性を有する行為であるかどうかを慎重に判断する必要があるのです。

（2）　欺く行為かどうかの検討手順

　欺く行為とは，財物の交付に向けて人を錯誤に陥れ，交付の判断の基礎となる重要な事項を偽ることをいうと定義されます。つまり，欺く行為というためには，㋐財物の交付に向けた偽りであること，㋑重要な事項に関する偽りであることが必要ということになります。

　事例において欺く行為に当たるかどうかを判断するときには，まず行為者の述べた嘘の内容を明らかにすることが重要になります。その上で，その嘘が㋐財物の交付に向けた嘘か，㋑重要な事項に関する嘘かを検討していきます。

> **欺く行為の検討手順**
> ① 行為者の述べた嘘の内容を明らかにする
> ② その嘘が財物の交付に向けた嘘か，重要な事項に関する嘘かを検討する

（3）　重要事項性が問題になるのはどのようなときだろう？

　本問では，㋑重要な事項の偽りかどうか（重要事項性）が問題になります（㋐については，第11問で詳しく検討します）。重要事項性について詳しい検討が必要になるのは，嘘の内容が相手方に財産的な損害を生じさせるものといえるか疑わしい場合です。具体的には，以下の場合です。

> **重要事項性が特に問題となる場合**
> ⓐ 相手方が本当のことを知っていたとしても，財物を交付していたと考えられる場合（交付時期を早めたにすぎない場合など）
> ⓑ 交付された財物の財産的価値に相当する反対給付がある場合
> ⓒ 取引の財産的な損得とはあまり関係のない事項（行為者の地位・身分・属性，取

本問で，X が述べた嘘は，X ではなく Y という預金口座の名義です。ただ，他人名義の口座を開設して通帳やキャッシュカードを交付しても，銀行にとっては顧客が増えるだけで，財産的には損がないともいえます。その点では，誰が口座を開設し使用するかは，銀行にとって財産的な損得とは関係ない事情です（©の類型）。そこで，本問では重要事項性の検討が必要となるのです。

この点については，（ⅰ）反社会的勢力の排除などの社会的目的も重要な事項に当たるとする見解，（ⅱ）銀行の経営状態や信用に関係するから財産的な損得に影響するといえ，重要事項性が認められるとする見解，（ⅲ）重要事項性を否定する見解などが考えられます。判例（最決平成 14・10・21 刑集 56-8-670）は，類似の事案で 1 項詐欺罪の成立を認めています。

刑の減免事由は，ありません。

Step 6　罪数処理をする

まず，犯罪の個数については，上記の罪はどれも一罪とすることはできません。次に，各犯罪の関係については，有印私文書偽造罪と偽造有印私文書行使罪，それと 1 項詐欺罪は，Method 19 で説明したとおり，それぞれ目的と手段の関係にあるので，牽連犯となり，全体が科刑上一罪です。

Ⅲ　Y の罪責

Step 1　検討の対象となる行為を拾い出す

Step 2　一連の行為は，1 個の行為として扱う

Y の罪責について検討の対象となる行為は，以下の 1 つだけです。

行為❶…X に対して Y 名義の口座開設を承諾した行為（5 行目）

検討する行為は 1 つですから，一連の行為かどうかの検討は不要です。

Step 3　その行為について検討する罪を決める

Y は，X が上記の罪を行うことを認識しているので，共犯の成否が問題になります。®関与形式については，明らかに間接正犯ではないので，共同正犯か

狭義の共犯（特に幇助犯）の可能性があります。

　他方，Ⓐ各則上の罪名については，Ｙの関与形式が共同正犯であれ幇助犯であれ，Ｘに成立した各罪がＹにも成立するかを検討することになります。Ｙは実行行為を全く行っていない背後者であるため，Ｘに成立する罪がＹにとっても基準になるからです（Method ⇒）。

共同正犯では，関与者の行為を合わせて判断しよう
10-2

狭義の共犯では，正犯行為の構成要件該当性が基準
10-3

Step 4	その罪の成立要件に当てはめ，犯罪の成否を判断する
Step 5	刑の減免事由があれば検討する
Step 6	罪数処理をする

　Ⓑ関与形式については，共同正犯の可能性を考えます。実行行為を行っていない者に共同正犯の成立を認めるには，正犯性について詳しい検討が必要です（Method ⇒）。

共同正犯の正犯性は，正犯意思と重大な寄与で判断
12-1

　ＸとＹの間には各罪の実行について意思の連絡がある上に，Ｙは，高額の報酬目当てにＸの依頼を引き受けており，正犯意思が認められます（Method ⇒）。また，Ｙの協力がなければ口座を開設できなかったので，ＹがＸの依頼を承諾し，Ｙの運転免許証をＸに渡したことは，重大な寄与であるといえます（Method ⇒）。このように，共謀の成立が認められ，また，Ｘは共謀に基づいて実行行為を行ったといえ，共同正犯が成立します。

正犯意思は，動機・意欲，積極性に着目
12-2

重大な寄与は，人的関係，謀議，準備行為等に着目
12-3

　Ⓐ各則上の罪名については，Ｙは，すべての事情を認識してＸの犯行に関与しているので，Ｘと同じ罪が成立し，それぞれ共同正犯が成立します。

> 　＊　有形偽造は，別人が名義人に成りすます行為なので，名義人自身は有形偽造をやりたくてもできません。そこで，私文書偽造罪は，名義人以外の者だけが主体となりうる身分犯であるという理解もありえます。その場合は，名義人であるＹは非身分者であるということになり，65条1項の適用が必要になります。
> 　　ただ，身分というのは，それを有することが特殊である場合であり，名義人でないことは，むしろ通常のことであるから身分には当たらないという見解が多数かもしれません。それによると，65条1項の適用は不要です。

　刑の減免事由はありません。罪数関係も，Ｘと同じです。

以下の事実について，Ｘの罪責を論じなさい。

1　暴力団Ａ組の組員Ｘは，敵対する暴力団Ｂ組の幹部Ｃの殺害を企て，まずピストルでＣの腕を撃ち，30分ほどかけてＣを脅しながらＢ組の情報を聞き出し，そのすぐ後にＣを射殺するという計画を立てた。

5　Ｘは，4月1日午後11時ころ，人通りの少ない路上を1人で歩いていたＣに近づき，上記の計画に従ってＣの腕を撃った。Ｘは，軽傷を負ったＣを約50ｍ離れた公園に連れて行き，Ｂ組の情報を聞き出そうとしたが，偶然，警ら中の警察官が通りかかったため，逃走した。

2　この一件によりＣが警護を固めたことから，Ｘは，Ｃを直接襲うことは難しいと考え，見舞い品の名目で毒入りの酒をＣに送り，Ｃを殺害しようと考えた。4月21日，Ｘは，宅配便の集配所から，偽名を用いて見舞い品として毒入りの酒をＣ宛てに発送した。

しかし，翌22日，宅配便の配達員が誤ってＣの隣家のＤ宅に酒を届け，Ｄは，誤配であることに気づかずその酒を受け取った。Ｄは，酒を飲まなかったため，そのうち友人が遊びに来たら飲ませようと思い，酒の瓶を居間のテーブルに置いた。

5月1日，Ｄの友人のＥが酒を飲みにＤ宅を訪れたが，ＤとＥは口論となり，かっとなったＤは，殺意を抱き，テーブルに置いてあった上記瓶でＥの頭部を殴打し，Ｅは，頭蓋骨骨折により死亡した。

Step 1	検討の対象となる行為を拾い出す
Step 2	一連の行為は，1個の行為として扱う

Ｘの罪責について検討の対象となるのは，以下の行為です。

行為❶…ピストルをＣに向けて発砲した行為（6行目）

行為❷…毒入りの酒をＣ宅に送った行為（12行目）

2つの行為は，20日間も時間的間隔が空いており，別個の行為です。

1　行為❶

Step 3	その行為について検討する罪を決める

Ｘは，Ｃに傷害を負わせる意思で，実際にもＣに傷害を負わせたので，傷

害罪（204条）が成立するようにも思えます。しかし，最終的にはCを殺害する計画だった（しかし，殺害できなかった）ことから，殺人未遂罪（203条，199条）の成立も考えられます（Method ⇒）。まずは，重い罪である殺人未遂罪の成立の可能性を探ってみることにします（Method ⇒）。

仮説のヒントは，事実と意思　2-2

できるだけ重い罪の成立可能性を探ろう　2-1

| Step 4 | その罪の成立要件に当てはめ，犯罪の成否を判断する |
| Step 5 | 刑の減免事由があれば検討する |

（1）実行の着手

a ▶「危険」という言葉には2つの意味がある

未遂罪を成立させるためには，実行の着手が認められることを示す必要がありますが，本問では，行為❶の時点で殺人罪（199条）の実行の着手が認められるかどうかを詳しく検討することが求められます。なぜでしょうか。

実行の着手は，結果発生の現実的危険の惹起といわれますが，ここで注意しなければならないのは，「危険」という言葉の意味です。「危険」という言葉は，様々な場面で登場しますが，以下のとおり2つの違う意味で使われます。

> 「危険」の2つの意味
> ㋐ その行為が結果を発生させる性質を備えていること
> ㋑ 結果発生が目前に近づいていること

b ▶ 実行の着手が問題になるのは，どのような場合だろう？

普通，㋐の意味での危険な行為が行われれば，その時点で㋑の意味での危険も認められます。たとえば，殺意をもって包丁で被害者の心臓を突き刺す行為は，死亡の結果を発生させる性質を有する㋐の意味での危険な行為ですが，それと同時に，死亡の結果発生が目前に近づいていて，㋑の意味での危険も認められ，実行の着手も肯定されます。このような場合には，2つの危険の意味の違いを意識する必要はあまりありません。

逆に言うと，この2つの意味の危険がずれたときに，実行の着手の判断が特に問題になるのです。具体的には，以下の場合が考えられます。

> **実行の着手時期が特に問題となる場合**
>
> ⓐ 結果発生が目前に近づいているが，
>   結果を発生させるための行為をまだやり終えていない場合
> ⓑ 結果を発生させるための行為は全部やり終えたが，
>   まだ結果発生が目前に近づいているとはいえない場合

c ▶ ⓐの類型について考えてみよう

　まず，ⓐの類型です。空き巣の事例でいうと，他人の家で金品を物色している時点で「もう少しで金品が盗まれる」という差し迫った危険（④の意味での危険）を感じますが，窃盗罪を完成させるには，物色の後，さらに現金を手でつかんで鞄に入れるなど，財物の占有移転という結果を発生させる行為（⑦の意味での危険な行為）が必要です。そのような行為がまだ行われていないのに，物色の時点で窃盗罪の実行の着手を認めてよいかが問題となるわけです。

　これを抽象的に言えば，単なる準備行為である第1行為と，結果を発生させる第2行為が予定されている場合に，第1行為が行われた時点で結果発生が目前に近づいたといえれば，その時点で実行の着手を認めてよいかというのが，ⓐの類型の問題です。

　本問の事実1も，ⓐの類型に当たります。Xの計画では，30分後にCを殺害する予定でしたから，Xが路上でピストルを発砲した時点で，死亡の結果発生が目前に近づいていたといえますが，死亡の結果を発生させる行為（＝30分後の発砲）は，まだ行われていないからです。

d ▶ 結果を発生させる意思のない行為

　しかし，このようにいうと，こんな疑問が湧くかもしれません。「行為❶は，ピストルの発砲という危ない行為なんだから，④の意味の危険だけでなく，⑦の意味での危険な行為もある。そうだとすれば，その時点で実行の着手が認められるのは当然じゃないか」という疑問です。

　確かに，そのように考えて，実行の着手を肯定する（その上で故意の有無を

問題とする）見解は有力です。しかし，そうではない見解も存在するため，やはり実行の着手について検討する必要があるのです。

Method 17 で，故意があってはじめて故意犯の実行行為が認められると述べました（Method ⇒）。このような理解に立つと，たとえ客観的には結果を発生させるような行為が行われたとしても，故意がなければ実行行為とはいえないということになります。本問でいうと，X は，行為❶によって C を死亡させようと考えていたわけではなく，30 分後の発砲によって C を死亡させようと考えていたので，行為❶の時点では殺人の故意がなかったともいえます。そこで，行為❶の時点で殺人罪の実行の着手を認めてよいかが問題となるわけです。

> 故意がなければ，故意犯の実行行為は始まらない
>
> 17-1

こう考えると，ⓐの類型にも以下の 2 つの場合があることになります。

ⓐ-1　結果を発生させる行為が現実にまだ行われていない場合
ⓐ-2　結果を発生させる行為が現実には行われているが，
　　　行為者はやり終えていないと思っている場合

e ▶ 解決

この点については，第 1 行為の時点で故意がないように見えても，第 1 行為と第 2 行為が一連一体の行為といえるときには第 1 行為の時点で故意を認めてよいし，実行の着手も認められるという見解が有力です。判例（最決平成 16・3・22 刑集 58-3-187）も，行為者の計画を考慮しつつ，①第 1 行為の必要不可欠性，②結果発生の障害となる事情の不存在，③第 1 行為と第 2 行為の時間的・場所的近接性から，両行為の密接性と第 1 行為における危険性があれば，第 1 行為の時点で実行の着手が認められるとしています。

本問では，①30 分後の発砲を行うためには行為❶によって C を弱らせる必要があったこと，②現場は夜間で人通りが少なく，じゃまが入りづらい状況だったこと，③30 分後の発砲まで時間的，場所的に近接していることなどから，2 つの行為は密接といえ，行為❶の時点で実行の着手が肯定されます。

（2）　故意

実行の着手を肯定したときには，次に故意の成否が問題になります。X は，行為❶によって C を死亡させようと思っていたわけではないからです。ただ，

結論としては，行為❶と 30 分後の発砲が一連一体の行為といえる以上，行為
❶の時点で殺人罪の故意を認めてよいということになります。

このように，殺人未遂罪の成立が認められます。刑の減免事由はありません。

2 行為❷

Step 3 | その行為について検討する罪を決める

行為❷については，3 つの犯罪について検討する必要があります。被害者と
考えられる人が 3 人いるからです（Method ⇒）。

第 1 は，C に対する罪です。毒入りの酒は C 宅に届

かず，C は無事でした。しかし，X は C を殺害する意

思で行為❷を行った以上，殺人未遂罪の成否を検討する必要があります。

> 「犯罪の個数は法
> 益侵害の個数」が
> 原則　19-2

第 2 は，E に対する罪です。X には E を殺害する意思はありませんでしたが，
人を殺害する意思で行為❷が行われ，かつ，結果として E が死亡しているため，
殺人罪の成否を検討します。

第 3 に，D に対する罪も忘れてはいけません。X には D を殺害する意思は
ありませんし，D は死亡してもいません。ただ，人を殺害する意思で行為❷が
行われている以上，殺人未遂罪が成立しないかを考えてみる必要があります。

Step 4 | その罪の成立要件に当てはめ，犯罪の成否を判断する

Step 5 | 刑の減免事由があれば検討する

（1）　C に対する殺人未遂罪

a ▶ 間接正犯における実行の着手（ⓑの類型）

　C に対する殺人未遂罪に関しても，実行の着手について詳しく検討する必要があります。行為❷は，事情を知らない配達員を利用する間接正犯であり，「間接正犯における実行の着手」という論点なのですが，間接正犯における実行の着手がなぜ論点になるのかというと，上述したⓑの類型に当たるからです。

　X は，毒入りの酒の発送という行為❷を行ったことにより，C を殺害するための行為は全部やり終えました。あとは，酒が C 宅に届いて C がそれを飲むのを待つだけです。ただ，酒が C 宅に届くのは翌日ですから，C がそれを飲むのも翌日か，それ以降になります。つまり，行為❷と C の死亡の間には時間的間隔があるため，行為❷の時点で結果発生が目前に近づいているとは言いづらいのです。そこで，行為❷が行われた時点で実行の着手が認められるのか，それとも，もっと遅い時点を実行の着手とすべきかが問題となるわけです。

b ▶ 見解の対立

　この点については，結果を発生させる行為をやり終えた時点で実行の着手を認める見解と，結果発生が差し迫った時点で実行の着手を認める見解があります。前者の見解からは，X が酒を発送した時点で実行の着手が肯定されます。殺人の故意もありますから，X には殺人未遂罪が成立することになります。

　他方，判例（大判大正 7・11・16 刑録 24-1352）は，後者の見解に立っています。これによると，本問では，毒入りの酒が C 宅に到着してはじめて実行の着手が認められますが，実際にはそれには至らなかったので，実行の着手は否定されます。殺人未遂罪は成立せず，殺人予備罪（201 条）となります。

（2）　E に対する殺人罪

a ▶ 因果関係

（a）　因果関係が問題になるのは，どのような場合だろう？

　E に対する殺人罪については，酒の送付という実行行為と E の死亡との間

に因果関係があるかが論点になります。

　因果関係について深く検討する必要があるのは，「普通ならそんな結果は起きないのに，特殊な事情があったために結果が起きてしまった」という場合です。ポイントは，「特殊な事情」です。特殊な事情というのは，一般人や行為者が予測していなかったような事情のことです。特殊な事情の異常性が高ければ高いほど，また，特殊な事情が結果発生に与えた影響が大きければ大きいほど，因果関係の点を詳しく検討する必要があります。

　特殊な事情は，実行行為の時点で存在する場合と，実行行為の後に発生する場合があります。そこで，因果関係が問題になるのは，以下の２つの場合です。

> 因果関係が特に問題となる場合
> Ⓐ 実行行為の時点で特殊な事情が存在する場合
> Ⓑ 実行行為と結果の間に特殊な事情が介在する場合

　Ⓐの類型としては，被害者に特異体質や疾患があった事例がよく出てきます。たとえば，普通だったら人を死亡させるほどの暴行ではないのに，被害者が血友病だったために軽い暴行を受けて死亡したという場合です。血友病という特殊な事情は，実行行為の時点で既に存在しています。

　Ⓑの類型は，実行行為の後に，予測していなかったような誰かの行為が行われた場合です。「誰かの行為」というのは，被害者の行為の場合もあれば，行為者自身の行為の場合もありますし，どちらでもない第三者の行為の場合もあります。また，実行行為の後に事故や災害が起きたという事例も考えられます。

　Ⓑの類型で，行為後に起きた特殊な事情は介在事情と呼ばれています。実行行為と結果の間にはさまれて存在しているからです。

```
                特殊な事情（被害者・行為者・第三者の行為など）← Ⓑの類型
                  ⇩
  実行行為 ─────────────────────────────────→ 結果
    ⇧
  特殊な事情（被害者の特異体質など）← Ⓐの類型
```

　本問は，Ⓑの類型に当たります。行為❷を行った時点では特殊な事情はありませんが，行為❷とＥの死亡との間に特殊な事情が介在しています。それは，①配達員が誤ってＤ宅に酒を配達したこと，②Ｄがその酒の瓶でＥを殴打し

たことです。これらの事実は，少なくともそんなに頻繁に起きることではありません。また，②の事実は，頭蓋骨骨折という E の死因を形成しました。そのため，本問では因果関係について詳しく検討する必要があるのです。

（b） 解決

判例は，実行行為の危険が現実化したときに因果関係を認めています。実行行為が結果発生の直接の原因を形成した場合（最決平成 2・11・20 刑集 44-8-837）か，そうでなくても実行行為が介在事情を誘発した場合（最決平成 4・12・17 刑集 46-9-683）には，実行行為の危険が現実化したといえます。

本問では，X の酒の送付と E の死亡との間に条件関係はあります。しかし，E の死因を形成したのは，介在事情である D の殴打であって，X の実行行為ではありません。また，D が殺意を抱いて E を殴打することは異常性が高く，X の酒の送付によって誘発されたとはいいがたいでしょう。このように考えると，X の行為の危険が現実化したとはいえず，因果関係は否定されます。

b ▶ 錯誤

次は，故意の検討です。X には E を殺害する意思はなかったのに，実際には E の死亡という事実が発生した。つまり，主観と客観が食い違っているので，錯誤が問題になります。X が認識していたのは，C に対する殺人罪です。これに対して，実際に発生したのは，E に対する殺人（未遂）罪です。両者は構成要件としては同じですから，具体的事実の錯誤に当たります。

具体的事実の錯誤については，法定的符合説（抽象的法定符合説）と具体的符合説（具体的法定符合説）が対立しています。前者からは，認識した事実と発生事実とが同一の構成要件に属する以上，故意が認められるので，本問でも殺人罪の故意が肯定されて，X に殺人未遂罪が成立します（因果関係の否定により未遂罪となります）。これに対して，後者からは，被害者が異なる法益主体であるときには，故意が否定されますので，X に殺人未遂罪は成立しません。

　　＊　X の行為は，そもそも E の生命を侵害する危険性を有していなかったと考えれ

ば，殺人未遂罪も成立しないことになります。

（3）　D に対する殺人未遂罪

a ▶ 実行の着手

D 宅に毒入りの酒が届き，D がいつそれを飲んでもおかしくない状態になっています。したがって，切迫した結果発生の危険があるといえ，どの見解からも，D に対する殺人未遂罪について実行の着手を認めることは可能です。

b ▶ 因果関係について検討する必要がある？

X の行為の後，配達員による誤配という特殊な事情が発生しているので，因果関係の検討が必要であると考えた人もいるかもしれません。確かに，先ほど，因果関係のポイントは特殊な事情であると言いました。しかし，特殊な事情があったからといって，すぐに因果関係の論点に飛びついてはいけません。

そもそも因果関係とは，行為と結果の間に一定の関係があることをいいます。ということは，結果が発生しなければ，因果関係を検討する余地もありません。未遂犯というのは，実行行為は行われたものの，既遂の結果が発生しなかったという場合です。そのため，未遂犯の場合には結果は発生していない以上，因果関係を検討する余地はないというのが，多数の理解です。

> ＊　未遂結果の発生を未遂犯の成立要件として要求する見解もあり，これを前提とすれば，未遂犯の場合にも実行行為と未遂結果との間の因果関係を検討することになります。しかし，そのような見解に立つわけでもなく，特殊な事情が発生したから何となく因果関係を検討するというのは，妥当ではありません。

c ▶ 故意

故意については，E に対する罪のところで述べたことが当てはまります。

上記のいずれの犯罪についても，刑の減免事由はありません。

Step 6　罪数処理をする

行為❷について，C に対する殺人未遂罪，D に対する殺人未遂罪，E に対する殺人未遂罪の成立を認めた場合，まず犯罪の個数については，それぞれ被害者が違うので，一罪とすることはできません。次に各犯罪の関係については，行為❷は毒入りの酒の発送という１個の行為が複数の罪に該当しているので，観念的競合です。これと行為❶の殺人未遂罪とは併合罪となります。

以下の事実について，Xの罪責を論じなさい。

1　医師Xは，患者A（女性，12歳）と親しくなり，Aの様子から，わいせつな行為をしてもAは受け入れてくれるだろうと思い込み，診療所においてAにわいせつな行為をした。しかし，Aにそのような気持ちはなかったため，Aは，Xの行為を拒絶し，その場から逃げ出した。

　　XがAに口止めをするためAを追いかけたところ，Aは，気が動転するとともに恐怖心から周囲をよく見ずに走ったため，川に転落して頭部を強打し，死亡した。Xは，それを見て，Aがまだ生存していると思い，とどめを刺すため，石でAの頭部を殴打し，逃走した。

2　他方，Xは，B（女性）と交際しており，本心ではBと結婚する意思はなかったが，Bとの交際を継続するため，Bには「結婚しよう」と言っていた。しかし，XがなかなかBと結婚しようとしないため，Bは，次第にXに結婚を強く迫るようになった。困ったXは，Bの体調を悪化させて関心をそらそうと考え，Bに対し，血圧を安定させる薬であると嘘を言い，めまいを惹き起こす薬を与え，服用するよう指示した。Bは，Xの指示どおりに2週間にわたり毎日その薬を服用し，その結果，ふらつきの症状が出るなど体調が悪化した。

3　それでも，BがXに結婚してくれるよう求めてきたことから，Xは，Bが不治の病であると誤信させてBを自殺に追い込もうと企てた。Xは，Bに対し，「顔色が悪いけど，大丈夫か。診てやろう」と言い，上記の診療所においてそれらしい検査をした後，Bに対し，「不治の病にかかっている。余命は1か月程度だ」と嘘を述べた。Bは，医師であるXの言葉を信用した。Xは，「君が弱っていく姿を見たくない。その前に自ら生命を絶ってほしい。僕のことを想うなら，そうしてくれ」とBに提案した。Xは，混乱している様子のBに対し，「君もそのほうが楽だろう。苦しまずに死ねる薬がある」などとたたみかけた。Bは，Xの提案に納得し，承諾した。そこで，Xは，致死量の毒薬をBに渡し，Bは，その毒薬を自ら飲んで，死亡した。

Ⅰ　被害者の同意

　本問のテーマの1つは，被害者の同意（承諾）です。

被害者の同意というと，教科書では違法性阻却のところで取り上げられることが多いので，「被害者の同意は違法性阻却の問題」というイメージがあるかもしれません。しかし，被害者の同意は，違法性阻却の問題とは限りません。

被害者の同意が問題になるのは，個人法益に対する罪の場合ですが，以下の4つの類型に分けられます。

ⓐ 同意により 構成要件該当性が否定される 場合（住居侵入罪，窃盗罪など）
ⓑ 同意により 軽い構成要件に該当する 場合（殺人罪・同意殺人罪など）
ⓒ 同意により 違法性が阻却される 場合（傷害罪など）
ⓓ 同意があっても 犯罪の成立を妨げない 場合
　　（13歳未満の者に対する強制性交等罪・強制わいせつ罪など）

▶ 被害者の同意があった場合の犯罪の成否

	ⓐ住居侵入罪，窃盗罪 など	ⓑ殺人罪・同意殺人罪 など	ⓒ傷害罪 など	ⓓ13歳未満の者に対する強制性交等罪 など
構成要件該当性	×	○ 重い罪⇒軽い罪	○	○
違法性		○	×	○
責任		○		○
犯罪の成否	不成立	成立	不成立	成立

このように，類型によって犯罪論の体系のどこで論じるかが違います。そのため，どの類型かを見極める必要があります。

　　＊　なぜ上記のように分類されるのかを確認しておきましょう。
　　住居侵入罪の「侵入」とは，住居権者の意思に反して立ち入ることをいい，窃盗罪の「窃取」は，占有者の意思に反して財物の占有を移転させることです。被害者が同意していたら，「意思に反して」とはいえないので，「侵入」や「窃取」に当たりません。そのため，ⓐの類型は，被害者の同意があると構成要件該当性が否定されるのです。
　　それに対して，傷害罪の「傷害」とは人の生理的機能の障害をいい，被害者の「意思に反する」必要はありません。そのため，ⓒの類型では，被害者の同意があっても構成要件該当性は肯定され，違法性阻却の有無が問題になるわけです。
　　また，生命といった重大な法益については，被害者の同意があっても完全に不処罰にすることはできません。そこで，ⓑの類型では，被害者の同意があったときには軽い罪が規定されています。

13歳未満の者には十分な判断能力がないため，ⓓの類型では，たとえ同意があったとしてもそのまま犯罪が成立することとされています。

＊　社会法益に対する罪や国家法益に対する罪の場合は，被害者らしき人が同意していたとしても，犯罪の成立は否定されません。第6問で，文書偽造の罪について「名義人の承諾」という論点を扱いましたが，文書偽造の罪は社会法益に対する罪ですから，「名義人の承諾」は，被害者の同意とは別の問題です。

Ⅱ　Xの罪責

Step 1	検討の対象となる行為を拾い出す
Step 2	一連の行為は，1個の行為として扱う

　Xの罪責について検討の対象となるのは，以下の行為です。

　行為❶…Aに対するわいせつ行為（3-4行目）

　行為❷…Aの頭部を石で殴打した行為（9行目）

　行為❸…Bに嘘を述べて誤った薬を服用させた行為（14-16行目）

　行為❹…Bに嘘を述べて毒薬を服用させた行為（21-28行目）

　一連の行為といえるものはありません。順番に検討していきます。

1　行為❶

Step 3	その行為について検討する罪を決める
Step 4	その罪の成立要件に当てはめ，犯罪の成否を判断する
Step 5	刑の減免事由があれば検討する

（1）　強制わいせつ罪

　Xの行為は，「13歳未満の者に対し，わいせつな行為をした」に当たり，強制わいせつ罪（176条）の客観的要件を充足します。ただ，故意は阻却されないかが問題になります。Xは，Aがわいせつ行為に同意していると誤信していたからです。

　第5問で述べたように，構成要件的故意が認められるのは，行為者が存在すると思っていた事実を法的に評価すると構成要件該当性が認められる場合です。Xが存在すると思っていた事実は，「12歳のAの同意を得てわいせつな行為を行う」という事実です。この事実を法的に評価したときに強制わいせつ罪の構成要件該当性が認められるかが問題になります。

先ほど述べたように，13歳未満の者に対するわいせつ行為は，上記の⑩の類型です。たとえ同意があったとしても，13歳未満の者にわいせつ行為を行った以上は，強制わいせつ罪の構成要件に該当します。そうすると，「12歳のAの同意を得てわいせつな行為を行う」というXの認識していた事実は強制わいせつ罪に該当する事実だったといえ，故意は認められます。Aに同意があると誤信していたことは，故意の有無に影響しないということになります。

このようにして，強制わいせつ罪が成立します。

（2） 強制わいせつ致死罪

ただ，ここで検討を終えてはいけません。強制わいせつ罪は，結果的加重犯が規定されている犯罪です（Method ⇒）。わいせつ行為の後，Aは死亡しています。そこで，強制わいせつ致死罪（181条1項）が成立しないかを検討してみる必要があります。

> 結果的加重犯には要注意 18-1

Aは川に転落したことによって死亡したのですが，わいせつ行為を行った者から追いかけられれば気が動転して周囲をよく見ずに逃げて事故が起きるということは異常とはいえません。したがって，強制わいせつ行為とAの死亡との間には因果関係が認められ，強制わいせつ致死罪が成立します。

刑の減免事由はありません。

2　行為❷

Step 3　その行為について検討する罪を決める

行為❷については，何罪を検討すればいいのでしょうか。ここでも，Xの意思と客観的事実がヒントになります（Method ⇒）。

> 仮説のヒントは，事実と意思 2-2

まず，Xの意思に着目してみます。Xが行為❷を行ったとき，Xは，Aが生きていると思い，Aを殺害しようとしていましたから，Xが実現しようとしたのは殺人罪です。ただ，実際には，Aは既に死亡していて，殺害できませんでした。そこで，殺人未遂罪（203条，199条）が成立しないかを検討する必要があります（Method ⇒）。

> 客観的要件を満たさないときは，未遂犯の可能性 2-4

次に，客観的事実に着目してみます。実際には，A は既に死亡していて，X は死体を段打しています。つまり，実際に発生した事実は，死体損壊罪（190条）です。そこで，死体損壊罪が成立しないかを検討する必要があります。

> ＊　行為❷を一言で表現すると，「殺人の意思で死体損壊を行った」ということになります。そのため，抽象的事実の錯誤を論じつつ殺人（未遂）罪と死体損壊罪を同時に検討する（あるいは，どちらの罪を検討しているのかが明確でない）解答をときどき見かけます。しかし，殺人未遂罪と死体損壊罪は別の罪ですから，それぞれの罪が成立しないかを順番に検討したほうが分かりやすいと思います。

| Step 4 | その罪の成立要件に当てはめ，犯罪の成否を判断する |
| Step 5 | 刑の減免事由があれば検討する |

（1）　殺人未遂罪

まず，殺人未遂罪の成否を検討します。

a ▶ 不能犯

既遂の結果が発生しなかったということは，行為者の行為がそもそも結果を発生させる性質を備えていなかった可能性があるということです。第 7 問で，「危険」という言葉には 2 つの意味があると言いましたが，そのうちの㋐の意味での危険がその行為になかった可能性があるわけです。行為に危険がなければ，その行為は実行行為といえないということになり，未遂犯すら成立しません。これが不能犯の問題です。

ただ，既遂の結果が発生しなかった場合に，いつも不能犯を詳しく検討するわけではありません。それでは，どんなときに詳しく検討するのでしょうか。

不能犯については，客観的危険説と具体的危険説が対立しています。両説の違いは，以下のとおりです。

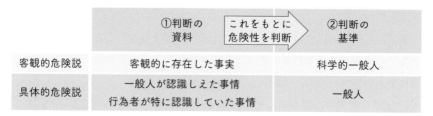

	①判断の資料	これをもとに危険性を判断	②判断の基準
客観的危険説	客観的に存在した事実		科学的一般人
具体的危険説	一般人が認識しえた事情 行為者が特に認識していた事情		一般人

客観的危険説は，客観的事実をもとに危険性を科学的に判断します。実際に

結果が発生しなかったということは，科学的に見れば，普通は結果の発生を妨げる何らかの原因があったはずですから，客観的危険説からは，不能犯とされる場合が多くなります。

それに対して，具体的危険説は，科学的に見て危険性がなくても，普通の人が犯行の様子を目撃したら「危ない！」と思うときには，実行行為性を認めます。具体的危険説のほうが客観的危険説より実行行為性の認められる範囲が広い（＝不能犯の認められる範囲が狭い）といえます。

このように，両説で結論が分かれるのは，以下のような場合です。

> **不能犯が特に問題となる場合**
> 普通の人が行為を目撃したら危険性を感じるが，後になって分かった事情も含めて考えれば結果が発生するはずがないといえる場合

そのため，このような場合には不能犯について詳しく検討する必要があります。本問は，まさにこれに当たります。

b ▶ 本問の解決

本問では，XがAを殴打したのはAが死亡した直後ですから，一般人からはAがまだ生きているように見えます。そうすると，XがAを殴打する様子を見た人は，「Aが殺される」と思うでしょう。したがって，具体的危険説からは，実行行為性が肯定されます。故意も認められますから，殺人未遂罪が成立します。また，刑の減免事由はありません。

しかし，後になれば，XがAを殴打した時点でAが死亡していたことが分かります。それを前提に科学的に判断すれば，XがAを殺すことは不可能です。したがって，客観的危険説においては，Xの行為は不能犯になります。

> ＊　もっとも，現在は，客観的危険説の中でも，修正された客観的危険説と呼ばれる見解が有力です。これは，既遂の結果が発生しなかった場合に，①どんな事実が存在していれば結果が発生したのかを考えてみて，②その事実がどの程度存在しえたかを一般人の立場から判断する見解です。本問では，①Xの殴打の時点でAが生存していれば殺人の結果が発生していました。②それではAが生存していた可能性はあったかというと，Aは直前に死亡したばかりだったので，Xの殴打の時点でAが生存していたこともありえました。このように考えれば，実行行為性は肯定されます。

（2） 死体損壊罪

次に，死体損壊罪が成立するかを検討します。

Xの行為は，死体損壊罪の客観的要件は満たしています。しかし，Xは，Aがまだ生きていると思っているので，Xには死体損壊罪の意思はありませんでした。そこで，死体損壊罪の故意が認められるのかが問題になります。

認識した事実は殺人罪，発生した事実は死体損壊罪で，両者は異なる構成要件に該当する事実ですから，これは抽象的事実の錯誤の問題です。

抽象的事実の錯誤について，判例・通説は，認識した事実と発生した事実とが構成要件的に重なり合うときには，重なり合う軽い罪の限度で故意犯が成立すると考えています。構成要件の重なり合いは，保護法益と行為態様の共通性から判断します。

死体損壊罪の保護法益は死体に対する敬虔感情，殺人罪の保護法益は生命であり，両者は違いますから，両者の構成要件は重なり合いません。したがって，死体損壊罪の故意は認められず，死体損壊罪は成立しません。

> ＊　行為❷の検討から分かるように，不能犯と抽象的事実の錯誤とは表裏の関係にあるともいえます。

> **A罪を実現する意思でB罪を実現した場合**
> ① 意思に着目すると …… A未遂罪の成否の検討
> 　A罪は実現しなかったが，A罪の実行行為性は認められるか？
> 　⇒ 不能犯の問題
> ② 事実に着目すると …… B罪の成否の検討
> 　B罪を実現する意思はなかったが，B罪の故意は認められるか？
> 　⇒ 抽象的事実の錯誤の問題

3　行為❸

Step 3	その行為について検討する罪を決める
Step 4	その罪の成立要件に当てはめ，犯罪の成否を判断する
Step 5	刑の減免事由があれば検討する

Xは，Bにふらつきなど人の生理的機能の障害を生じさせていて，「人の身体を傷害した」といえ，故意も認められます。したがって，傷害罪（204条）が成立します。刑の減免事由はありません。

4 行為❹

（1）　殺人罪と自殺関与罪の関係

　XはBに対して自分で毒薬を服用するよう指示しているということからすると，自殺教唆罪が成立するともいえそうです。しかし，他方で，XはBをだまして死亡させているので，殺人罪が成立するともいえます。

　自殺関与罪（自殺教唆罪，自殺幇助罪）は，同意殺人罪と並んで202条に規定されていて，上記の⑥の類型に当たります。同意殺人罪の同意に相当するのが，自殺関与罪の自殺意思です。被害者に自殺意思があるために，自殺関与罪は殺人罪より軽く処罰されるのです。

（2）　検討の順序

　自殺関与罪と殺人罪のどちらから検討するかは，明確ではありません。重い罪から順番に検討するという原則に従えば，殺人罪の成否から検討し，これが否定されたときに自殺関与罪の成否を検討することになります。

　しかし，自殺関与罪の成否から検討するほうが分かりやすいように思います。「人を殺害する行為は一般的に199条の殺人罪として処罰されるが，その中で，他人の同意を得て殺害したり他人の自殺に関与したりした場合が，202条により特に軽く処罰される。つまり，人の生命を断絶させる罪については，殺人罪が一般法であり，自殺関与罪が特別法である。『特別法は一般法に優先する』という原則に従い，自殺関与罪から検討する」というわけです。

（1）　自殺教唆罪

a ▶ 錯誤に基づく同意

　自殺教唆罪が成立するためには，「人を教唆し……自殺させ」たことが必要となります。これは，自殺意思のない者に自殺意思を生じさせ，自殺を行わせるという意味です。問題は，Bの自殺意思は有効かです。

　本問のように，被害者が錯誤に基づいて同意した場合には，その同意が有効かどうかが問題になります。特に見解が対立するのは以下のような場合です。

　この点については，法益関係的錯誤説と重大な錯誤説が対立しています。法益関係的錯誤説は，被害者が法益侵害に同意している以上，動機の点に錯誤があったとしても，その同意は有効であるという見解です。これに対して，重大な錯誤説は，被害者が法益侵害に同意していたとしても，本当のことを知っていたら同意しなかったといえるような真意に添わない重大な瑕疵ある意思に基づく同意は無効であると考えます（最判昭和 33・11・21 刑集 12-15-3519）。

> 　＊　「行為❸でも，B は，血圧を安定させる薬であると X にだまされて薬を飲むことに同意してるけど，同意の有効性について検討しなくていいのかな？」と思った人もいるかもしれません。行為❸において，B は，薬を飲むことによって体調が悪化するとは思っていないので，人の生理的機能の障害という法益侵害そのものについて錯誤に陥っています。このような場合に同意が無効であることには争いがないので，同意の有効性について詳しく検討する必要はありません。

b ▶ 本問の解決

　B は，その薬を飲めば死亡することは認識していました。したがって，法益関係的錯誤説からは，B は法益侵害に同意しており，その自殺意思は有効であるという結論が考えられます。そうすると，X の行為は，「人を教唆し……自殺させ」たに当たり，故意もありますから，X には自殺教唆罪が成立します。

　もっとも，法益関係的錯誤説から，B の自殺意思は無効であるという結論に至ることもありえます。B は「余命が約 1 か月である」と思っていて，生命という法益の有無や程度そのものに錯誤があるからです。このように考えると，B の自殺意思は無効であり，X に自殺教唆罪は成立しません。

　一方，重大な錯誤説からは，B の自殺意思は無効です。B は，本当のことを知っていれば自殺には応じなかったと考えられるからです。これによると，X に自殺教唆罪は成立しません。

(2)　殺人罪

　自殺教唆罪の成立を否定した場合は，殺人罪の成否を検討します。

　B は自ら毒薬を服用しており，X が B に対して直接的に行為を行ったわけではありません。つまり，B が直接行為者（被害者ですが），X が背後者という

関係にあります（Method ⇒）。そのため，Xの行為が実行行為といえるためには，間接正犯に当たることが必要であると考えられています。Bという被害者を利用した間接正犯が認められるかという問題です。

背後者の関与形式
を判断しよう

9.

```
          指示              毒薬を服用
  X ─────────────→ B ─────────────→ B
利用者（背後者）   被利用者（直接行為者）＝ 被害者
```

間接正犯の典型例は，㋐是非弁識能力を欠く者を利用する場合，㋑故意のない者を利用する場合，㋒意思を抑圧された者を利用する場合です（Method ⇒）。ただ，Bには㋐是非弁識能力がありますし，㋑死亡結果発生の認識もありました。㋒意思が抑圧されていたわけでもありません。そこで，間接正犯の成立を否定する見解もありえます。

間接正犯の典型例
のポイントは，被
利用者の㋐是非弁
識能力，㋑故意，
㋒意思の抑圧

11-2

　他方，間接正犯の成立を認める見解も多いと思います。被害者を利用した間接正犯の場合に，通常の間接正犯の場合より基準を緩やかに理解するのです。

　Bは，行為❸によって体調が悪くなっていて，そのような状態の中，医師であるXから「不治の病である」と言われたら，それを信じるのも無理はありません。その上で，Xは，交際相手という立場を利用し，混乱しているBに対して自殺するよう説得して，Bを自由にコントロールしており，Bは自殺以外の選択ができない心理状態に陥っていたといえます。このような点から間接正犯を認めることも可能です。Xの行為と死亡との因果関係，故意も，当然に認められますから，この立場からは，Xに殺人罪が成立します。

　刑の減免事由はありません。

Step 6　**罪数処理をする**

　まず，犯罪の個数としては，Xに成立しうるのは，強制わいせつ致死罪，殺人未遂罪，傷害罪，殺人罪または自殺教唆罪の4個です。次に，各犯罪の関係ですが，それぞれ別個の行為ですから，併合罪になります。

以下の事実について，X，Yの罪責を論じなさい。

1　Xは，夫A（男性，38歳，身長178cm，体重87kg）と生後3か月の長
男Bの3人でA方において暮らしていた。Xは，毎日のようにAから暴
力を振るわれる上に，Aが全く育児をしなかったためBの育児に疲れて
自暴自棄になり，Bと心中しようと決意し，8月10日午前10時以降，B
への授乳や水分補給をしなくなった。しかし，同日午後8時，Xは，Bの
寝顔を見て，殺害をやめようと考え，Bへの授乳を再開した。Bは，その
時点で多少衰弱していたものの，生命の危険が生じる状態ではなかったこ
とから，すぐに回復した。

2　8月18日午後5時30分，A方において，Xが知人のY（男性，64歳，身
長168cm，体重67kg）から食事に誘われたことがあるとAに話したとこ
ろ，Aは，「あのやろう，ぶん殴ってやる」と怒鳴りながら，A方を出て行
った。Xは，AがYに怪我をさせるかもしれないと思ったが，Aから暴力
を受けるのが怖かったため，Aを制止したり警察に通報したりしなかった。

3　同日午後5時50分，AはY方に到着し，「開けろ」と叫んだ。YがA
をY方に入れたところ，Aは，玄関ドアの鍵を閉めてたばこを吸い始め，
「俺の女に手を出したな。土下座しろ」と迫った。Yが「その必要はない」
と答えると，Aは，いきなりYの左顔面を拳で殴った。さらにAは，「土
下座するまで許さない」と怒鳴り，たばこを吸いながらYの顔面に頭突
きをし，Yを押入れのふすまに押し付けるなどの暴力を断続的に繰り返し
た。その結果，Yは顔面に打撲を負った。

　　同日午後6時，Aは，「このままで済むと思うな」と怒鳴り，Y方の玄
関ドア付近でたばこを吸うためにYに背を向けた。Yは，理不尽な要求
をするAに怒りの念を抱くとともに，Aの暴行から逃れたいと考え，近
くにあった果物ナイフ（刃体の長さ15cm）でAの脇腹や背部を何度も刺
した。Aは，裂傷を負って出血し，その場で倒れた。

4　その際，Yは，Aの反撃に遭い，脳しんとうを起こして気絶した。同日
午後7時，意識を取り戻したYは，Aを病院に連れて行こうと思い，Aを
自分の自動車に乗せて出発した。しかし，Yは，自己の責任が問われるの
を恐れるとともに，Aへの怒りの念が強くなり，同日午後7時30分，「治
療をすればAは助かるだろうが，Aが死亡してもかまわない」と決意し，
病院に向かわず漫然と自動車を走行させた。同日午後11時30分，Aは，

車内で前記裂傷により失血死した。

5　同日午後6時30分ころまでは，Aは確実に救命できる状態だったが，その後，救命可能性が低下して，確実に救命できるとはいえなくなり，同日午後10時ころ以降は救命がほぼ不可能になっていた。

I　Yの罪責

Step 1　検討の対象となる行為を拾い出す

Yの罪責について検討の対象となるのは，以下の行為です。

｜行為❶…Aの脇腹等をナイフで刺した行為（25-26行目）

｜行為❷…Aを病院に連れて行かなかった行為（32行目）

Step 2　一連の行為は，1個の行為として扱う

2つの行為は，どちらもAの生命・身体を侵害する行為であり，時間的にも近接しています。しかし，行為❶は防衛の意思に基づく防衛行為として行われたのに対して，行為❷はそうではないので，別個の行為です（第4問参照）。

1　行為❶

Step 3　その行為について検討する罪を決める

Yは，Aに怪我をさせる意思で実際にも怪我をさせているので，傷害罪（204条）が問題になりそうです。ただ，結果的加重犯を忘れてはいけません（Method ⇒）。最終的にAは死亡しているので，傷害致死罪（205条）の成否を検討する必要があります。

> 結果的加重犯には要注意　18-1

Step 4　その罪の成立要件に当てはめ，犯罪の成否を判断する

（1）構成要件該当性

Yは，Aに裂傷を負わせて「身体を傷害し」ており，故意もあります。

行為❶とAの死亡との間の因果関係はあるでしょうか。両者の間にY自身の行為❷が介在しているため，因果関係の有無が問題になります。行為❶によ

って生じた傷害が死因となっている上に，他人に傷害を負わせた者が犯行の発覚を防ぐために被害者を放置することは異常でないと考えれば，因果関係が肯定され，傷害致死罪の構成要件該当性が認められます。

> ＊　本問では，介在事情が不作為であることに注意しましょう。実行行為によって死因が形成された場合には原則として死亡との因果関係が認められます（第7問参照）が，不作為というのは元の状態を放置するだけですから，不作為が介在しても，実行行為によって形成された死因は変化しません。そのため，不作為が介在したときには常に因果関係が肯定されると考える余地もあります。
>
> 　しかし，介在した不作為の異常性が高いときには，本来，実行行為から結果が発生する危険性は低かったのに，たまたま作為（救助など）が行われなかったために結果が発生したともいえます。そこで，介在した不作為の異常性が高いときには，実行行為の危険が現実化したとはいえないとも考えられます。

（2）　正当防衛

　Ｙは，Ａの攻撃から身を守るために行為❶を行っているので，正当防衛の成否について検討する必要があります。

a ▶ 正当防衛の成立要件その１──急迫不正の侵害

　正当防衛の第１の成立要件は，急迫不正の侵害です。

　「ＡはＹを殴っているから，急迫不正の侵害の要件は当然満たす。じゃあ次の要件……」と考えた人もいるかもしれません。しかし，本問では，急迫不正の侵害について検討すべき点があります。それは，侵害の終期です。

　正当防衛の事例では，侵害がいつ始まり，いつ終わったかという時間的な幅をいつも意識する必要があります（Method ⇒）。本問では，ＡがＹを殴り始めたところから，侵害が始まっています。ただ，行為❶の時点で，ＡはＹを殴っていた

> 急迫不正の侵害にも始まりと終わりがある
>
> 16-3

わけではなく，たばこを吸うためにＹに背中を向けていました。それでも，Ａの侵害が続いていたといえるでしょうか。

　侵害が継続しているのか終了したのかは，ⓐ侵害者が攻撃を継続できる状況にあるか，ⓑ攻撃意思をもっているかといった点から判断します。本問では，①Ａは，Ｙ宅を訪れて以降，断続的にＹに暴行・脅迫を加えていること，②Ａはそれまでたばこを吸っているときも暴行を止めていないこと，③Ａは，Ｙに執拗に土下座を要求し，「このままで済むと思うな」と発言しており，何ら決

着の付かないまま攻撃を止めるとは考えられないことなどからすると，この後もＡの暴行・脅迫が継続する可能性は高く，侵害が終了したとはいえないでしょう。

> ＊　急迫性の要件については，防衛者が侵害を予期している場合にも詳しい検討が必要になります。防衛者が侵害を予期していると，「侵害は突然のことといえるのか？」という疑問が生じるわけです。ただ，本問では，ＹはＡの攻撃を予期していなかったので，この点について詳しく検討する必要はありません。

b ▶ 正当防衛の成立要件その２──自己又は他人の権利を防衛するため

正当防衛の第２の成立要件は，「自己又は他人の権利を防衛するため」です。

この要件に関して重要なのは，防衛の意思です。ただ，事例問題において常に防衛の意思を詳しく検討しなければならないわけではありません。防衛の意思について詳しく検討する必要があるのは，以下の場合です。

> 防衛の意思が特に問題となる場合
> ⑦ 防衛者が侵害を認識していない場合
> ④ 防衛者に怒り・憤激の念や攻撃の意思がある場合

正当防衛の成立に防衛の意思が必要かについては必要説と不要説が対立しており，両説で結論が分かれるのが⑦の場合です（偶然防衛といわれます）。そのため，⑦の場合には，防衛の意思の要否について検討する必要があります。

また，判例のように必要説に立ったとして，防衛の意思を認めてよいかどうかの判断が難しい場合があります。それは，防衛の意思と対立するような感情が防衛者に生じた場合です。それが④の場合です。

本問は④に当たります。この点については，「積極的加害意思がない限り，攻撃の意思や憤激の念と併存していても防衛の意思は認められる」というのが，判例の立場です。積極的加害意思というのは，防衛の意思が消失してしまい，攻撃の意思だけになった心理状態です。本問では，Ｙに怒りの気持ちはあるものの，積極的加害意思まではありませんから，防衛の意思の要件は満たします。

c ▶ 正当防衛の成立要件その３──やむを得ずにした

（a）　防衛行為の相当性の意義

正当防衛の第３の成立要件は，「やむを得ずにした」です。防衛の手段とし

て必要最小限度のもの（防衛行為の相当性）をいいます。

　よく「武器対等の原則」といわれますが，これは，素手なら素手，ナイフならナイフというように，形式的に同じ武器で防衛しなければならないという意味ではありません。また，侵害行為と防衛行為のどちらが強力かを単純に比較するというわけでもありません。防衛行為のほうがより強力だったとしても，具体的な状況の下ではそれが必要最小限度だったということもありえます。重要なのは，防衛行為がどれぐらい危険な行為だったかを明確にした上で，より危険性の低い防衛手段をとりえたかという観点から，必要最小限度の防衛手段だったかを検討することです。

（b）　侵害の態様との関係

　その際に着目してほしいのは，侵害の「強弱」や「緩急」の変化との関係です。先ほど，急迫不正の侵害には時間的な幅があると言いましたが，時間的な幅に着目して侵害を見ると，時間の流れに伴って侵害の態様が変化する場合があることに気づきます。

> 　＊　たとえば，侵害者が包丁で切りつけたが，包丁を奪われて途中から手拳による殴打に変わった場合，ずっと侵害は続いていますが，包丁による攻撃は「強い」のに対して，手拳による攻撃は「弱い」といえます。また，侵害者が殴りかかってきた瞬間は，侵害は切迫していて「急」の状態ですが，その後，侵害者と防衛者がにらみ合っている状況は，まだ侵害は終了していないものの，侵害は少し落ち着いた「緩」の状態にあります。
> 　なお，侵害者の攻撃が「弱い」を通り越してゼロになったら，侵害が終了したということです。それでも反撃行為を続ければ，量的過剰防衛の問題になります。
> 　防衛行為の相当性の判断も，こうした侵害の状態の変化が影響します。Ⓐの時点のように侵害が「強」や「急」のときに許される防衛行為と，Ⓑの時点のように侵害が「弱」や「緩」のときに許される防衛行為とは，違うはずです。

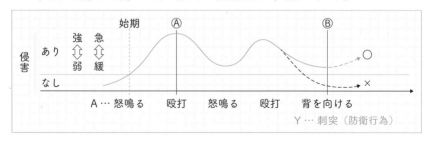

（c）　本問の解決

　本問では，周囲に助けてくれる人はおらず，Ｙは，年齢や体格等の点でＡより体力的に劣っていた上に負傷もしており，素手で反撃するのは難しかったと考えられます。また，Ａが玄関の近くにいた上，玄関ドアが施錠されていたため，屋外への脱出も困難でした。ナイフ以外の道具を選ぶ時間的，心理的余裕もなく，Ｙがナイフを用いたことは仕方がなかったともいえます。

　ただ，行為❶の時点で，Ｙは現に暴行を受けていたわけではなく，ＡはＹに背中を向けていました。「緩」の状態です。そのため，ナイフを用いるにしても，ナイフでＡを威嚇するとかＡの腕や足を切りつけるなど，より危険性の低い方法でも十分に侵害を避けられました。こう考えると，行為❶は「やむを得ずにした」に当たらず，正当防衛は成立しません。

Step 5	刑の減免事由があれば検討する

　過剰防衛が成立するので，36条２項により任意的な刑の減免があります。

2　行為❷

Step 3	その行為について検討する罪を決める

　行為❷は，Ａを助けず放置したという不作為です。Ｙは殺意をもってＡを放置し，Ａは死亡していますから，不作為による殺人罪（199条）について検討します。

> ＊　よく考えたら，Ｙは自動車の運転という作為をしていますが，なぜ不作為犯なのでしょうか。事例問題において作為犯とするか不作為犯とするかで迷うことは，よくあります。作為と不作為をどう区別するかは難しい問題ですが，「まず作為犯で構成できないか考えてみて，それが無理なら不作為犯の可能性を考える」というのが分かりやすいと思います。本問でも，自動車で移動したために出血量が増えるなど，「作為をしたからこそＡの生命に対する危険が高まった」と評価できれば作為犯と構成することも可能です。しかし，そのような事情がないので，不作為犯の可能性を考えてみるわけです。

Step 4	その罪の成立要件に当てはめ，犯罪の成否を判断する

Step 5	刑の減免事由があれば検討する

（1）　実行行為

　不真正不作為犯の実行行為性をどのように判断するかについては，いろいろな見解が主張されていますが，ここでは，「作為義務，作為の可能性・容易性がある場合の不作為は，作為と同様の実行行為性が認められる。作為義務は，排他的支配，保護の引受け，先行行為，法令，契約等から総合的に判断する」という見解を前提とします。

　ただ，「総合的に判断」といわれても，判断に迷うかもしれません。そこで，判断方法の一例を挙げておきます。①まずは，事実上，結果の発生の有無を左右できる立場にいるかどうかを考えます。これに関係するのが，排他的支配や保護の引受けです。②次に，規範的に見て，結果発生を防止することが社会的に期待されているかどうかを考えます。これを判断するために，先行行為，法令，契約などを考慮します。

> ① 事実的要素 … 排他的支配，保護の引受け
> ② 規範的要素 … 先行行為，法令，契約

> 　＊　「事実的」と「規範的」は，よく対置されます。「事実的」というのは，自然科学的な意味で「現実にそうである」ということです。それに対して，「規範的」というのは，法的あるいは社会的に「それが望ましい」とか「そうすべき」ということです。
> 　たとえば，排他的支配は，行為者以外に被害者を救助する者がいないために結果発生の有無を左右しうる状態を指しますが，周囲に誰もいない状況で被害者を放置した場合に死亡の結果が発生する確率は，放置した者が被害者の親であっても他人であっても現実には変わらないはずです。したがって，排他的支配は，事実的要素に位置づけられます。
> 　一方，親は，民法820条によって子に対する監護義務を負っていますが，他人は，そのような義務を負いません。これは，親が法的に子を救助すべきであることを示しています。このように，法令は，規範的要素であるというわけです。

　本問では，①自動車の中にはY以外にAを助けられる人はいないので，排他的支配が存在すること，②Aの生命に危険を生じさせたのはY自身の行為❶であり，先行行為もあることから，Aに治療を受けさせる作為義務が認められます。Yがその作為を行うことは，可能かつ容易です。それにもかかわらず，YはAの救助という作為に出なかったので，実行行為性が認められます。

（2） 因果関係

　行為❷とＡの死亡との間の因果関係は認められるでしょうか。判例（最決平成元・12・15刑集43-13-879）によると，不作為犯における条件関係を認めるためには，期待された作為がなされていれば合理的な疑いを超える程度に確実に結果が防止できたといえる必要があります。

　それでは，本問で「Ａは救命確実だったから，条件関係あり」としていいかというと，そういうわけにはいきません。因果関係の有無は，実行行為の時点を基準に判断しなければならないからです（Method ⇒）。

　確かに，8月18日午後6時30分ころまでは，Ａは救命が確実な状態でした。しかし，Ｙに殺意が生じたのは午後7時30分ですから，殺人罪の実行行為も午後7時30分以降の不作為です（Method ⇒）。それでは，その時点でのＡの救命可能性はどうかというと，救命が確実とまではいえない状態になっていました。そのため，行為❷とＡの死亡との間の条件関係は認められないのです。

> 犯罪の成否は，行為ごとに，各行為の時点を基準に判断 〔3-1〕

> 故意がなければ，故意犯の実行行為は始まらない 〔17-1〕

　したがって，殺人未遂罪（203条，199条）が成立します。刑の減免事由はありません。

> ＊　「因果関係がないから犯罪不成立」という答えをよく見かけます。本問では，午後7時30分の時点で実行の着手は認められ，殺人の故意もありますから，犯罪不成立ではなく，殺人未遂罪が成立します。

Step 6　罪数処理をする

　傷害致死罪と殺人未遂罪が成立します。犯罪の個数ですが，いずれも被害者はＡであり，被害法益も同質であることから，包括一罪（軽い傷害致死罪が重

い殺人未遂罪に吸収される）とする見解もありえます。

　これに対して，違う意思に基づく別個の行為であると考えると，2個の犯罪の成立を認めることになります。その場合は，両罪の関係は，観念的競合でも牽連犯でもないので，併合罪です。

Ⅱ　Xの罪責

Step 1	検討の対象となる行為を拾い出す
Step 2	一連の行為は，1個の行為として扱う

　Xについては，以下の行為について検討する必要があります。

行為❶…Bへの授乳や水分補給をやめた行為（5-6行目）

行為❷…AのYへの暴行を止めなかった行為（14行目）

　2つの行為は，被害者が違いますので，当然，別個の行為です。

1　行為❶

Step 3	その行為について検討する罪を決める

　死亡の結果は発生していませんが，Xは，殺意をもって行為❶を行っているので，殺人未遂罪が成立しないかを検討してみます。なお，行為❶は，授乳や水分補給をしないという不作為です。

Step 4	その罪の成立要件に当てはめ，犯罪の成否を判断する

（1）　実行行為

　①Aは全く育児をせず，A方にはX以外にBを助けられる人はいなかったので，排他的支配が存在すること，②Xは，Aの母親として法令上，監護義務があることから，Bへの授乳や水分補給等の作為義務が認められます。その作為を行うことは可能かつ容易だったのに，Xはその作為をしませんでした。

　それでは実行行為性が認められ，Xに殺人未遂罪が成立するかというと，これを否定する見解が多数だと思います。ここでも，実行行為の時間的な幅を意識する必要があります。「どこから実行行為が始まるのだろう？」と考えてみると，Bが死亡する現実的危険は発生しなかったので，実行の着手が認められないということに気づきます。このように考えると，殺人予備罪（201条）し

か成立しないということになります。

（2） 危険先行型と故意先行型

不作為犯には，①まず何らかの原因で危険が発生し，その後，危険を放置しようという故意が生じて不作為を行う「危険先行型」と，②まず故意が生じて不作為を開始し，その結果，危険が発生する「故意先行型」があります。Yの行為❷は危険先行型，Xの行為❶は故意先行型です。

| 危険 | 故意 |
| 着手 |
| 危険先行型 |

| 故意 | 危険 |
| 着手 |
| 故意先行型 |

Method 16で，実行行為の時間的な幅を意識することが重要だと言いましたが，不作為犯の場合には，特にその点が重要になります。不作為というのは，一定時間継続するのが普通だからです。そうした時間の経過に伴って被害者の救命可能性や故意の有無が変化することが多く，そのことが実行の着手や因果関係などの判断にどう影響するかを的確に見極める必要があります。

> **Step 5** 刑の減免事由があれば検討する

殺人予備罪の成立を認め，予備罪にも中止犯が認められると解すると，43条ただし書の準用による必要的な刑の減免があります。

2 行為❷

> **Step 3** その行為について検討する罪を決める

Yに対する傷害罪の直接行為者はAであり，Xは背後者なので，どの関与形式に当たるかが問題になります（Method ⇒）。

当然，間接正犯には当たりませんし，AとXに共謀
があったわけでもないので，共同正犯も成立しません。
XはAに犯行を決意させたともいえず，教唆犯でもありません。残るは，幇助犯です。AがYに暴行を加えるのを止めなかったという不作為による幇助

背後者の関与形式を判断しよう

が問題になります。

> * 作為義務のある者が他人の犯罪を止めなかったときには，狭義の共犯ではなく正犯（単独正犯）の成立が認められるとする見解も存在します。作為義務違反がある以上，単なる背後者ではなく，直接行為者であると考えるわけです。しかし，判例・通説は，他人の犯罪を止めないだけでは自ら実行行為を行ったとはいいがたいので，原則として幇助犯が成立するにすぎないと考えています。

> * Ａは，Ｘの言葉を聞いてＹへの暴行を決意したので，Ｘの行為は教唆犯に当たるのかというと，そうではありません。その時点でＸに故意はないからです。

| Step 4 | その罪の成立要件に当てはめ，犯罪の成否を判断する |
| Step 5 | 刑の減免事由があれば検討する |

不作為が幇助行為といえるためには，他人の犯罪を防止すべき作為義務のある者が，作為が可能かつ容易だったのに作為をしなかったときに，作為による幇助との同価値性が認められる必要があります。

Ｙの行為❷やＸの行為❶のところで，正犯における作為義務の判断方法について述べましたが，不作為による幇助における作為義務の判断方法も，概ねこれと同じです。ただし，幇助犯のほうが，やや緩やかな判断がなされます。

不作為による幇助において，作為義務があるかどうかを判断する際の着目点は２つ。それは，Ⓐ被害者との関係，Ⓑ正犯者との関係です。

まず，ⒶＸと被害者のＹとの関係ですが，同居の親族であるといった特別な関係があるわけではないので，ＸにＹを保護すべき義務はありません。次に，ⒷＸと正犯者のＡとの関係ですが，Ａの犯行を止められたのはＸだけでした。しかし，夫婦だからといって，犯罪行為を止めるべき義務まではないと考えるのが，一般的です。そうすると，Ｘに作為義務はなく，傷害罪の幇助犯は成立しないということになります。刑の減免の検討も不要です。

> * Ｘの言動をきっかけとしてＡがＹに暴行を加えることになったので，先行行為に基づく作為義務が認められるとも考えられます。しかし，Ｘの行為によって法益侵害の具体的危険が生じたとまではいえないので，先行行為を根拠に作為義務を認めるのも難しいと思います。

| Step 6 | 罪数処理をする |

成立する犯罪は１個だけですから，罪数処理は不要です。

以下の事実について，X，Yの罪責を論じなさい。

1　A学園は，中学校，高等学校から成る学校法人であり，Xは，その理事長として，同学園の運営，施設管理や資産運用等の業務全般を統括管理していた。一方，Yは，B病院の院長である。A学園の高等学校に看護科があったことなどから，XとYは親しい関係にあった。

2　B病院は，経営難に陥っており，金融機関から融資が受けられない状態にあった。そこで，Yは，Xに対し，A学園からB病院に5000万円を融資してくれるよう依頼した。Xは，B病院による返済の可能性がないことは分かっていたが，「君の頼みだから断れないな。その代わり，私個人に100万円を用立ててくれ。それと，うちの看護科の生徒をB病院で優先的に就職させてくれ」という条件を出した。Yがこれを了承したため，Xは，6か月後を返済期限として，A学園の資金からB病院に無担保で5000万円を融資することとした。

3　A学園では，融資等の支出の際には理事会の承認を得るなどの手続が定められていたが，A学園の運営は，ほとんどXが独断で決めており，理事会は，書類のやり取りなどで形式的に済まされることが多かった。Xは，B病院への融資についても書類の送付により理事会の承認を得たこととし，A学園の資金が預金されているC銀行D支店のA学園名義の普通預金口座から5000万円をE銀行F支店のB病院名義の普通預金口座に送金した。Yは，こうした事情をすべて認識していた。

4　他方，B病院では，副院長GがYの経営責任を厳しく追及し，Yと対立していた。そこで，Yは，Gの立場を悪くするため，夜間，Gが副院長室の机の中に保管している機密資料のファイルを持ち出した。その際，Yは，「明朝の会議で使うファイルだから，これが紛失すればGが責任を問われる。ただ，ファイルをB病院の封筒に入れて交番に届ければ，遅くとも明日の昼には確実にGの手元に戻ってきて，実害は発生しないだろう」と考えていた。Yは，持ち出したGのファイルをすぐにB病院から約50m離れた交番に拾得物として届けた。

5　翌日の昼ころ，交番からB病院にファイルについて問合せがあり，ファイルはGに返却された。

Step 1	検討の対象となる行為を拾い出す

Step 2	一連の行為は，1個の行為として扱う

Xの罪責について検討の対象となるのは，以下の行為です。

> 行為❶…A学園名義の口座からB病院名義の口座に5000万円を送金した行為
> （18-19行目）

検討する行為は1つだけなので，一連の行為かどうかの検討は不要です。

Step 3	その行為について検討する罪を決める

（1） 横領罪と背任罪の区別が問題になるのは，どのような場合だろう？

行為❶については何らかの財産犯が成立すると考えられます。まず，送金によって財物の占有が移転したわけではないので，1項犯罪は成立しません。また，Xは暴行・脅迫や欺罔を用いて財産上の利益を得たわけでもないので，2項犯罪も成立しません。

そこで，非移転罪が考えられます。Xは，理事長として管理していたA学園の資金を不正に使ったので，業務上横領罪（253条）が成立する可能性があります。

そして，横領罪（業務上横領罪と委託物横領罪）とくると，どうしても背任罪（247条）との関係が気になります。ただ，横領罪の成否を検討する場合に必ず背任罪との関係について触れなければならないわけでもありません。それでは，両罪の関係を詳しく検討するのはどのような場合なのでしょうか。一言で言えば，それは，横領罪が成立するか背任罪が成立するかが微妙な場合です。

横領罪と背任罪は，どちらも他人の信頼を裏切る罪ですが，完全に重なり合うわけではなく，二重の交錯する円のような関係にあるといわれています。

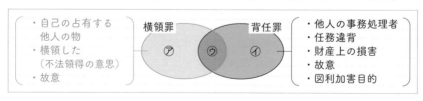

以下のように，横領罪しか成立しない（㋐）ことが明らかな場合，逆に，背

任罪しか成立しない（④）ことが明らかな場合には，横領罪と背任罪の区別について詳しく検討する必要はありません。

⑦ 横領罪しか成立しない（＝背任罪でない）ことが明らかな場合
　例：行為者が「他人の事務処理者」でない
　　　（他人から物を借りて占有している場合など）
④ 背任罪しか成立しない（＝横領罪でない）ことが明らかな場合
　例：客体が「物」でない
　　　客体が「他人の」物でない
　　　行為者が物を「占有」していない

　問題は，両罪の成立要件を満たす可能性がある場合（後で述べるように，④か⑦かが微妙な場合）です。具体的には，以下の@〜©の条件がそろった場合です。

横領罪と背任罪の区別が特に問題となる場合
@ 他人の物を委託を受けて占有している（＝横領罪の主体・客体）
ⓑ 他人の事務を処理している（＝背任罪の主体）
© 他人の信頼を裏切って物を不正に処分した（＝横領または任務違背）

（2）　行為❶について横領罪と背任罪の区別を検討する必要はあるだろうか？

　Xは，理事長としてA学園の資産を継続して管理する立場にあり，業務者です。A学園名義の口座の5000万円は，A学園という他人の物であり，Xは，A学園の委託を受けてこれを業務上占有していたといえます（@）。Xは，5000万円を送金しているので，客体は，現金ではなく，A学園名義の口座の預金ですが，横領罪の場合は，預金の金銭も「物」といえます（Method ⇒）。

> 横領罪の「物」は現金でなくてもいい 7-3

　また，Xは，理事長としてA学園の事務を処理する者に当たります（ⓑ）。

　そして，Xは，返済の可能性のないB病院に無担保で融資しており，A学園の金員を不正に処分したといえます（©）。

　このように，Xの行為は業務上横領罪と背任罪のどちらの成立要件も満たす可能性があるため，両罪の区別が問題になります。

(3) どのような順序で検討するのだろう？

　その際の検討順序は，横領罪 → 背任罪です（Method ⇒）。「横領罪の成立可能性を考えて，成立すればそこで検討は終わり。横領罪が成立しなければ，背任罪の成立可能性を考える」ということになります。

財産犯の検討順序は，1 項犯罪 → 2 項犯罪 → 非移転罪 → その他　6-1

> ＊　なぜそのような順序で検討するのでしょうか。
>
> 　1 つの行為が横領罪と背任罪の両方の成立要件を満たすときには，両方の罪が成立して観念的競合となるのではなくて，どちらか一方の罪しか成立しません。両罪はどちらも信任関係に背く罪であり，実質的に見れば，1 個の法益を侵害したにすぎないからです（Method ⇒）。横領罪と背任罪は，法条競合の関係にあるということになります。
>
> 「犯罪の個数は法益侵害の個数」が原則　19-2
>
> 　どちらか一方の罪しか成立しないときは，刑の重いほうの罪が優先して成立するのが原則です（Method ⇒）。一般に，横領罪のほうが背任罪より重い罪とされているので，両罪の成立要件を満たすときには，横領罪が優先して成立することになります。そのため，横領罪 → 背任罪の順に検討するのです。
>
> 検討の順序は，重い罪から軽い罪へ　4-4
>
> 　そうすると，横領罪と背任罪の区別は，先ほどの図の④と⑦をどう限界づけるかという問題に帰着することになります。

Step 4	その罪の成立要件に当てはめ，犯罪の成否を判断する
Step 5	刑の減免事由があれば検討する

(1) 業務上横領罪は成立するだろうか？

　上で述べたように，X は業務者であり，「自己の占有する他人の物」の要件も満たします。問題は，「横領した」といえるかです。横領罪と背任罪の区別が盛んに議論されているのは，「横領した」といえるかどうかの判断が難しいからです。判例（大判昭和 9・7・19 刑集 13-983）は，横領罪と背任罪の区別基準を自己の名義・計算か本人の名義・計算かという点に求めていますが，これは，「横領した」といえるかどうかの判断基準です。

　横領とは，不法領得の意思を発現する一切の行為であり，不法領得の意思とは，他人の物の占有者が委託の任務に背いて所有者でしかできない処分を行う意思をいいます。つまり，他人の物をまるで自分の物であるかのように使った場合は「横領した」に当たるということですが，自己の名義・計算というのは，

そのような場合を指しているわけです。それに対して，使い方にルール違反は
あったものの，単に他人の物を他人の物として使ったにすぎない場合は「横領
した」に当たりません。それが本人の名義・計算の場合です。

> ＊ 「『自己』と『本人』ってどう違うの？」と思うかもしれません。「自己」という
> のは行為者（本問ではX）のこと，「本人」というのは物の管理や事務を委託した人
> （本問ではA学園）のことです。
>
> 「名義」，「計算」という言葉の意味も分かりづらいのですが，「名義」というのは，
> 誰の名前で書類が作られたかといった形式的な問題ではなくて，外観上，誰が処分行
> 為や取引の当事者に見えるかという実質的な問題です。その際の着目点は，行為者の
> 権限や手続です。行為者が委託された権限から大きく逸脱していたり，所定の手続
> を踏んでいなかったりすると，外観上，あたかも行為者自身の所有物のように自由
> に使用したといいやすくなりますし，逆に，権限からそれほど逸脱していないとか，
> 所定の手続を踏んでいたとすると，外観上，委託者の所有物として物を処分したに
> すぎないという傾向があります。
>
> 一方，「計算」というのは，電卓などで金額を算出するという意味ではなく，経済
> 的に誰が得をし，誰が損をするかという経済的効果の帰属の問題です。

横領した ＝ 不法領得の意思の発現
　　　　 ＝ 自己の名義（外観上，行為者が取引の当事者に見えること）・
　　　　　　自己の計算（行為者に経済的効果が帰属すること）

　本問では，5000万円という巨額の融資をするのに担保もとらず，手続も形
式的なものにすぎなかったこと，X個人への謝礼も動機になっていることなど
から，自己の名義・計算だったといえ，「横領した」に当たるとする見解もあ
りえます。

　しかし，XはA学園の理事長として大きな権限を有しており，権限の逸脱
の程度は必ずしも大きくないこと，形式的には所定の手続を踏んでいること，
X個人への謝礼は融資額の50分の1の金額にすぎないことなどからすると，
本人の名義・計算にすぎず，「横領した」の要件を満たさないとも考えられま
す。そうすると，業務上横領罪は成立せず，背任罪の成否を検討することにな
ります。

（2）背任罪は成立するだろうか？

　上述のとおり，Xは，A学園という「他人のためにその事務を処理する者」
です。また，返済の可能性のない相手に無担保で融資する行為は，理事長の

「任務に背く行為」です。これにより，A学園に5000万円の「財産上の損害」を与えました。故意や図利加害目的も認められます。したがって，背任罪が成立します。刑の減免事由は，特にありません。

> ＊　既遂時期にも注意を払う必要があります。背任罪は，財産上の損害が発生した時点で既遂に達します。本問では，返済期限である6か月後に返済されなかったときにはじめて財産上の損害が発生するという理解もありえますが，融資の時点で財産上の損害が発生したと考えるのが一般的だと思います。返済が困難な相手に無担保で融資をした時点で，事実上，損害発生が確定したといえるからです。

> ＊　図利加害目的の点も気になります。判例（最決平成10・11・25刑集52-8-570）によると，委託者本人の利益を図る目的（本人図利目的）が決定的な動機となっている場合には図利加害目的が否定されます。Xは，B病院に融資すればA学園の生徒の就職に有利に働き，A学園の利益になるかもしれないと考えており，A学園の利益を図ることが融資の動機だったとも考えられます。しかし，そのような動機は，融資の動機の1つではあったかもしれませんが，決定的な動機とまではいえないので，図利加害目的は否定されません。

Step 6　罪数処理をする

一罪なので，罪数処理は不要です。

Ⅱ　Yの罪責

Step 1　検討の対象となる行為を拾い出す

Yの罪責について検討の対象となるのは，以下の行為です。

行為❶…Xに融資を依頼した行為（7-8行目）

行為❷…Gのファイルを持ち出した行為（22-23行目）

Step 2　一連の行為は，1個の行為として扱う

これらの行為は，被害者も異なっていて，1個の行為とはいえませんから，それぞれの行為を順番に検討していきます。

1　行為❶

Step 3　その行為について検討する罪を決める

Step 4　その罪の成立要件に当てはめ，犯罪の成否を判断する

（1）　背任罪の共同正犯の成立要件を満たす？

　Yは，Xの行為が任務に背くことを知りながら関与しているので，背任罪の共犯が成立しないかを検討する必要があります。

　Ⓐ各則上の罪名について考えてみると，まず，予定の変更に当たる事情はありません（Method ⇒）。次に，要素の違いについては（Method ⇒），XとYの間に意思の違いはありませんが，身分の点で違いがあります。背任罪は身分犯です。XはA学園の理事長として他人の事務処理者という身分を有するのに対して，Yはそうではありません。そこで，65条の適用が問題になります。背任罪は真正身分犯ですから，65条1項が適用され，身分のないYも背任罪の共犯となります。

> 予定の変更がないかを確認しよう　14-3

> 各関与者の要素に違いがないかを確認しよう　14-1

　Ⓑ関与形式は，明らかに間接正犯ではありませんが，共同正犯の可能性があります。XとYの間には背任行為を行うことについて意思の連絡がある上に，Yは，融資を受けることが動機になっています。また，Yは，Xに不正融資をするよう依頼しており，重大な寄与をしたともいえます。

　このように考えると，行為❶については，背任罪の共同正犯の成立要件を満たしそうです。

（2）　不正融資の借り手にも背任罪の共同正犯は成立するのだろうか？

　ただ，不正融資であることを知りながら融資を受けた場合に常に背任罪の共同正犯が成立するかというと，必ずしもそうでないというのが，一般的な理解です。自分の利益のために何としてでも融資を受けようとすることは，自由経済の下では当然の行為であるともいえ，借り手を背任罪の共同正犯として処罰することは経済活動の不当な制約となりかねないからです。

　判例も，㋐貸し手と借り手の利害関係が共通している場合（最決平成15・2・18刑集57-2-161，最決平成17・10・7刑集59-8-779），㋑借り手が不正融資に積極的に関与した場合（最決平成20・5・19刑集62-6-1623）に限って，借り手に背任罪の共同正犯の成立を認めています。㋐は，たとえば，融資に応じないと借り手の会社が倒産してしまい，それまでに貸した融資金が返済されなくなる場合や，貸し手と借り手が互いに融資し合うという相互依存関係にある場合な

どです。

　A 学園と B 病院は利害関係が一致しているわけではありませんし，Y が不正融資に積極的に関与したともいえません。そうだとすると，Y に背任罪の共同正犯は成立しないことになります。

> ＊　ただ，なぜそのような結論になるのかという理論的な根拠については，いろいろな見解が主張されていて，対立が続いています。
>
> 　上記の⑦と④の場合でなければ，正犯意思や重要な役割が認められないため共同正犯の成立が否定されるという説明もあります。しかし，共同正犯の成否はⒷ関与形式の問題ですから，この説明だと，教唆犯や幇助犯の成立する余地は残ることになりますが，普通は，そうは考えられていません。
>
> 　そこで，上記の⑦と④の場合以外は，経済取引上の交渉事として社会的に容認される限度を超えておらず，「許されない危険」の創出とはいえないから，背任罪の共同正犯や共犯の構成要件該当性や違法性が否定されるという見解も主張されています。あるいは，そもそも上記の⑦と④の場合以外でも，背任罪の共同正犯の成立要件を満たす以上，その成立を認めてよいという見解もありえます。

　Y に背任罪の共同正犯の成立を認めた場合，刑の減免事由はありません。

2　行為❷

> ### Step 3　その行為について検討する罪を決める

　ファイルという財物が G の机の中から Y の手元に移動しているので，1 項犯罪の可能性があります。手段として，Y は暴行・脅迫や欺罔は行っておらず，窃取であると考えられます。そこで，窃盗罪（235 条）について検討します。

> ### Step 4　その罪の成立要件に当てはめ，犯罪の成否を判断する

（1）　不法領得の意思が問題になるのは，どのような場合だろう？

　G のファイルは，「他人の財物」です。Y は，G のファイルを持ち出したことにより，G の意思に反して占有を取得しており，「窃取した」といえます。故意もあります。したがって，不法領得の意思は窃盗罪の要件でないという立場からは，窃盗罪が成立することになります。

　しかし，判例・通説は，不法領得の意思を窃盗罪の要件と考えています。移転罪の不法領得の意思は，①権利者を排除して他人の物を自己の所有物として振る舞う意思（権利者排除意思）と②経済的用法に従って物を利用処分する意思

（利用処分意思）から成り立っています。

　①権利者排除意思が否定されるのは，使用窃盗の場合，つまり財物を元の場所に戻すつもり（返還意思）だった場合（㋐）です。また，②利用処分意思が否定されるのは，財物を捨てたり隠したりする意思（毀棄隠匿目的）しかなく，財産的に得をしようという意思がない場合（㋑）です。ただ，権利者排除意思や利用処分意思を否定してよいかどうかの判断は簡単ではないので，㋐や㋑の場合には特に詳しい検討が必要になります。

> 移転罪における不法領得の意思が特に問題となる場合
> ㋐ 財物を元の場所に戻すつもりだった場合
> ㋑ 毀棄隠匿目的しかなく，財産的に得をしようという意思がない場合

　　＊　「権利者排除意思の有無が問題になるのは財物を短時間使用する場合である」と理解している人もいるかもしれません。確かに，後で述べるように，財物の使用時間は重要なのですが，たとえ短時間使用する意思だったとしても，そもそも元の場所に戻す意思がなければ権利者排除意思は否定できません。やはりポイントは，返還意思があったかどうかです。

　Yは，ファイルを持ち去る際，ファイルがGのところに戻ってくると思っていたので，㋐の場合に当たります。また，Yは，ファイルを隠す意思しかなく，「ファイルを売ろう」とか「ファイルから情報を得よう」というように財産的に得をしようという意思をもっていないので，㋑の場合にも当たります。そこで，本問では，不法領得の意思について詳しく検討する必要があります。

　　＊　上記の㋐や㋑の場合に「移転罪の故意がない」という解答をときどき見かけます。しかし，Yに故意はあります。ファイルがGの物（他人の財物）であること，ファイルの持ち出しによりGの意思に反して占有を移転させる（窃取した）ことの認識，認容はあるからです。

客観	他人の財物（Gのファイル）	窃取（持ち出す）	
主観	故意（他人の財物，窃取の事実の認識，認容）		不法領得の意思あり？

（2）　Yに権利者排除意思は認められるだろうか？

　まず，権利者排除意思です。先ほど述べたように，Yには返還意思がありました。ただ，返還意思があれば，それだけで権利者排除意思が否定されるわけではありません。ⓐ被害者による利用可能性・必要性，ⓑ使用時間，ⓒ物の価

値などから総合的に判断する必要があります。

　本問では，Yは約50mしか離れていない交番にファイルを直接届けるつもりだったこと，ファイルがGに返還されると考えていたことなどから，権利者排除意思を否定する見解もありえます。しかし，ファイルは機密書類であり，重要性が高かったこと，Yは，ファイルを自ら元の場所に戻すのではなく，警察に届ける意思を有していたにすぎず，ファイルが確実にGに返還されるとは限らないことなどから，権利者排除意思は否定できないともいえます。

(3)　Yに利用処分意思は認められるだろうか？

　次に，利用処分意思です。Yには，ファイルを持ち出すことによって自己保身を図る意思がありました。ただ，それはファイルを持ち出したことによる間接的な効果にすぎません。利用処分意思があったというためには，財物から直接的に経済的な意味で効用を得る意思が必要です（最決平成16・11・30刑集58-8-1005）。Yはファイルをそのまま交番に届けるつもりだったので，ファイルという財物自体からは直接的に効用を得る意思はなく，利用処分意思は否定されます。こう考えると，窃盗罪は成立しません。

Step 3	その行為について検討する罪を決める
Step 4	その罪の成立要件に当てはめ，犯罪の成否を判断する
Step 5	刑の減免事由があれば検討する

　利用処分意思が否定されたときには，器物損壊罪（261条）の成否を検討する必要があります。「損壊」とは，物の効用を害する一切の行為，つまり，物を使用できないようにする行為をいいます。Yがファイルを持ち去ったことにより，Gはファイルを使用できなくなりますから，行為❷は，「他人の物」であるGのファイルを「損壊」したといえます。故意もあります。

　したがって，器物損壊罪が成立します。刑の減免事由はありません。

Step 6	罪数処理をする

　背任罪の共同正犯と器物損壊罪の成立を認めた場合，両者は観念的競合でも牽連犯でもなく，併合罪です。

以下の事実について，X，Y，Zの罪責を論じなさい。

1　Xは，宝石のブローカーであるAを殺害して宝石を奪おうと企てた。X
　　は，知人のYがAを知っており，Aをおびき出せることが分かったため，
　　これを利用しようと考え，Yに電話をかけ，その旨を伝えた。Yは，Xに
　　対し，「分かった。俺がAを『燕ホテル』の部屋に呼び出し，買い主と交
5　　渉するふりをしてAから宝石を受け取って部屋を出る。その後，お前が
　　Aのいる部屋に入ってAを射殺しろ。その間に，俺は宝石を持って逃げ
　　る」と犯行手順を説明し，Xもこれに同調した。

　　　Yの弟のZは，YがXと電話で話しているのを立ち聞きし，XとYが
　　Aから宝石をだまし取るのを手助けしようと考えた。ただ，Zは，Yの話
10　　の全部は聞こえなかったので，XとYがAを射殺する計画を立てている
　　ことは認識していなかった。

2　Yは，宝石の買い主がいるように装い，燕ホテルの302号室にAを案
　　内した。ホテルの出入口には，Aがボディーガードとして連れてきた暴力
15　　団の組員が数人いた。

　　　Zは，XとYに知らせずに自動車で燕ホテルに赴き，YがAを302号
　　室に案内したのを見たが，その後，私服警察官がホテル内を巡回している
　　ことに気づき，もし警察官が302号室に近づいたら阻止しようと考え，
　　302号室付近で様子を窺っていた。

20　3　Yは，Aに「この階の別の部屋にいる買い主と交渉してくるから，宝石
　　を少し預けてくれ」と言った。Aは，「じゃあ，あんたに預けるわ」と言
　　って，宝石（時価総額2896万円相当）の入った小型の鞄をYに渡した。
　　Yは，これを受け取り，302号室を出て，305号室で待機していたXに対
　　し，Aを射殺するよう指示し，ホテルの出入口に向かった。Zは，それを
25　　見て，Yを追いかけた。その間，警察官は，302号室には近づかなかった。

4　Yが燕ホテルを出てタクシーを探していたところ，Zが自動車に乗って
　　Yの前に現れ，「事情は分かっている。早く乗れ」と言った。Yは，Aか
　　ら受け取った宝石を持って自動車に乗り，Zの運転する自動車で燕ホテル
　　を出発し，自宅に向かった。

30　5　その後，Xは，302号室に入り，Aにけん銃を発砲したが，Aは，防弾
　　チョッキを着ていたため，死亡せず，肋骨を骨折したにとどまった。

XとYは，一体となって犯行を行っており，両者の罪責に違いはないと考えられるので，XとYをまとめて検討します。一方，Zは，実行行為を担当していない背後者なので，後で検討します。

I　XとYの罪責

Step 1　検討の対象となる行為を拾い出す

　XとYの罪責について検討の対象となるのは，以下の行為です。

┃ 行為❶…YがAをだまして宝石を持って逃走した行為（20-22, 27-29行目）
┃ 行為❷…XがAにけん銃を発砲した行為（30行目）

Step 2　一連の行為は，1個の行為として扱う

　「結局は，XとYがAに発砲して宝石を奪ったんだから，行為❶と行為❷は1個の行為と見ていいんじゃないか」と思った人もいるかもしれません。確かに，本問の事例は，社会的には「けん銃を使用した宝石強奪事件」という1つの事件と見られるでしょう。しかし，刑法的には，もう少し丁寧に見ていく必要があります。

　本問では財産犯が問題になりますので，1項犯罪の成立可能性から考えていきます（Method ⇒）。まず客体ですが，被害者が占有している財物があるかというと，あります。Aの所持している宝石です。次に，その宝石の占有がXやYに移転したかどうかですが，Aが宝石をYに渡したときか，Yが302号室を出たときか，遅くともYがホテルを出発したときに占有がYに移転したといえるでしょう。

> 財産犯の検討順序は，1項犯罪 → 2項犯罪 → 非移転罪 → その他

　ただ，行為❷の発砲が行われたのは，その後です。そのため，行為❷によって宝石の占有が移転したとはいえません。むしろ，Aから宝石を受け取って逃走したという行為❶によって占有が移転したと考えられます。そうすると，行為❶は，宝石という財物の占有移転に向けられており，1項犯罪の可能性があるのに対して，行為❷は，そうではないので，両者を一連の行為として扱うことはできないのです。

```
┌─────────── 宝石の占有移転 ───────────┐
│ Y が A をだまして宝石を受け取り，逃走（行為❶）│ X が発砲（行為❷）│
└──────────────────────────────────┘
```

そこで，時系列に沿って行為❶と行為❷について順に検討していきます。

1　行為❶

Step 3　その行為について検討する罪を決める

（1）　関与形式は，共同正犯

　X と Y は共犯関係にあり，Ⓐ各則上の罪名とⒷ関与形式が問題になります（Method ⇒）。まず，Ⓑ関与形式については，明らかに間接正犯ではありませんが，X と Y は，2 人で念入りに犯行計画を練り，それぞれ実行行為を分担しているので，共同正犯であると考えられます。

> 「何罪か」と「どの関与形式か」を分けて検討しよう 8-1

（2）　罪名は，詐欺罪か窃盗罪

　次に，Ⓐ各則上の罪名ですが，先ほど述べたように，行為❶については，1 項犯罪の成立が考えられます。それでは，1 項犯罪のうちのどれでしょう。Y は A に嘘を言って宝石を受け取っているので，詐欺罪（246 条 1 項）が真っ先に思い浮かびます。もちろん，本問では詐欺罪の検討は必要です。ただ，ここで覚えておいてほしいことがあります。それは，詐欺罪が成立すると思ったときには，もしかしたら詐欺罪ではなくて窃盗罪（235 条）が成立するのではないかと一度は考えてみるということです。

　もちろん，詐欺罪が成立することが明らかな場合は，窃盗罪の成立可能性まで考える必要はありません。しかし，被害者に嘘を言っていて，詐欺罪が成立するように見える事例の中にも，実は窃盗罪の成立を認めるべき事例や，詐欺罪か窃盗罪かが微妙な事例も少なくないのです。

> ＊　窃盗罪と詐欺罪は同じ移転罪ですが，窃盗罪は，被害者の意思に反して財物の占有が移転するのに対して，詐欺罪は，被害者の意思に基づいて（錯誤に陥っているので不十分な意思ですが）財物の占有が移転するという違いがあります。そうすると，たとえ被害者をだますという手段を用いたとしても，財物の占有が被害者の意思に反して移転したときには，詐欺罪ではなく窃盗罪が成立します（たとえば，店で「迷子がいますよ」と嘘をついて店員の注意をそらし，その間に商品を持ち去った場合，店員の

意思に基づいて商品の占有が移転したわけではないので，詐欺罪ではなく窃盗罪です）。

そこで，本問でも詐欺罪とともに窃盗罪の成否も検討してみましょう。

Step 4　その罪の成立要件に当てはめ，犯罪の成否を判断する
Step 5　刑の減免事由があれば検討する

（1）　共同正犯

　ＸとＹは，犯行計画を積極的に立案し，共謀が成立したといえます。Ｙはこの計画どおりに行為❶を行っており，共謀に基づいて実行行為が行われました。したがって，共同正犯の要件を満たします。

（2）　詐欺罪と窃盗罪の区別が問題になるのは，どのような場合だろう？

　罪名は，詐欺罪と窃盗罪のどちらでしょうか。先ほど述べたように，詐欺罪か窃盗罪かは，財物の占有移転が被害者の意思に基づいて行われたかどうかで決まります。被害者の意思に基づいて財物の占有が移転したことを示すのが，詐欺罪の処分行為（交付行為）という要件です。ただ，被害者の処分行為によって財物の占有が移転したかどうかの判断に迷う事例もあり，その場合に詐欺罪と窃盗罪の区別が問題になります。具体的には，以下の場合です。

> 処分行為による占有移転の有無が特に問題となる場合
> ⑦ 占有の移転時期が明確でないために，占有移転が処分行為に基づいているかどうかの判断が難しい場合
> ④ 占有移転について被害者の認識が不明確である（財物の存在を認識していないなど）ために処分意思の有無の判断が難しい場合
> ⑨ 処分行為の相手方が第三者であるため，処分行為の要件を満たすかどうかの判断が難しい場合

　本問は，⑦の場合です。

（3）　処分行為による占有移転は，どのように判断すればいいのだろう？

　宝石の占有移転は，Ａの処分行為に基づいて行われたのでしょうか。その判断は難しいのですが，以下のような順序で考えるのが，1つの方法です。

　①いつ財物の占有が移転したといえるか

　②その占有移転は，被害者の処分行為に基づくものかどうか

　まず，本問では，いつ宝石の占有が移転したかを考えてみましょう。実は，

この点は結論が分かれるところです。（ⅰ）宝石の入った鞄は小さいこと，Yは部屋さえ出てしまえば自由にどこにでも行けることなどから，部屋を出た時点で占有移転を認める見解もありえます。他方，（ⅱ）AにはホテルⅠⅠ内の別の部屋にいる買い主に宝石を見せる意思しかなかったこと，ホテルの出入口にはAのボディーガードがいたことなどから，ホテルを出て，自動車で逃走した時点で占有が移転したとする見解も考えられます。

仮に（ⅰ）の見解を前提とすると，Aは，Yが宝石を持って別の部屋に行くことは許可していましたから，宝石の占有移転は，Aの処分行為に基づくものともいえます。こう考えれば，Yは，欺罔行為によりAを錯誤に陥れ，Aの処分行為に基づき宝石の占有を取得したとして，詐欺罪の成立が認められます。

もっとも，（ⅰ）の見解に立ちながら，AにはYに宝石を譲渡する意思はなく，一時的に預ける意思しかなかったので，処分意思はなかったと考えることも可能です。そうだとすれば，Yは，Aの処分行為に基づいて宝石の占有を取得したのではなく，Aの意思に反して宝石の占有を取得したといえ，窃盗罪が成立します。

一方，（ⅱ）の見解を前提とすると，Aは宝石をホテルの外に持ち出すことまで許可したわけではありませんから，占有移転は，Aの処分行為に基づくものではなく，Aの意思に反して行われたということになります。こう考えると，やはり窃盗罪が成立します。

> ＊　この場合に詐欺罪の成立が否定されるのは，厳密に言うと，処分行為の要件を欠くからというより，Yの嘘が処分行為に向けられた嘘（Aに処分行為をさせるための嘘）といえないため欺く行為の要件を欠くからです。この点は，第6問で触れました。

刑の減免事由はありません。

2　行為❷

<table><tr><td>Step 3</td><td>その行為について検討する罪を決める</td></tr></table>

（1） 1 項強盗罪？

　行為❷について，1 項強盗罪（236 条 1 項）は成立するでしょうか。

　仮に行為❶によって宝石の占有を取得しておらず，窃盗罪や詐欺罪が未遂に
とどまったのであれば，行為❷によって宝石の占有を取得したとして，1 項強
盗罪の成立する余地はあります。しかし，先ほど述べたように，宝石の占有は，
既に行為❶によって X と Y に移転しているので，行為❷は，宝石の占有移転
に向けられた行為とはいえません。したがって，行為❷について 1 項強盗罪
の成立を認めることはできません（この点は，Method 5 で検討しました）。

> ＊　もっとも，財物の占有を「取得」して 1 項犯罪が既遂に達した場合でも，未だ
> 占有を「確保」したとまではいえないときに，暴行・脅迫を用いて財物の占有を
> 「確保」すれば 1 項強盗罪の成立を認めるのが，実務の主流です。

（2） 2 項強盗罪の可能性

　それでは，行為❷は単なる殺人未遂罪でしょうか。確かに，X は殺意をもっ
て発砲しています。ただ，X と Y がなぜ A を射殺しようとしたのかという動
機を思い出してみましょう（Method ⇒）。宝石を A に
取り返されないようにすること，あるいは宝石の代金を
支払わずに済ませることが動機でした。これは，財産上

> 仮説のヒントは，
> 事実と意思
> 2-2

の利益に当たる可能性があります。そこで，2 項犯罪が成立しないかを考えて
みる必要があります。

　Method 5 でも述べたように，財産上の利益は，財物と違って形がないので，
気づきづらいところがあります。特に 2 項強盗（殺人）罪の場合は，2 項詐欺
罪や 2 項恐喝罪と違って，財産上の利益に関する被害者の処分行為がないので，
2 項強盗（殺人）罪の成立可能性を見逃してしまうおそれがあります。

　そんなときは，類型を覚えることが有効です。2 項強盗（殺人）罪がよく問
題となるのは，以下のような場合です。これを頭に入れて事例問題を読むと，
2 項強盗（殺人）罪に気づきやすくなると思います。

---

2 項強盗（殺人）罪が特に問題となる場合

ⓐ 債権者の殺害，暴行（債務の免脱，財物返還阻止）

ⓑ 被相続人の殺害（相続人の地位の取得）

ⓒ 暗証番号の聞き出し
ⓓ 経営者の殺害（経営権の取得）
ⓔ ローンカードの利用可能化

　本問は，ⓐの場合です。行為❷によって取得された財産上の利益としては，宝石の返還阻止と，代金の支払免脱が考えられます。そのような利益を取得するために用いられた手段は，けん銃の発砲です。発砲は，被害者の反抗を抑圧するに足りる有形力の行使ですから，強取に当たります。そこで，行為❷については2項強盗罪（236条2項）の成立が考えられます。

（3）　強盗殺人罪の可能性

　そして，2項強盗罪は進化系の犯罪です。行為❷が2項強盗罪に当たるとすると，強盗犯人のXが殺意をもってAに発砲したといえるので，進化形である強盗殺人罪（240条）の成否を検討することになります（Method ⇒）。

> 強盗の後は，240
> 条の罪を疑え
>
> 18-3

> ＊　行為❶について窃盗罪が成立すると考えた人は，行為❷について事後強盗罪（238条）の成否を検討してもかまいません。「窃盗」犯人であるXが「財物を得てこれを取り返されることを防」ぐために窃盗の機会の継続中に発砲という「暴行」をAに加えたといえるからです。行為❷が事後強盗罪に当たるとしても，やはりその進化形として強盗殺人罪の成否を検討することになります。
> 　ただ，話が複雑になるので，以下では，2項強盗罪だけを検討します。
> 　なお，行為❷のように，事後強盗罪と2項強盗罪の両方の成立要件を満たす場合がありますが，その場合，どちらか一方しか成立しません。ただ，どちらなのかというと，見解の対立があります。
> ＊　財物の窃取・詐取（第1行為）後に，暴行・脅迫（第2行為）が行われた場合の取扱いを整理すると，以下のようになります。

Step 4	その罪の成立要件に当てはめ，犯罪の成否を判断する
Step 5	刑の減免事由があれば検討する

（1） 240条の罪に関する3つの論点を意識しよう

240条の罪に関してはいろいろな論点があり，忘れず検討する必要があります。そのためには，以下の3つの論点をいつも意識しておくといいと思います。どれも，下線を引いたほうが判例・通説です。

> 240条の罪に関する3つの論点
> Ⓐ 死傷の結果は，強盗の手段である暴行・脅迫から発生する必要があるか，<u>強盗の機会に行われた行為から発生すれば足りるか</u>
> Ⓑ 240条には，<u>殺意のある場合を含むか</u>，含まないか
> Ⓒ 強盗殺人罪の既遂・未遂は，強盗の点の既遂・未遂によって決まるか，<u>殺人の点の既遂・未遂によって決まるか</u>

事案の内容により，必要に応じて上記の点を検討してください。本問では，行為❷が殺意をもって行われたことから，Ⓑの検討が必要になります。また，強盗利得の点は既遂ですが，殺人の点は未遂にとどまったので，Ⓒの検討も必要になります。

（2） 強盗殺人罪の成立要件に当てはめよう

強盗殺人罪の成立要件は，「強盗」と「人を……死亡させた」です。

まず，「強盗」の要件です。先ほど述べたとおり，行為❷は，発砲という反抗を抑圧するに足りる程度の有形力の行使により，宝石の返還阻止または代金の支払免脱という財産上の利益を取得したといえます。したがって，行為❷は2項強盗罪に当たり，「強盗」の要件を満たします。

次に，「人を……死亡させた」です。Xは，殺意をもって発砲しましたが，Aを死亡させるには至りませんでした。

判例・通説を前提とすると，本問では強盗殺人未遂罪（243条，240条）が成立します。

刑の減免事由はありません。

Step 6 | 罪数処理をする

（1） 窃盗罪・詐欺罪と強盗殺人未遂罪の関係は？

行為❶と行為❷は別個の行為ですから，本来であれば，行為❶の窃盗罪または詐欺罪と行為❷の強盗殺人未遂罪とは併合罪となるところです。しかし，行

為❶は，宝石の占有を侵害する行為であり，行為❷は，その宝石の返還を阻止し，宝石の代金の支払いを免れる行為ですから，実質的に見れば，2つの行為は同一の財産に対する侵害行為といえます。そこで，窃盗罪または詐欺罪と強盗殺人未遂罪は包括一罪の関係にあり，前者が後者に吸収され，強盗殺人未遂罪一罪が成立する（Method ⇒）というのが，判例（最決昭和61・11・18刑集40-7-523）の立場です。

包括一罪は，例外的に複数の法益侵害でも一罪

19-3

（2）　犯罪の成否の判断は別個に，しかし，罪数関係は一罪

　このように言うと，「どうせ一罪になるのなら，やっぱり Step 2 で2つの行為を一連の行為にしておけばよかったじゃないか」と思うかもしれませんが，そういうわけにはいきません。

　これまでも説明してきたように，刑法典では，財物と財産上の利益は異なる客体として明確に区別されています。そのため，財物を客体とする行為（第1行為）と財産上の利益を客体とする行為（第2行為）とは別個の行為として扱わなければなりません（Method ⇒）。

異なる構成要件に該当する行為は，別個の行為

3-2

> ＊　実際，財物を客体とする第1行為の評価が，第2行為における犯罪の成否に影響を及ぼす可能性があります。たとえば，「第1行為が窃盗罪なら第2行為は事後強盗罪の可能性があるが，第1行為が詐欺罪であれば第2行為は事後強盗罪ではなく2項強盗罪になる」とか，「第1行為が未遂なら，第2行為は1項強盗罪といえる」などです。そうである以上，時系列に沿って第1行為，第2行為の順に犯罪の成否を確定する必要があります。その結果，罪数処理として2つの罪が併合罪になるか包括一罪になるかは，また別の問題です。

　このように，犯罪の成否については行為ごとに別個に検討して，最後に罪数処理のところで一罪にするという処理は，いろいろな場面で使います。

Ⅱ　Zの罪責

Step 1　検討の対象となる行為を拾い出す

　検討の対象となるのは，以下の行為です。

行為❶…302号室の付近で見張りをした行為（19行目）

行為❷…Yを自動車に乗せて逃走した行為（27-29行目）

　行為❶と行為❷では，周囲の状況が変化していて，別の考慮が必要になるので，別個の行為として扱うことにします。

1　行為❶

Step 3　　その行為について検討する罪を決める

　最初に述べたように，Ｚは背後者なので，共犯関係が問題になります。

　まず，Ⓑ関与形式ですが，当然，間接正犯ではありませんし，ＹらとＺの間に意思の連絡はないので，共同正犯も成立しません。ＺはＹらに犯行を決意させたわけではなく，教唆犯にも当たりません。残るは，幇助犯です。

　次に，Ⓐ各則上の罪名については，Ｚは，ＹらがＡから宝石をだまし取ることを認識して関与しているので，窃盗罪または詐欺罪が問題になります。なお，Ｚは，ＸがＡを射殺することは認識していませんでしたし，客観的にもＺの行為が射殺行為を容易にしたわけではないので，強盗殺人未遂罪については検討する必要はないでしょう。

Step 4　　その罪の成立要件に当てはめ，犯罪の成否を判断する

Step 5　　刑の減免事由があれば検討する

　Ｚは，警察官が近づくのを阻止するために見張りをしており，幇助行為自体は行われています。ただ，その幇助行為とＹらの正犯行為や結果との間に因果関係はあるでしょうか。

　通説は，幇助犯の因果関係について，条件関係は必要でなく，促進的因果関係で足りると解しています。「幇助行為がなければ正犯の犯行は成功しなかったとまではいえなくても，幇助行為のおかげで正犯者が犯行をやりやすくなった，容易になったといえれば足りる」ということです。

　促進的因果関係は，物理的な面か心理的な面のどちらかがあれば足りると考

えられています。そこで，以下のような手順で検討します。

> 帮助犯の因果関係の検討手順
> ① 物理的に正犯行為や結果を促進・強化したかを検討する（なければ②）
> （例：帮助者が提供した道具や情報が正犯行為で使用された）
> ② 心理的に正犯行為や結果を促進・強化したかを検討する
> （例：帮助者の言動によって正犯者が意を強くした）

　①Zは見張りをしましたが，結局，警察官は近づかなかったので，Zの見張りが物理的な意味でYの犯行を容易にしたとはいえません。また，②Yは，Zが見張りをしていることを認識していなかったので，Zの見張りは，心理的にYらの犯行を促進したわけでもありません。したがって，因果関係は認められず，帮助犯は成立しません。刑の減免の検討は不要です。

2　行為❷

Step 3	その行為について検討する罪を決める
Step 4	その罪の成立要件に当てはめ，犯罪の成否を判断する
Step 5	刑の減免事由があれば検討する

　行為❷については，Yらの窃盗罪または詐欺罪の終了
時期との関係が重要になります（Method ⇒）。

犯罪には始まりと
終わりがある　16-2

　行為❷が行われたのは，Yがホテルを出た後です。もしこの時点でYらの窃盗罪・詐欺罪は既遂に達していない，あるいは終了していないという理解に立てば，行為❷は，Yらの宝石の占有取得を容易にしたといえるので，窃盗罪・詐欺罪の帮助犯の成立を認めることも可能です。

　しかし，Yが宝石を受け取り，302号室を出た時点で窃盗罪・詐欺罪は既遂に達し，終了したと考えると，行為❷は，その後に行われているので，その帮助犯は成立する余地はないということになります。その場合は，盗品運搬罪（256条2項）が成立することになります。

　刑の減免事由はありません。

Step 6	罪数処理をする

　いずれにしても，成立する罪は1個だけなので，罪数処理は不要です。

以下の事実について，Xの罪責を論じなさい。

1 Xは，鉄筋5階建ての分譲マンション「トーダTSUBAME」の101号室（X所有。以下「X宅」という）に妻のAと2人で暮らしていた。同マンションには，防火扉などは設置されていなかった。

Xは，普段から酒癖が悪く，日本酒を5，6合以上飲むと他人に暴力を振るうことが度々あり，その暴力の程度は他人を死亡させかねない程度に至ることも少なくなかった。

2 ある日の午後6時ころ（以下，時刻のみを示す），Xは，X宅で日本酒を飲み始めた。午後6時10分ころ，Aから，「お酒を飲んでばかりいないで，ちょっとは働いてよ」などと言われたため，憤激し，腹いせの気持ちと，X宅に掛けられた火災保険の保険金を得る目的で，X宅に火をつけて燃やそうと決意した。Xは，他の区画にも延焼するかもしれないと思ったが，Aや他の居住者に危害を加えるつもりはなかった。Xは，この日はそれほど大量の酒を飲むつもりはなく，暴れるほど酩酊することはないだろうと思いながら日本酒を飲み続けた。

3 午後7時15分ころ，上記の計画を実行するため，Aに対し，「この家に火をつける。危ないから出ていけ」などと叫びながら，近くにあった灯油入りのポリタンクを持ち出し，X宅内に灯油を撒布しようとした。Aが「やめて」と言って，これを止めようとしたところ，Xは，ポリタンク，新聞紙，ライターを持ってX宅を飛び出した。101号室の目の前にあるエレベーターが点検中でドアが開いていたため，Xは，エレベーターのかごの側壁に灯油を撒いた。なお，灯油は，ガソリンに比べて揮発性が低い上に，引火点も40度から60度と高く，直接火を近づけない限りあまり引火しない性質を有している。

4 午後7時20分ころ，居住者のBとCが騒ぎを聞いて出てきたため，Xは，「近づくと火をつけるぞ。向こうへ行け」と叫んで，棒状に丸めた新聞紙の先端にライターで火をつける格好をした。Xは，Bらが離れた後にエレベーターに火をつけるつもりだったが，BがXの持っていたライターと新聞紙を叩き落とし，その際，ライターの火が新聞紙と撒布された灯油に引火した。火は，エレベーターの側壁を約3m²焼いたところでBらによって消し止められた。

5 午後7時30分ころ，Xは，Bに妨害されたことに憤激し，報復のため

にBを殺害しようと決意し，Bに対し，携帯していたカッターナイフをB
の首に向けて突き出した。Bは，これを避けたが，その弾みで転倒して地
面に手をつき，手の平を擦りむいて，加療1週間を要する擦傷を負った。
Xは，すぐにCに取り押さえられた。

6　午後7時ころには，Xの飲酒量の合計は7合に達し，それ以降，Xは，
病的酩酊状態に陥り，行為の是非を弁識する能力およびそれに従って行動
を制御する能力が欠如した状態となっていた。

35

Step 1　検討の対象となる行為を拾い出す

Xの罪責について検討の対象となるのは，以下の行為です。

行為❶…エレベーターに灯油を撒布した行為（21-22行目）

行為❷…新聞紙に火をつけようとした行為（26-27行目）

行為❸…カッターナイフでBを突こうとした行為（33-34行目）

Step 2　一連の行為は，1個の行為として扱う

行為❶と行為❷は，エレベーターへの放火に向けて行われた一連の行為と見
てよいでしょう。これに対して，行為❸は，Bの生命・身体に向けられた行為
ですから，行為❶，❷とは別個の行為です。

時系列に沿って，行為❶，❷と，行為❸について順に検討していきます。

1　行為❶，行為❷

Step 3　その行為について検討する罪を決める

行為❶，❷については，当然，放火の罪が問題になりますが，具体的にはど
の罪の成否を検討すればいいでしょうか。

客体が手がかりになります（Method ⇒）。Xは，エレ
ベーターを燃やそうとし，実際にもエレベーターが燃え
ています。X宅などの居住部分は，放火犯人以外の者が

> 構成要件該当性の
> 判断の順序は，客
> 体 → 行為・結果
> 1-2

現に住居に使用している現住建造物ですが，エレベーターも同じマンション内
の設備なので，やはり現住建造物に当たる可能性があります。そこで，現住建
造物放火罪（108条）を検討します。

Step 4	その罪の成立要件に当てはめ，犯罪の成否を判断する
Step 5	刑の減免事由があれば検討する

（1）構成要件該当性，違法性阻却

a ▶ 現住建造物

（a）どのような順序で客体を分類するのだろう？

エレベーターは，現住・現在建造物に当たるでしょうか。Method 1 で学んだように，放火の罪の客体は，5 種類に分けられます。ただ，そのときには，一度で 5 つに分けるのではなく，以下の段階を踏んで分ける必要があります。

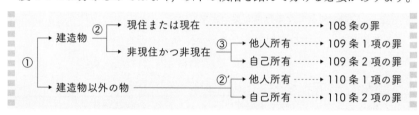

（b）エレベーターは建造物？

最初の分類は，①建造物か建造物以外の物かです。エレベーターのかご単独では建造物といえませんが，建造物であるマンションの一部といえる可能性があります。その基準は，「損壊しなくても取り外せるかどうか」です。

エレベーターのかごを取り外すのは多大な手間と労力がかかり，かなり困難ですから，エレベーターは建造物の一部といえます。

（c）エレベーターは現住建造物？

ただ，エレベーター自体に犯人以外の者が住んでいたり現に存在したりするわけではありません。そこで，エレベーターを，現住建造物である 101 号室などと一体と見て，全体を 1 個の現住建造物と見られないかが問題になります。これは，現住・現在か非現住・非現在かという②の問題です。

ここでは，現住建造物等放火罪か非現住建造物等放火罪かが問題になっているので，前者の罪が後者の罪より重く処罰されるのはなぜかという視点が重要になります。前者の罪が後者の罪より重く処罰される理由は，前者の罪のほうが生命・身体・財産に対する危険が高いところにあります。そこで，非現住・非現在建造物の部分と現住・現在建造物の部分が接続していて（構造上の一体性），火をつけた非現住・非現在建造物の部分から現住・現在建造物の部分に

延焼する可能性があるか（延焼可能性），また，現住建造物の部分と非現住建造物の部分が一体として使用されていて人の移動する可能性があるか（機能的一体性）を考慮して，建造物の一体性を判断します。先ほど述べた①の建造物の一部かどうかという基準と違うことに注意してください。

　本問では，エレベーターはマンションの設備ですから，当然，構造上の一体性はありますし，マンションに防火設備が完備されているわけではないので，延焼可能性もないとはいえません。また，マンションの居住者はエレベーターを頻繁に利用しますから，機能的一体性も認められます。したがって，本問のエレベーターは，現住建造物の部分と一体であるといえます。

> 　＊　構造上の一体性と延焼可能性を合わせて，物理的一体性といいます。物理的一体性と機能的一体性の関係については，（ⅰ）どちらか一方でもあれば建造物の一体性を肯定してよいという見解，（ⅱ）物理的一体性は不可欠であり，物理的一体性が弱いときに機能的一体性で補うという見解があります。
> 　＊　放火犯人の所有物でも，火災保険が掛けられている場合は，115条により他人所有として扱われます。これは，他人所有か自己所有かという③の問題です。②で現住建造物であると認めれば，③の問題は出てきません。

b ▶ 放火，焼損

（a）　早すぎた構成要件の実現とは？

　「焼損」の意義について，判例（最判昭和 25・5・25 刑集 4-5-854）は，火が媒介物を離れて目的物が独立して燃焼を継続する状態に達することであるという独立燃焼説に立っています。本問では，エレベーターの側壁が燃焼していますから，独立燃焼説に立てば，「焼損」の結果が発生したといえます。

　ただ，Xは，行為❶，❷の後，点火を行って焼損の結果を生じさせようと思っていましたが，実際には，点火を行う前の行為❶，❷から直接，焼損の結果が発生してしまいました。このように，第2行為（本問では点火）から結果を発生させるつもりだったのに，その前の第1行為（本問では行為❶，❷）から結果が発生した場合を「早すぎた構成要件の実現」と呼んでいます。

　この問題については，いろいろな見解が主張されていて，議論が複雑なのですが，結局は，故意の既遂罪の成立が認められるかどうかが問題になっているということを忘れないようにしましょう。いつもどおり，実行行為，結果，因果関係，故意という犯罪の成立要件を順番に検討して，全部の成立要件を満た

せば故意の既遂罪（たとえば殺人既遂罪）が成立するし，どれか成立要件が欠ければ故意の既遂罪の成立が否定されて，あとは，未遂罪（殺人未遂罪），予備罪（殺人予備罪），結果的加重犯（傷害致死罪），過失犯（過失致死罪）の成否を考えるということに尽きます（Method ⇒）。

客観的要件を満たさないときは，未遂犯の可能性 2-4

故意が否定されたら，軽い故意犯，結果的加重犯，過失犯の可能性 2-3

（b） ポイントは，実行行為の捉え方

そのときのポイントは，実行行為をどう捉えるかです。既遂罪の成立を認めるためには，既遂の結果が実行行為から発生したといえることが必要です（Method ⇒）。実行行為でない行為から既遂の結果が発生しても，既遂罪の成立を認めることはできません。早すぎた構成要件の実現の場合には，第1行為から結果が発生するわけですから，故意の既遂罪の成立を認めるためには，第1行為を実行行為と捉える必要があります。

犯罪の成否は，行為ごとに，各行為の時点を基準に判断 3-1

ただ，ここで故意の既遂罪の成立を認めようとすると，困った問題が生じます。行為者は第1行為ではなく第2行為から結果を発生させるつもりだったので，仮に「故意があってはじめて実行行為といえる」という理解を前提とすると，第1行為を実行行為と捉えることはできないように思えるからです。

（c） 判例の立場

この点について，判例（最決平成16・3・22刑集58-3-187）は，第1行為が第2行為に密接な行為であり，危険性があれば，第1行為の時点で実行の着手が認められ，故意の既遂罪が成立するとしています。第1行為の時点で実行の着手が認められれば，その時点から実行行為が始まっており，第1行為と第2行為を合わせた一連の実行行為から結果が発生したといえるわけです。

> ＊ 本間では，行為❶，❷の時点で実行の着手が認められれば，行為❶，❷は実行行為であるといえ，「放火して」に当たります。また，その実行行為と「焼損」の結果との間にBの行為が介在していますが，放火をしようとしている人のライターを叩き落とす行為は異常とはいえないので，因果関係も認められます。したがって，現住建造物放火罪の客観的要件を満たします（【図1】）。
>
> 他方，行為❶，❷の時点で実行の着手が認められなければ，行為❶，❷は単なる予備行為ということになります。予備行為から既遂の結果が発生しても，既遂罪の成立は認められず，放火予備罪か失火罪が問題になるにすぎません（【図2】）。

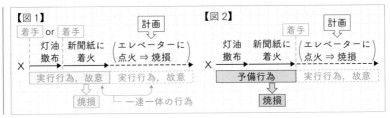

【図1】 着手 or 着手

X → 灯油撒布 → 新聞紙に着火 → ⟮エレベーターに点火 ⇒ 焼損⟯

計画

実行行為, 故意 | 実行行為, 故意

焼損 | 一連一体の行為

【図2】 着手 | 計画

X → 灯油撒布 → 新聞紙に着火 → ⟮エレベーターに点火 ⇒ 焼損⟯

予備行為 | 実行行為, 故意

焼損

*　これに対して，第1行為だけを実行行為と捉える見解も有力です。第1行為から結果が発生した以上，端的に第1行為を実行行為とすれば足り，あえて第1行為と第2行為を一連の行為と捉える必要はないというわけです。実行行為を客観的に把握する立場からは，このような見解に至ります。この見解からは，後述する因果関係の錯誤をどう解決するかが最大の問題になります。

（d）　本問における実行の着手

　それでは，本問の行為❶，❷の時点で，実行の着手は認められるでしょうか。結果発生が目前に近づいているけれども，結果を発生させるための行為をまだやり終えていないので（第7問参照），詳しい検討が必要になります。

　行為❶，❷の時点では，灯油を撒き，ライターで新聞紙に火をつけようとしており，もう少しでエレベーターが燃やされそうだというところまで来ています。しかし，焼損という結果を発生させるためには，エレベーターに点火する行為が必要であり，その行為は，まだやり終えていないのです。

（e）　解決

　判例の基準（第7問参照）を当てはめると，本問では，焼損の結果を生じさせるためには灯油の撒布等の行為が必要不可欠だったこと，Xの計画上，灯油の撒布等とエレベーターへの点火とが時間的，場所的に近接していたことは，認められるでしょう。

　問題は，灯油の撒布等の行為以降の計画を遂行する上で障害となる特段の事情が存在したかです。Xの近くにBらがおり，Xの点火を止めようとしていたこと，灯油は揮発性が低く，引火しづらい性質を有していたことなどから，計画を遂行する上での障害が存在していたともいえます。他方，Xは，既にエレベーターに灯油を撒いた上に，ライターと新聞紙を手に持ち，いつでも点火できる状況にあったとして，計画遂行の障害はなかったという見解もありえます。これによると，行為❶，❷の時点で実行の着手が認められます。

c ▶ 故意

（a） 行為❶，❷の時点で故意はあったといえるだろうか？

次に，本問で故意の既遂罪（現住建造物放火罪）の成立を認めるためには，行為❶，❷の時点で故意があったといえる必要があります。

Ｘは，行為❶，❷から直接，焼損の結果を生じさせようとは思っていませんでした。しかし，行為❶，❷の時点で実行の着手を認める立場からは，行為❶，❷の時点で実行行為が始まっていることになり，行為❶，❷以降の一連の行為全体について故意が肯定されます。

（b） 因果関係の錯誤は？

さらに，因果関係の錯誤も問題になります。Ｘは，エレベーターに自分で点火して焼損の結果を惹き起こそうと思っていたのに対して，実際にはＢにライターと新聞紙を叩き落とされたために焼損の結果が発生しました。つまり，行為者が認識していた因果経過と現実の因果経過とがずれているのです。

ただ，これは，一連の実行行為のうちの第２行為から結果が発生すると思っていたら第１行為から結果が発生したというだけのことですから，故意を阻却するほどの重大な錯誤とはいえません。

このように考えると，Ｘの行為は，現住建造物放火罪の構成要件に該当することになります。違法性阻却事由もありません。

（2） 責任阻却

a ▶ 原因において自由な行為の法理

ただ，行為❶，❷の時点でＸは心神喪失となっていたため，39条1項により責任を阻却するかが問題となります。心神喪失や心神耗弱の状態で行為を行った事例では，原因において自由な行為の法理が適用されないかを（実際に答案に書くかどうかはともかく）一度は考えてみましょう。

問題となるのは，以下の条件がそろった場合です。

原因において自由な行為の法理の適用が問題となる場合

・結果行為（結果を直接惹き起こした行為）の時点で，心神喪失・心神耗弱だった
・原因行為（心神喪失・心神耗弱の状態を招く原因となった行為）の時点では，完全な責任能力があった
・行為者自身の行為によって心神喪失・心神耗弱の状態を招いた

原因において自由な行為の法理については，（ⅰ）構成要件モデル（原因行為説）と（ⅱ）責任モデル（結果行為説）が対立しています。ポイントは，実行行為を原因行為とするか，結果行為とするかです。

> ＊　「まず（ⅰ）説で考えてみて，無理なら（ⅱ）説」というように，両説を併用する見解も有力です。

b ▶ 責任モデル（結果行為説）

（ⅱ）説は，結果行為を実行行為と捉えます。発砲や刺突など結果を直接惹き起こす行為を実行行為と見るわけですから，実行行為の捉え方は自然です。

ただ，そうすると，実行行為の時点では責任能力が欠如・低下していたということになるので，それにもかかわらずなぜ完全な刑事責任が問えるのかをきちんと説明することが求められます。この点については，実行行為が責任能力のある状態での自由な意思決定に基づいて行われたといえれば完全な責任が問えるのであり，そのためには原因行為から結果行為に至るまでの意思の連続性が必要であるといった説明がなされています。

本問で，Xは，飲酒時から明確にエレベーターを燃やそうと思っていたわけではありません。しかし，Xは，責任能力のある状態で101号室への放火を決意し，また，マンション内の他の区画への延焼可能性を認識しており，その意思をもち続けたまま，エレベーターへの灯油の撒布などを行っています。そのため，意思の連続性が認められ，行為❶，❷は当初の放火の決意に基づいて行われたといえます。したがって，責任は阻却されず，完全な責任を問えます。

刑の減免事由はありません。

c ▶ 構成要件モデル（原因行為説）

（ⅰ）説は，飲酒や薬物の使用などの原因行為を実行行為と捉えます。そのため，（ⅰ）説では，単なる飲酒や薬物の使用がなぜ殺人や放火などの実行行為に当たるのかを丁寧に検討する必要があります。この点については，自分自身を道具のように利用・支配するといった説明がなされてきたところです。

本問では，行為❶，❷ではなく，飲酒を実行行為と捉える必要があります。ただ，原因行為が実行行為であることさえ認められれば，あとは楽です。実行行為の時点で完全な責任能力があるので，39条1項が適用されないのは当然だからです。

2 行為❸

Step 3	その行為について検討する罪を決める
Step 4	その罪の成立要件に当てはめ，犯罪の成否を判断する

　カッターナイフで首を突こうとする行為は，生命を侵害する現実的危険を有する行為ですから，殺人罪の実行行為といえます。殺人罪の故意も認められます。しかし，死亡の結果は発生しませんでした。したがって，殺人未遂罪（203条，199条）の構成要件に該当します。違法性阻却事由もありません。

　しかし，行為❸の時点で，Xは心神喪失となっていたので，責任が阻却されないかが問題になります。行為❶，❷と同じように，原因において自由な行為の法理は適用されるでしょうか。

　ここで注意しなければならないのは，故意の発生時期です（Method ⇒）。前述した放火と違って，Xに殺人の意思が生じたのは心神喪失になった後であり，Xは責任

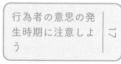

能力のある状態で殺人の故意を有していたわけではありません。そうすると，殺人については原因行為時の意思決定が結果行為に及んだとはいえないので，どの見解からも，原因において自由な行為の法理の適用は否定されます。39条1項により責任が阻却され，殺人未遂罪は成立しません。

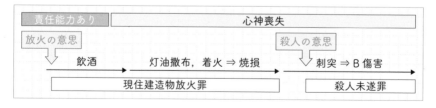

　殺人未遂罪の成立を否定した場合，過失犯の検討を忘れてはいけません（Method ⇒）。過失傷害罪（209 条）は成立しないでしょうか。

故意が否定されたら，軽い故意犯，結果的加重犯，過失犯の可能性　2-3

　X は，これまで飲酒した際に他人を殺害しかねない程度の暴力を振るうことがあったので，飲酒すれば他人に傷害の結果を生じさせることは予見可能であり，また，飲酒しなければ傷害の結果発生は避けられ，飲酒しないことは十分に可能であったといえます。このように，X には，他人に危害を加えないよう飲酒を差し控えるべき注意義務，あるいは飲酒量を抑制すべき注意義務があったにもかかわらず，これに違反して飲酒した行為が過失行為です。この過失行為と B の傷害との間には，因果関係もあります。したがって，X には過失傷害罪（または重過失致傷罪〔211 条〕）が成立します。刑の減免事由はありません。

　この場合に，原因において自由な行為の法理を適用することによって責任阻却が否定されるとする見解もあります。ただ，上記のように，飲酒を差し控え，抑制すべき義務に違反した行為が X の過失行為だとすると，その時点では X に責任能力があったわけですから，原因において自由な行為の法理を適用しなくても過失犯の成立が認められるとすることも可能です。

Step 6　罪数処理をする

　犯罪の個数は，現住建造物放火罪と過失傷害罪の 2 個です。両罪の関係は，別個の行為であり，併合罪です。

以下の事実について，X，Y，Z，W の罪責を論じなさい。

1　X は，高齢者にその息子を装って順次，電話をかけ，示談金が必要になったと嘘を述べ，指定の預金口座に現金を振り込ませてこれを引き出すという計画を立てた。5 月 1 日，X は，電話をかける部屋，携帯電話，高齢者のリスト，マニュアル，預金口座を用意した上で，友人の Y に上記の計画を伝え，「電話をかける役を担当してくれ。お前の取り分は 3 割だ」と依頼した。Y は，これを承諾した。

翌 2 日午前 10 時，Y は，高齢者 A に A の息子を装って電話をかけ，「トラブルを起こして示談金が必要なんだ。50 万円を振り込んでくれ」と嘘を述べ，口座番号等を伝えた。これを信じた A は，同日午前 11 時，B 銀行 C 支店（支店長 D）において ATM に現金 50 万円を投入し，E 銀行 F 支店（支店長 G）の指定の口座に送金した。

同日午後 2 時，Y から報告を受けた X は，後輩の Z に事情を話し，報酬 1 万円で，A の振り込んだ 50 万円を ATM で引き出すよう依頼した。Z は，これを承諾し，同日午後 2 時 30 分，E 銀行 F 支店の ATM で前記口座から 50 万円を引き出し，X に渡した。なお，E 銀行では，犯罪による収益の移転防止に関する法律等に基づき，犯罪の被害金の疑いがあるときには預金の引き出しに応じない取扱いが徹底されていた。

2　同月 15 日午前 10 時，Y は，X の用意した高齢者のリスト，マニュアル，携帯電話を使って，高齢者 H に H の息子を装って電話をかけ，示談金 50 万円が必要であると嘘を述べ，H は，これを信じた。しかし，Y は，度々 X から叱責される上，報酬が少ないことから，利益を独り占めにしようと考えた。そこで，同日午前 10 時 30 分，Y は，「H をだませなかった」と X に虚偽の報告をし，H には，Y の用意した E 銀行 F 支店の口座を振込先に指定した。H は，同日午後 2 時，B 銀行 C 支店において ATM に現金 50 万円を投入し，Y に指定された口座に送金した。

3　その後，X は，銀行を利用すると犯行発覚のおそれがあると考え，高齢者に現金を送付させることとし，Y にその計画を伝えた。

同月 20 日午前 10 時，Y は，高齢者 I に I の息子を装って電話をかけ，示談金 50 万円が必要であると嘘を述べた。I は，Y の言っていることが嘘であることに気づいたが，本当の息子と同じような歳の若者が金に困っていると思って不憫になり，Y の言うことを信じているように装い，「分

かったよ」と答えた。同日午後2時，Iは，Yに指定された住所に現金50万円入りの荷物を宅配便で送付した。

　　同日午後7時，Yから報告を受けたXは，後輩のWに事情を話し，報酬1万円で，Iから送付される現金を受け取るよう依頼した。Wは，これを承諾し，翌21日午前11時，指定された住居で，Iから送付された現金50万円入りの荷物を宅配業者から受け取り，それをXに渡した。

　本問は，いわゆる特殊詐欺の事例です。社会的には，本問のどの行為も，「高齢者から金をだまし取った詐欺罪」かもしれません。しかし，刑法上，誰に何の罪が成立するかを確定するためには，厳密な検討が必要になります。

　本問は，登場人物が多いのですが，実行行為を担当している直接行為者は，Y，Z，Wであり，中でもメインの実行行為を行っているのはYです。これに対して，Xは背後者です。そこで，Y，Z，W，Xの順に検討していきます。

Ⅰ　Yの罪責

Step 1　検討の対象となる行為を拾い出す

Step 2　一連の行為は，1個の行為として扱う

　検討の対象となるのは，以下の行為です。

　行為❶…Aに嘘を述べて現金50万円を振り込ませた行為（8-12行目）

　行為❷…ZがE銀行F支店のATMで50万円を引き出した行為（15-16行目）

　行為❸…Hに嘘を述べて現金50万円を振り込ませた行為（20-21，24-26行目）

　行為❹…Iに嘘を述べて現金50万円を送付させた行為（29-30，33-34行目）

　これらの行為は，異なる被害者に対する行為なので，一連の行為として扱うことはできません。そこで，時系列に沿って，順に検討していきます。

1　行為❶

Step 3　その行為について検討する罪を決める

　行為❶は，Aに対する罪です。まず1項犯罪の可能性を考えます（Method ⇒）。いつものように，客体に着目すると（Method ⇒），AがB銀行C支店のATMに投入した現金（たとえば1万円札50枚）は，Aが占有していた財物です。

しかし，その紙幣そのものがE銀行F支店に移動して
Yらの手元に渡ったわけではありません（振込送金はそ
ういうシステムではありません）。Xの預金口座の残高が
50万円増えただけです。これは，預金債権という財産
上の利益です。したがって，厳密にはAからYらへの
財物の占有移転がない以上，1項犯罪の成立する余地は
なく，預金債権という財産上の利益を客体とする2項犯罪（方法は詐取なので，
2項詐欺罪）が問題になるという見解も，十分に可能です。

財産犯の検討順序
は，1項犯罪→2
項犯罪→非移転
罪→その他 9-1

客体が現金かどう
かを確かめよう 7-1

　しかし，実務の主流は，1項詐欺罪（246条1項）が成立するとしています。
自己の管理する口座に金員を振り込ませれば犯人はその金額の預金を自由に払
い戻せるから，犯人と被害者の間で現実に現金の授受があったのと同視しうる
というのが，その理由です。ここでは，これを前提とします。

| Step 4 | その罪の成立要件に当てはめ，犯罪の成否を判断する |
| Step 5 | 刑の減免事由があれば検討する |

（1）　1項詐欺罪の成立要件

　現金50万円は，Aの占有するAの「財物」です。「人を欺いて財物を交付
させた」というためには，①欺く行為→②錯誤→③交付行為→④財物の取
得が因果関係を有していることが必要ですが，Yは，Aを欺いて（①），錯誤
に陥れ（②），送金という交付行為をさせて（③），50万円を取得しました
（④）。故意と不法領得の意思もあります。したがって，Yには1項詐欺罪が成
立します。共犯関係についてはXとZのところで述べます。

（2）　既遂時期

　ただ，いつ既遂に達したかを明確にしておく必要があります。

　Yの共犯者であるZが現金を手にしたのはATMで現金を引き出したときで
すから，その時点で既遂に達するという見解もありえます。しかし，一般には，
振込送金の時点で既遂に達するとされています。先ほど述べたように，この場
合に1項詐欺罪が成立するとされる根拠は，「自己の管理する口座に金員を振
り込ませればその金額の預金を自由に払い戻せるから，現金の授受と同視しう
る」という点にありました。そうだとすると，口座に振込送金がなされた時点

で，預金を自由に払い戻しうる状態になり，占有を取得したといえ，既遂が認められるのです。この既遂時期の問題は，後で述べる Z の罪責に関係します。

刑の減免事由はありません。

2 行為❷

Step 3	その行為について検討する罪を決める
Step 4	その罪の成立要件に当てはめ，犯罪の成否を判断する
Step 5	刑の減免事由があれば検討する

行為❷については，E 銀行 F 支店（支店長 G）に対する窃盗罪の共同正犯が成立します。詳しくは，Z のところで説明します。刑の減免事由はありません。

3 行為❸

Step 3	その行為について検討する罪を決める
Step 4	その罪の成立要件に当てはめ，犯罪の成否を判断する
Step 5	刑の減免事由があれば検討する

行為❸は，行為❶とほぼ同じ内容で，H に対する 1 項詐欺罪の共同正犯が成立します。ただし，Y は，X に内緒で行為❸を行っていることから，共犯関係について少し検討が必要です。この点は，X のところで述べます。

刑の減免事由はありません。

4 行為❹

Step 3	その行為について検討する罪を決める
Step 4	その罪の成立要件に当てはめ，犯罪の成否を判断する
Step 5	刑の減免事由があれば検討する

行為❹は，I に対する罪です。客体は現金入りの荷物ですから，財物であることは明白です。そして，Y が I に嘘を述べた結果，その荷物の占有が I から Y の共犯者である W に移転しています。故意と不法領得の意思もあります。

それでは 1 項詐欺罪が成立するかというと，そうではありません。I は，Y の嘘に気づきながら荷物を送付しています。そのため，上述した 1 項詐欺罪の成立要件のうち，①欺く行為はあるけれども②錯誤以降がないということに

なります。したがって，詐欺未遂罪（250条，246条1項）が成立します。

刑の減免事由はありません。

これらの罪は，別個の行為である上，被害者が異なるので，併合罪とするのが素直です。なお，行為❶と行為❷は，実質的には1個の法益侵害にすぎないとして，両罪を包括一罪とする見解もありえます。

Ⅱ　Zの罪責

Step 1　検討の対象となる行為を拾い出す

Step 2　一連の行為は，1個の行為として扱う

Zについて検討するのは，以下の行為です。

▌行為❶…E銀行F支店のATMで50万円を引き出した行為（15-16行目）

行為は1つだけなので，一連の行為かどうかの検討は不要です。

Step 3　その行為について検討する罪を決める

上で検討したとおり，YにはAに対する1項詐欺罪が成立します。Zは，Aから振り込まれた50万円を引き出しているので，一見すると，Aに対する1項詐欺罪の共犯であるようにも思えます。そして，「Zは，Xから誘われてAに対する1項詐欺の途中から関与したので，承継的共犯が論点になる」と考えた人もいるかもしれません。

しかし，ここでも「実行行為の時間的な幅」を意識する必要があります（Method ⇒）。先ほど述べたように，送金の時点で1項詐欺罪は既遂に至っています。1項詐欺罪は，既遂と同時に犯罪も終了します。XがZに引き出しを依頼し，Zが行為❶を行ったのは，その後です。したがって，Zは，Aに対する1項詐欺罪の共犯には問われないというのが，一般的な理解です。

> 犯罪には始まりと
> 終わりがある
> 16-2

それでは，Zは何の罪にも問われないのでしょうか。

ここでも客体に着目することがヒントになります（Method ⇒）。行為❶の客体は現金50万円です。この現

> 構成要件該当性の
> 判断の順序は，客
> 体 → 行為・結果
> 1-2

金 50 万円（たとえば 1 万円札 50 枚）は，E 銀行 F 支店の ATM の中に入っていた有体物ですから，E 銀行 F 支店が占有していた財物です。このように考えてみると，E 銀行 F 支店（支店長 G）に対する 1 項犯罪が成立する可能性があるということに気づきます。

Step 4	その罪の成立要件に当てはめ，犯罪の成否を判断する
Step 5	刑の減免事由があれば検討する
Step 6	罪数処理をする

　現金 50 万円は「他人の財物」に当たり，それが Z の下に移動しており，占有が移転しています。その方法はというと，「窃取」です。E 銀行では，犯罪の被害金の疑いがあるときには預金の引き出しに応じないという取扱いが徹底されていたので，行為❶は，E 銀行 F 支店の意思に反して占有を移転させる行為といえます。故意と不法領得の意思もあります。このように，E 銀行 F 支店（支店長 G）に対する窃盗罪（235 条）が成立します。

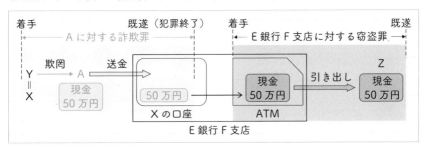

　共犯関係については，X のところで述べます。刑の減免事由はありません。また，成立する罪は 1 つなので，罪数処理は不要です。

> ＊　もし Z が銀行の窓口で現金を引き出していたら，方法は，人をだます詐取になります。しかし，本問において Z は ATM で現金を引き出していて，人をだましたわけではないので，詐取には当たりません。

Ⅲ　W の罪責

| Step 1 | 検討の対象となる行為を拾い出す |
| Step 2 | 一連の行為は，1 個の行為として扱う |

Wについては，以下の行為が検討の対象です。

▌行為❶…Iから送られてきた現金入りの荷物を受領した行為（37-38行目）

行為は1つだけなので，一連の行為かどうかの検討は不要です。

Step 3	その行為について検討する罪を決める
Step 4	その罪の成立要件に当てはめ，犯罪の成否を判断する
Step 5	刑の減免事由があれば検討する
Step 6	罪数処理をする

上述のように，YがIに嘘を述べて荷物を送付させた行為は詐欺未遂罪に当たります。Wは，事情を知りながらIから送付された荷物を受け取っているので，詐欺未遂罪の共犯が成立しないかを検討してみます（Method ⇒）。

> 意思連絡の後は，共犯の可能性を考えよう 17-2

（1） 各則上の罪名

a ▶ 承継的共犯

Wが関与したのはYの欺罔行為の後ですから，Wは犯罪の途中から関与したということになります。関与者が途中で増えたという事情の変更があったため，承継的共犯が問題になります。承継的共犯については，否定説，肯定説，中間説が対立していますが，各説からは，以下のような結論が考えられます。

> 否定説：欺罔行為に関与していないから，詐欺未遂罪の共犯は成立しない
> 肯定説：Yの詐欺未遂に関与した以上，詐欺未遂罪の共犯は成立しうる
> 中間説：ⓐYの欺罔行為を自己の犯罪遂行の手段として積極的に利用しようとしたから，詐欺未遂罪の共犯は成立しうる
> 　　　　ⓑYとともに詐欺未遂罪の構成要件を実現したといえるから，詐欺未遂罪の共犯は成立しうる

> ＊　予定の変更があったときは，因果性がポイントになります（Method ⇒）。否定説は，後行者の行為がすべての構成要件要素に対して因果性を有していなければならないと主張します。一方，中間説ⓑは，構成要件的結果または法益侵害（危険）に対して因果性があれば足りると考えています。その他の見解は，後行者の行為の因果性を重視しない見解です。

> 予定の変更があれば，因果性を検討しよう 14-4

b ▶ 不能犯

　承継的共犯を認めたとしても，不能犯について検討する必要があるという理解が一般的です。Wが関与した時点では，Iが既にYの嘘に気づいているため，詐欺を完成させることがおよそ不可能であるともいえるからです（第8問）。

　各説からは，以下のような結論が考えられます。

> **客観的危険説**：嘘が発覚している以上，客観的に見て詐欺罪の結果が発生する危険性は全くないから，詐欺未遂罪の共犯は成立しない
>
> **具体的危険説**：嘘が発覚しているという事実は外観からは分からず，一般人には認識できないので，この事実を判断の基礎から除き，一般人を基準に判断すると，詐欺が既遂に至る危険性が認められるから，詐欺未遂罪の共犯は成立しうる
>
> **修正された客観的危険説**：「被害者が錯誤に陥って現金を送付する」という事情が存在すれば詐欺罪は既遂に達していたが，そのような事情が存在しえた蓋然性はあったから，詐欺未遂罪の共犯は成立しうる

　　＊　普通，不能犯が議論されるのは，結果発生を不可能とする事情が最初から（実行の着手前から）存在している場合です。たとえば，誰も寝ていないベッドに向けてけん銃を発砲するような場合です。しかし，本問では，結果発生を不可能にする事情（IがYの嘘に気づいたこと）が実行の着手後に生じています。そのため，そもそも不能犯の問題ではないとする理解もありえます。

（2）　関与形式

　詐欺未遂罪の共犯の成立が認められるという見解に立った場合，関与形式を確定する必要がありますが，Wは，Xとの意思の連絡の下，受領行為を担当しているので，共同正犯の成立が認められます。

　刑の減免事由はありません。また，成立しうる犯罪は1個なので，罪数の検討は不要です。

Ⅳ Xの罪責

Step 1 検討の対象となる行為を拾い出す

Step 2 一連の行為は，1個の行為として扱う

　Xは，一連の犯行の首謀者です。そこで，Xについては，Yのところで挙げた以下の4つの行為が検討の対象になります。

　　行為❶…YがAに嘘を述べて現金50万円を振り込ませた行為（5-12行目）

　　行為❷…ZがE銀行F支店のATMで50万円を引き出した行為（13-16行目）

　　行為❸…YがHに嘘を述べて現金50万円を振り込ませた行為

　　　　　　（5-7，20-21，24-26行目）

　　行為❹…YがIに嘘を述べて現金50万円を送付させた行為

　　　　　　（27-30，33-34行目）

　行為❶，行為❷，行為❹については同じことが言えるので，まとめて検討します。行為❸だけ特別な考慮が必要なので，別に検討します。

1　行為❶，行為❷，行為❹

Step 3 その行為について検討する罪を決める

Step 4 その罪の成立要件に当てはめ，犯罪の成否を判断する

Step 5 刑の減免事由があれば検討する

　Xは，どの行為についても実行行為を直接担当していないので，関与形式が問題になります（Method ⇒）。

　当然，間接正犯ではありませんが，共同正犯が成立します。Yらと犯行について意思の連絡があった上に，首謀者として犯行に主体的に関与し，自己の利益を得る動機があったことから，正犯意思があったといえ（Method ⇒），共謀の成立が認められます。また，犯行計画を立案し，部屋など犯行の遂行に必要な道具をすべて準備するなど，Xは重大な寄与をしています（Method ⇒）。

> 背後者の関与形式を判断しよう｜9
>
> 正犯意思は，動機・意欲，積極性に着目｜12-2
>
> 重大な寄与は，人的関係，謀議，準備行為等に着目｜12-3

　行為❶，行為❷，行為❹は，当然，共謀に基づいて実行されたものです。

　　＊　Xらは，高齢者に対して反復継続して詐欺を行うという計画を立てていますから，その計画の範囲で犯行が行われている限り，個々の被害者についてその都度謀議を

行わなくても，それらの犯行は当初の共謀に基づいて行われたといえます。このような共謀を包括的共謀と呼んでいます。

各則上の罪名については，どれも Y と同じ罪が成立します。したがって，X には，A に対する詐欺罪の共同正犯，E 銀行 F 支店に対する窃盗罪の共同正犯，I に対する詐欺未遂罪の共同正犯が成立します。刑の減免事由はありません。

2　行為❸

Step 3	その行為について検討する罪を決める
Step 4	その罪の成立要件に当てはめ，犯罪の成否を判断する
Step 5	刑の減免事由があれば検討する

行為❸についても，X と Y の間で共謀が成立したといえます。ただし，共犯関係の解消が認められるかを検討する必要があります。

なぜ共犯関係の解消が問題になるのだろうと疑問に思った人もいるかもしれません。「共犯関係の解消」と聞いてすぐに思い浮かぶのは，共犯者の一部（甲）が他の共犯者（乙）に「犯行をやめたい」と離脱の態度を示す場合ではないかと思います。ここでは，これを「離脱型」と呼びます。

しかし，逆に，共犯者の一部（乙）が他の共犯者（甲）を排除して犯行を行う場合にも，共犯関係が解消されたといえる可能性があります。ここでは，これを「排除型」と呼びます。また，共謀はいったん成立したものの，時間の経過に伴ってお互いの関係が何となく消滅するという場合もあります。これを「自然消滅型」と呼ぶことにします。

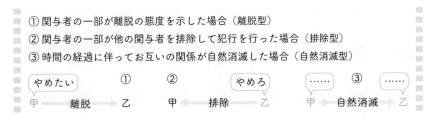

①関与者の一部が離脱の態度を示した場合（離脱型）
②関与者の一部が他の関与者を排除して犯行を行った場合（排除型）
③時間の経過に伴ってお互いの関係が自然消滅した場合（自然消滅型）

本問では，X が Y に離脱の態度を示したわけではないので，「離脱型」ではありませんが，Y が利益を独り占めにするために X に虚偽の報告をして X を排除しており，「排除型」の事例に当たります。

また，解消の時期にも注意する**必要があります**（Method ⇒）。Y が X に虚偽の報告をしたのは，欺罔行為の後ですので，その時点で共犯関係が解消されたかが問題に

時間の流れに注意しよう | 16

なります。逆に言うと，欺罔行為自体は X と Y の共謀に基づいて行われているので，X に少なくとも詐欺未遂罪の共同正犯が成立することは確定です。問題は，X に虚偽の報告をしたことによって共犯関係が解消されたから詐欺未遂罪の共同正犯にとどまるとするか，あるいは，共犯関係の解消を否定して詐欺既遂罪の共同正犯の成立まで認めるかです。

　判例・通説によると，共犯関係の解消が認められるためには，それまでの共犯行為の物理的因果性と心理的因果性の両者が遮断されることが必要です（Method ⇒）。Y は，X の立てた計画に基づき，X の用

予定の変更があれば，因果性を検討しよう | 14-4

意したリスト等を利用して H をだまし，送金させています。こうした点からすると，X の行為について因果性が遮断されたとはいえないので，共犯関係の解消は認められず，X にも H に対する詐欺既遂罪の共同正犯が成立するというのが，一般的な結論です。

　刑の減免事由はありません。

> ＊　「Y は X に無断で利益を得たんだから，X と Y の共犯関係は解消されている」と思った人も多いかもしれません。しかし，詐欺罪は，欺罔行為により被害者を錯誤に陥れて財物を交付させて取得することによって完成しますから，その後，その財物が関与者間でどのように分配されるかは，詐欺罪の成否にとって重要ではありません。また，他の関与者によって詐欺が実現されたことを認識していなかったとしても，それ以前に行った行為の因果的影響が残存した状態でその詐欺が実現されたといえる以上は，共犯の成立は認められることになります。

Step 6　**罪数処理をする**

　罪数については，Y と同じく併合罪です。

一時流用 —————————— 142
一連の行為 ———— 22,161,192
違法性の意識 —————————— 169
違法性の意識の可能性 ——— 171
因果関係 ———————— 194,209
因果関係の錯誤 —————————— 246
横領罪と背任罪の区別 ——— 220
過失 ——————————— 133,249
過剰防衛の刑の減免根拠 — 176
間接正犯における実行の着手 194
偽造 ———————————————— 180
欺罔行為 ———————— 186,233
急迫不正の侵害の終了時期 158,210
共同正犯者間の違法の相対性 78,87
共同正犯における抽象的事実の錯誤

————————————————— 148
共犯関係の解消 ———— 86,259
共犯従属性 —————————— 80
共謀の因果性（共謀の射程） 150,163
金銭の他人性 —————————— 49
具体的事実の錯誤 ————— 196
原因において自由な行為 — 246
建造物の一部性 ————————— 242
建造物の一体性 ————————— 242
故意ある幇助的道具 ——— 70
誤想過剰防衛 —————————— 173
異なる構成要件間の共同正犯 153,156
詐欺罪と窃盗罪の区別 ——— 232
錯誤に基づく同意 ————— 205
殺人罪と自殺関与罪の区別 205
事後的奪取意思 ————————— 136
死者の占有 ———————————— 101
実行の着手 ———— 191,244

承継的共犯 ———— 55,125,256
処分行為 ——————————————— 232
責任故意 ——————————————— 169
段階的過失 —————————————— 135
抽象的事実の錯誤 ——— 152,204
特殊詐欺 ——————————————— 251
図利加害目的 —————————— 224
2項強盗罪と財産上の利益の取得 234
二重処罰 ——————————————— 31
240条の罪の成立範囲 ——— 236
背任罪の既遂時期 ————— 224
背任罪の共同正犯 ————— 225
早すぎた構成要件の実現 — 243
犯罪の終了時期 ——— 239,254
被害者の同意（承諾） ——— 199
被害者の同意（承諾）と錯誤 200
被害者を利用した間接正犯 206
不作為による幇助犯 ——— 217
不作為犯の因果関係 ——— 215
不作為犯の実行行為 ——— 213
不能犯 ———————— 202,257
不法領得の意思 ————————— 226
防衛行為の相当性 ————— 211
防衛の意思 ———————————— 211
包括一罪 ——————————————— 236
包括的共謀 —————————————— 258
幇助犯の因果関係 ————— 238
身分なき故意ある道具 ——— 144
身分犯の共犯 ———— 146,188
名義人の承諾 —————————— 183
預金による金銭の占有 ——— 51
量的過剰防衛 —————————— 158
量的過剰防衛と共同正犯 — 163

著者紹介

十河太朗　　　　1965 年　大阪府生まれ
（そごうたろう）　同志社大学大学院司法研究科教授
　　　　　　　　主著：『刑法総論判例 50！』（共著，有斐閣，2016 年）
　　　　　　　　　　　『刑法各論判例 50！』（共著，有斐閣，2017 年）
　　　　　　　　　　　『基本刑法Ⅰ総論〔第 3 版〕』（共著，日本評論社，2019 年）
　　　　　　　　　　　『基本刑法Ⅱ各論〔第 3 版〕』（共著，日本評論社，2023 年）
　　　　　　　　　　　『身分犯の共犯』（成文堂，2009 年）
　　　　　　　　趣味：野球観戦（スワローズファン）
　　　　　　　　読者の皆さんへ：私は，学生時代，勉強方法が分からず，つまずい
　　　　　　　　　てばかりでした（恩師の指導に救われました）。学生時代の私
　　　　　　　　　にも分かるような解説をと思いながら，本書を書きました。

刑法事例演習──メソッドから学ぶ

2021 年 4 月 20 日　初版第 1 刷発行
2023 年 4 月 10 日　初版第 3 刷発行

　　　　　　　　　　　　　　　著　者　十河太朗

　　　　　　　　　　　　　　　発行者　江草貞治

　　　　　　　　　　　　　　　発行所　株式会社有斐閣

　　　　　　　　　　　　　　　〒101-0051
　　　　　　　　　　　　　　　東京都千代田区神田神保町 2-17
　　　　　　　　　　　　　　　　　https://www.yuhikaku.co.jp/

　　　　　　　　　　　　　　　印　刷　大日本法令印刷株式会社
　　　　　　　　　　　　　　　製　本　牧製本印刷株式会社